국제기구와
보건·인구·여성·아동:

WHO · UNFPA · UN Women · UNICEF

유네스코 아태교육원 국제기구 총서 5

국제기구와
보건·인구·여성·아동:
WHO·UNFPA·UN Women·UNICEF

인 쇄: 2015년 2월 27일
발 행: 2015년 3월 3일
기 획: 유네스코 아시아태평양 국제이해교육원
공저자: 조한승·김도희·조영태·김동식

발행인: 부성옥
발행처: 도서출판 오름(www.oruem.co.kr)
등록번호: 제2-1548호(1993. 5. 11)
주 소: 서울특별시 중구 퇴계로 180-8 (필동 1가)
　　　서일빌딩 4층
전 화: (02) 585-9122, 9123/ 팩 스: (02) 584-7952
ISBN 978-89-7778-436-9 93340

* 잘못된 책은 교환해 드립니다.
* 값은 뒤표지에 있습니다.
copyright ⓒ 2015 by APCEIU

이 저서는 2012년 정부(교육과학기술부)의 재원으로 한국연구재단의 지원을 받아
수행된 연구임(NRF-2012S1A5B4A01035996)

유네스코 아태교육원 국제기구 총서 5

국제기구와
보건·인구·여성·아동:

WHO·UNFPA·UN Women·UNICEF

조한승·김도희·조영태·김동식 공저

APCEIU 오름

International Organizations in Health, Population, Women and Children Issues:

WHO · UNFPA · UN Women · UNICEF

CHO HanSeung · KIM Dohee · CHO Youngtae · KIM Dongsik

APCEIU · ORUEM Publishing House
Seoul, Korea
2015

머리말

대학의 강의실에서 반기문 유엔사무총장처럼 국제기구에서 활동하기를 희망하는 학생들을 많이 마주친다. 널리 알려진 초국가적인 비정부기구나 전 세계 규모에서 봉사활동을 펼치는 각종 민간단체에 참가하여 자신의 꿈과 이상을 글로벌 사회로 펼치고자 하는 젊은 학생들도 많다. 반드시 그러한 국제기관이나 초국가 단체에서 활동하기 위해서가 아니더라도 정부, 기업, 언론, 교육, 연구, 금융, 과학기술 등 각자의 분야에서 국제사회가 앞으로 어떻게 변화할 것인지를 이해하는 것은 미래의 세계에 보다 능동적으로 대응하고 경쟁력을 높일 수 있다는 점에서 매우 바람직하다. 이를 위해 외국어 능력을 키우고 정치, 경제, 문화, 과학기술 등 전문적인 지식까지 갖추는 등 많은 노력을 통해 국제무대에서 실력을 발휘하고 꿈을 이루어가는 모습은 참 보기에 좋다.

이 책은 미래의 글로벌 사회의 주역이 되고자 하는 대학생 혹은 일반인을 대상으로 하여 국제기구의 종류와 기능, 역할 및 쟁점, 그리고 글로벌 거버넌스 내에서 한국의 위상과 방향을 체계적으로 제시하고자 한 국제기구 총서의 일환으로 출판되었다. 2012년 가을 유네스코 아시아태평양 국제이해교육원(APCEIU, 원장 정우탁)이 중심이 되어 위와 같은 취지에서 유엔을 포함한 여러 국제기구들을 소개하고 각각의 기능과 쟁점을 분석하여 국제기구 총서로 발간하기 위한 3개년 연구계획을 수립하였다. 이 연구계획은 한국연구재단의 토대학문연구과제로 선정됨으로써 국가적으로도 연구의 필요성을 인정받았고, 학계의 여러 국제기구관련 전문가들이 대거 참여하여 전문성을 높였다.

3년간의 연구를 통해 총 10권으로 출판될 예정인 국제기구 총서는 2013년 11월에 1차년도 연구 성과로서 제1권 『국제기구의 과거·현재·미래』와 제2권 『유엔과 세계평화』를 출판하였으며, 이 책은 2차년도 연구 성과의 하나이다. 2차년도 연구 성과로는 이 책(제5권)에서 다루어지는 아동·보건·인구·여성 분야뿐만 아니라 인권·인도주의 분야(제3권), 사회·문화·스포츠 분야(제4권), 식량·농업·환경 분야(제6권) 등의 총 4개 분야의 국제기구들이 소개되고 각각의 역할과 기능 및 쟁점이 분석된다. 이어 3차년도에는 경제·무역·금융 분야(제7권), 과학·기술 분야(제8권), 지역협력 분야(제9권), 국제기구의 미래(제10권) 등이 다루어질 예정이다.

이 책은 아동, 보건, 인구, 여성 분야에서 가장 대표적인 국제기구인 UNICEF(유엔아동기금), WHO(세계보건기구), UNFPA(유엔인구기금), UN Women(유엔여성기구)을 소개하고 각각의 기구가 수행하는 중요한 역할과 국제적인 쟁점을 논하고 있다. 이러한 연구를 위해 집필자들은 해당 국제기구의 자료와 간행물, 학술논문 및 보고서 등을 꼼꼼하게 살펴보고 분석하였으며, 국제기구 관계자 및 관련 전문가들과의 직접 교류를 통해 연구의 질을 높이고자 하였다. 앞서 언급한 바와 같이 이러한 연구의 성과가 글로벌 무대로 나아가기를 희망하는 젊은 학생들과 국제사회의 변화의 흐름에 능동적으로 대응하여 미래를 준비하려는 많은 사람들에게 도움이 되기를 희망한다.

　이 연구가 진행되고 책으로 출판되는 데 많은 분들이 수고를 아끼지 않았다. 무엇보다 유네스코 아태교육원의 정우탁 원장을 포함한 여러 직원들에게 감사한다. 각종 자료를 정리해주고 교정을 도와준 이미지 조교의 수고에도 고마움을 표시한다. 또한 연구를 위해 여러 가지 조언과 자료를 제공해준 국제기구, 정부, 연구기관 관계자들에게 감사한다. 그리고 무엇보다 연구와 강의로 시간에 쫓김에도 불구하고 국제기구 총서 발간의 취지를 이해하고 적극적으로 연구 및 집필에 참여해주신 집필자 여러분에게 무한한 고마움을 표한다.

2015년 2월
대표 집필자 조한승

차례

부록

제 **1** 장

국제기구와 글로벌 거버넌스:
아동, 보건, 인구, 여성

조한승

Ⅰ. 인간, 국제기구, 그리고 글로벌 거버넌스

유엔헌장 서문^{preamble}의 첫 구절에서 알 수 있듯이 비록 유엔은 국가들이 만들고 국가(정부)의 대표자들이 모여 국제적인 문제를 논의하고 국가들 사이의 평화를 유지하고자 하는 정부간기구이지만 국제적인 문제를 논의하고 국제평화를 이루는 궁극적인 목적은 결국 우리 '인간들^{peoples}'을 위한 것이다. 다시 말해 더 나은 삶을 추구하는 인간의 염원이 유엔을 만든 것이다. 그리고 이것은 유엔뿐만 아니라 대부분의 국제기구들이 공유하는 목표이다. 국익달성의 편의를 위해 국제기구가 만들어진 것이라는 현실주의 설명이든, 이기적 경쟁을 제한하여 공동의 이익을 보장받기 위해 국제기구가 만들어진 것이라는 자유주의 해석이든, 국제기구는 일단 만들어지면 사회의 중요한 행위자로서 기능하고 인간의 삶에 영향을 미친다.[1]

인간이 지구상에 등장한 이후 인간의 삶은 꾸준하게 변화해왔다. 특히 근대 이후 과학기술의 획기적인 발전으로 인간 활동의 범위가 크게 확대되었고 인간의 상호작용 역시 매우 복잡해지고 빨라졌다. 국제기구는 국제 행위자로서 고유한 **행정적 조직 구조**를 가지고 있으며 일정 정도 **독립적인 행동**이 가능하다. 따라서 확대되고 복잡해지며 빨라진 인간 상호작용에서 발생하는 여러 가지 문제들을 다루는 데 있어 개별 국가가 해결할 수 없는, 혹은 국가가 나서기 꺼려하는 문제를 처리하는 데 국제기구는 매우 유용하다.[2] 예를 들어 유엔의 평화유지활동이나 인도주의적 개입은 분쟁이 발생하고 인권유린이 일어나는 지역의 주민들의 삶에 직접적인 영향을 미치지만 개별 국가의 노력만으로는 결코 이루기 어려운 것이다.

이른바 인간안보라는 개념이 등장하면서 국제기구의 역할과 기능이 주목받게 되었다. 국가가 책임지고 결정하는 국가안보와 달리 인간안보는 개별 인간에게 그 안전에 대한 책임을 지울 수 없다. 왜냐하면 국가는 안전을 지키기 위한 집단적 자원을 동원할 능력을 가지고 있지만 개별 인간은 스스로의 안전을 지키기에 너무나 미약한 존재이기 때문이다. 또한 인간의 안전은 집단적 개념으로서의 국가의 안전과 이익을 위해 희생되기 일쑤이다. 하지만 국제기구, 특히 유엔 체계 내의 국제기구는 특정 국가 혹은 세력에 치우치지 않고 중립적인 입장에서 보편적 인간 사회의 안녕을 추구한다는 정당성을 인정받는다. 따라서 비록 국가에 의해 만들어지고 국가에 의해 운영되지만 인간 사회, 더 나아가 인류 전체의 공공선을 지키는 보루가 될 수 있다.

예를 들어 WHO(세계보건기구)가 없었다면 인류는 아직도 천연두의 공포에서 벗어나지 못했을지도 모른다. 흔히 아주 무서운 것을 일컬어 "호환마마(虎患媽媽, 호랑이에 의해 당하는 변과 천연두)만큼 무섭다"고 표현할

---

1 여기서 국제기구는 정부간기구(inter-governmental organizations)를 지칭한다.

2 Kenneth W. Abbott and Duncan Snidal, "Why States Act through Formal International Organizations," *Journal of Conflict Resolution*, Vol.42, No.1(1998), pp.3-32.

정도로 천연두는 인류에게 매우 치명적이고 두려운 전염병이었으나, 1980 년 WHO는 천연두를 완전히 퇴치하였음을 선언하였고, 인류는 천연두의 공포에서 벗어나게 되었다. 천연두의 완전한 퇴치는 물론 종두법과 같은 의료 기술의 발전 때문이기도 했지만, WHO라는 국제기구가 없었다면 불가능했을지도 모른다. "**모든 사람**이 최고의 가능한 건강 수준에 도달"하는 것을 목적으로 수립된 WHO라는 국제기구가 존재하였기 때문에 국가 간 이념적·경제적 차이보다는 인류 공동의 이익이 우선시될 수 있었고, 모든 나라들이 천연두 퇴치에 협조할 수 있었다. WHO는 백여 개에 달하는 국가들에서 수집되는 전염병에 관한 정보를 공유하고 전문인력과 자원 및 기술을 지원함으로써 인류의 등장 이래 수만 년 동안 인류를 공포에 떨게 했던 천연두를 불과 20년 만에 지구상에서 완전히 퇴치하는 데 성공했다.[3]

비록 국가가 여전히 국제관계의 핵심적 행위자로 남아 있는 것은 사실이지만 글로벌리제이션 현상이 더욱 심화하면서 과거 국가가 독점했던 활동영역에 새로운 행위자들, 즉, 비국가 행위자들이 점점 더 많이 침투하고 있으며, 국가의 영향력 바깥에서 새로운 이슈 영역도 증가하고 있는 추세이다. 이미 20세기 후반부터 민주주의와 확산과 국가 경제의 획기적 발전으로 공공부문에 대한 관료제적 국가의 문제해결 방식은 심각한 도전에 직면하였고 대신 시민사회의 다양한 행위자의 참여를 통해 문제 해결이 모색되는 이른바 거버넌스 개념이 만들어졌다. 거버넌스는 문제 해결을 위해 국가의 공식적 접근과 다양한 시민사회 행위자의 비공식적 접근을 조율하고 상호 협력을 이끌어내는 절차와 제도를 포괄하는 개념이다.

이러한 거버넌스 개념이 국제사회에서 발생하는 문제를 해결하기 위해 세계적 수준으로 확대된 것이 글로벌 거버넌스이다. 군사안보에 관한 문제는 국가의 생존에 관한 일차적 관심사이기 때문에 여전히 국가중심적 문제해결이 모색되고 있지만, 인간의 삶의 조건을 개선하는 문제에 대해서는 국가 이외의 다양한 행위자들도 적극적으로 참여하는 글로벌 거버넌스를 통한

---

3 WHO에 대해서는 제3장에서 자세하게 논의된다.

문제해결이 점차 확대되고 있다. 인권, 보건, 환경, 문화 등 이른바 하위정치 low politics에 관한 문제를 다루기 위해 글로벌 네트워크를 통해 공통의 문제 인식을 가지는 전 세계 다양한 행위자가 참여하는 글로벌 거버넌스가 주목 받고 있다.

글로벌 거버넌스의 중요한 특징 가운데 하나는 국가뿐만 아니라 다양한 비국가 행위자non-state actors가 중요한 행위자로 참여한다는 사실이다. 이들 비국가 행위자의 종류와 규모 및 그들이 추구하는 가치관과 이해관계는 다양하다. 글로벌 거버넌스에서 활동하는 행위자들의 유형을 구분하는 방법은 다양하지만 크게 (1) 국가, (2) 다자간 기구, (3) 비정부기구NGOs, (4) 민간부문으로 구분될 수 있다.4 각각의 유형에 속하는 행위자로서 국가의 경우 선진국(혹은 공여국)과 후진국(혹은 수원국)이 포함되고, 다자간 기구에 해당하는 행위자로는 WHO, UNICEF(세계아동기금), UNDP(유엔개발계획) 등 UN기구들과 WTO(세계무역기구), 세계은행, GFATM(에이즈·말라리아·결핵 퇴치를 위한 글로벌 기금) 등 일반 기구 및 기금이 있다. 글로벌 거버넌스에 참여하는 NGO들로는 아동구호기금, 국경없는 의사회 등 수많은 초국가적 기구들이 포함된다. 끝으로 글로벌 거버넌스에서 활동하는 민간부문 행위자로는 빌&멜린다 게이츠 재단, 록펠러 재단 등 대규모 자선단체와 제약·식품·담배 등의 대규모 기업들이 대표적이다.

이들 다양한 행위자들이 글로벌 거버넌스에 참여하여 활동한다는 것은 그만큼 그들의 상호관계가 매우 복잡하다는 것을 의미한다. 기존의 국가와 국가와의 관계를 넘어서서 개별 행위자들 간의 상호관계의 수는 행위자가 증가할수록 기하급수적으로 불어난다. 이러한 복잡한 상호관계 속에서 각각의 행위자들이 수행하는 기능이 반드시 서로 구분되는 것은 아니다. 많은 경우에 하나의 행위자가 다양한 기능을 수행하며, 이 과정에서 특정 행위자

---

4 여기서는 글로벌 보건 분야에서의 행위자를 구분한 Nora Y. Ng and Jennifer Prah Ruger, "Global Health Governance at a Crossroads," *Global Health Governance*, Vol.3, No.2(Spring 2011), p.19을 참고했다.

들과 보다 더 밀접하게 상호작용하거나 연관된다. 게다가 각각의 행위자들은 자기 고유의 정체성을 가지고 스스로의 가치관과 이익을 추구한다. 하나의 글로벌 거버넌스 내에서도 이들 다양한 행위자는 이슈에 따라 서로 다른 행위자들과 연계하거나 대립하는 행태를 보인다.[5]

예를 들어 〈그림 1〉과 같이 보건개발지원development assistance for health을 추구하는 글로벌 거버넌스 내에서 행위자들의 역할과 기능이 명확하게 구분되고 공통의 목표와 가치를 똑같이 추구하는 것은 아니다. 이들의 역할과 기능은 많은 부분 서로 중첩되어 있으며, 이들은 각각의 가치관과 이익을 추구하기 위해 때로는 협조하지만 때로는 적대적인 관계를 가지기도 한다. 추구

〈그림 1〉 글로벌 거버넌스 행위자의 기능 중첩: 보건개발지원(DAH) 사례

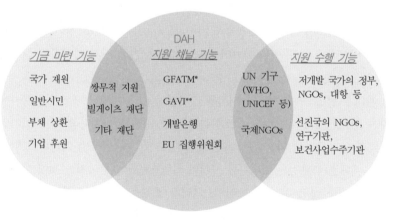

* Global Fund to Fight AIDS, Tuberculosis and Malaria(에이즈, 결핵, 말라리아 퇴치를 위한 글로벌 기금)
** Global Alliance for Vaccines and Immunization(세계백신면역연합)

출처: Institute for Health Metrics and Evaluation(IHME), *Financing Global Health 2009* (Seattle: IHME, 2009), p.15

---

5 조한승, "글로벌 보건 거버넌스의 역할과 도전: 정치적 쟁점 사례를 중심으로," 『평화학연구』 15권 4호(2014), pp.11-13.

하는 목표가 유사하다는 점에서 협조의 가능성도 높은 반면, 제한된 자원의 분배 문제를 둘러싼 갈등도 커지기 때문이다.

글로벌 거버넌스 안에서 개별 행위자들은 동일한 문제에 직면하여 이를 해결하고자 하지만 각각의 이해관계는 서로 다르며 스스로의 권력자원을 가지고 자신이 원하는 방식으로 문제해결을 추구한다. 즉, 초국가적 함의를 가지는 글로벌 거버넌스라고 할지라도 그 안에서 상호작용하는 개별 행위자들은 의도적인 정치행위를 통해 각각의 목표를 추구하는 것이다.[6] 인류 공통의 관심사인 보건, 환경, 인권, 인구 등 초국가적 문제해결을 추구하는 글로벌 거버넌스라 할지라도 그 안에서 행동하는 행위자들의 상호관계는 결국 정치적 관계이다. 다시 말해 글로벌 거버넌스 안에서 행위자들은 '인간'을 위한 숭고한 목적을 공유한다고 그것을 어떻게 현실 정책으로 만들어내고 어떻게 적용할 것인가에 대해서는 현실정치의 틀에서 완전히 자유로울 수 없다. 글로벌 거버넌스의 행위자들은 글로벌 공동체의 문제를 해결하기 위한 존재이지만 자신을 희생하여 타인을 구하려는 숭고한 성인은 아니다. 현실 세계에서 그들 역시 인간이 만들어내고 인간에 의해 작동하는 현실의 존재인 것이다.

케네스 월츠Kenneth Waltz가 지적한 것처럼 현실 세계에서 행위자의 증가에 따른 상호관계의 복잡성은 상호협력에 의한 평화를 가져다줄 수도 있지만 상호접촉의 증가에 따른 갈등을 초래할 수도 있다.[7] 글로벌 거버넌스 안에서 문제해결의 과정은 행위자들 사이의 협력으로만 이루어지는 것이 아니라 상호 경쟁과 대결 및 협상과 타협, 그리고 조정을 포함하는 복잡한 정치적 행위를 통해 이루어진다. 그리고 다른 모든 정치행위와 마찬가지로 글로벌 거버넌스 내에서의 정치과정에도 행위자들 사이의 힘의 관계가 반영된다. 여기서 힘, 즉 권력이란 단순히 물리적인 힘만을 의미하는 것이 아니다. 이

---

6 James N. Rosenau, "Governance in the Twenty-first Century," *Global Governance*, Vol.1, No.1(1996), p.13.

7 Kenneth N. Waltz, *Theory of International Politics* (Reading, MA: Addison-Wesley, 1979).

른바 의제형성의 힘, 즉, 제도적 권력도 매우 중요하다.[8] 더 나아가 이른바 3차원적 권력, 즉, 행위자의 사고방식과 선호를 결정하는 이념적·구조적 권력도 작용한다.[9] 그리고 오늘날과 같은 자본주의 시장경제 질서하에서는 자원과 자산의 소유, 사용, 분배를 통해 다른 행위자를 통제할 수 있는 경제적 영향력이 특히 중시된다.[10]

글로벌 거버넌스 내에서 다양한 행위자들 사이의 복잡한 정치적 과정은 결국 힘의 관계를 반영한다는 점에서 비국가 행위자보다는 국가, 특히 정치적, 경제적 영향력이 보다 강한 일부 국가의 이해관계가 보다 잘 반영될 것이라는 사실은 자명하다. 미국을 포함한 이들 국가는 막강한 자원과 기술 및 조직을 바탕으로 글로벌 거버넌스 내에서 다른 행위자들의 행동을 조장하거나 제약할 수 있는 능력을 가졌다. 비록 비국가 행위자의 비중과 영향력이 커졌다고 할지라도 국가 '주권'은 쇠퇴하기보다는 비국가 행위자를 활용하여 국가 이익을 유지 및 증진하려는 방식으로 '진화'하고 있다.[11] 실제로 글로벌 거버넌스 내에서 많은 비국가 행위자들, 특히 각종 기금 및 재단, 연구개발 단체, 민간기업, 그리고 일부 시민사회단체들은 국가의 경제적·기술적·인적 자원에 크게 의존하고 있다. 특히 미국 등 서방국가의 영향력은 글로벌 거버넌스 내에서의 의제 설정에 커다란 영향을 미친다. 예를 들어 세계보건규칙International Health Regulation이 정의하는 국제적 우려 수준의 보건 위급상황은 미국 질병관리센터CDC가 정한 바이오테러물질에 초점이 맞춰져 있다.[12]

---

8 Peter Bachrach and Morton S. Baratz, "Two Faces of Power," *American Political Science Review*, Vol.56, No.4(1962), pp.947-952.

9 Steven Lukes, *Power: A Radical View* (London: Macmillan Press, 1974); Susan Strange, "The Persistent Myth of Lost Hegemony," *International Organization*, Vol.41, No.4(1987), pp.551-574.

10 Susan Strange, *State and Markets* (New York: Continuum, 1988).

11 조한승(2014), pp.25-28.

12 Alexander Kelle, "Securitization of International Public Health: Implications for Global Health Governance and the Biological Weapons Prohibition Regime,"

그렇다면 우리는 다시 문제의 원점으로 돌아온 것처럼 보인다. 국경을 초월하여 나타나는 인류 공동체의 문제를 해결하기 위한 글로벌 거버넌스에서도 궁극적으로 국가의 영향력은 배제할 수 없는 것인가? 물론 국가의 영향력과 이해관계가 반드시 인류 공동체의 이익과 충돌한다고 단정할 수는 없지만, 행위자 간, 특히 국가와 비국가 행위자 사이의 권력의 비대칭성으로 미루어 짐작하건대 인류 공동체의 이익이라는 명분만으로 국가가 자신의 의도와 이익에 반하는 결정을 호락호락 따를 것 같지는 않다. 예를 들어 기후변화와 지구온난화의 진행을 막기 위한 글로벌 환경 거버넌스의 노력으로 만들어진 교토 의정서(유엔 기후변화협약)가 체결된 지 20년 가까이 지났지만 미국 등 주요 강대국들의 비협조로 유명무실해진 것이 이를 증명한다.

이와 같은 측면에서 글로벌 거버넌스가 과연 효과적으로 초국가적 문제들을 해결할 수 있겠느냐는 회의론적 비판이 제기될 수 있다. 이러한 문제제기는 근본적으로 글로벌 거버넌스의 구조와 제도 자체의 특징에서 기인하는 것이다. 일반적으로 거버넌스 프레임은 기본적으로 개방^{open}을 지향한다. 즉, 국가뿐만 아니라 다양한 유형의 비국가 행위자가 비교적 자유롭게 참여하는 구조인 것이다. 공동체의 문제 해결을 위해 각각의 행위자들의 아이디어와 주장이 거버넌스 내에서 수평적으로 제기되고 교환될 수 있다. 하지만 동시에 이러한 다원주의 구조는 조직화된 정책결정을 이루기 어렵고, 따라서 정책의 수행에서 구체성이 부족하다는 문제를 가진다. 그렇다고 해서 글로벌 거버넌스 구조를 배제하고 국가, 특히 강대국 중심으로만 글로벌 문제 해결을 모색하는 것도 시대 역행적이다.

글로벌 거버넌스의 구조와 제도가 모호하다는 문제점을 당장 해결하기는 곤란하겠지만 인간의 더 나은 삶을 위해 만들어진 국제기구가 글로벌 거버넌스 내에서 중심적 조정자^{coordinator}로서 다양한 행위자들의 상호관계를 조율하고 협력을 이끌어내는 역할을 담당하는 것이 보다 현실적인 대안이다. 국가와 비국가 행위자들 사이에서 국제기구가 정책의 방향을 제시하고 협력

Global Governance, Vol. 13, No. 2(2007), pp. 217-235.

의 논리를 개발하며 평가와 감시와 같은 피드백 기능을 수행한다면 궁극적으로 글로벌 문제 해결 노력의 정당성을 높여 배신의 가능성을 낮추는 한편 무임승차 문제도 완화할 수 있을 것이다.

예를 들어, 보건 분야에서 신약개발과 관련한 특허권 논쟁에서 에이즈 치료약과 같은 신약기술의 지적재산권을 보호받고자 하는 일부 선진국 및 거대 제약회사의 입장과 고통스러워하는 환자들을 치료하기 위해, 당장 복제약 제조와 보급을 요구하는 개발도상국와 민간구호단체 및 환자들의 입장이 대립하는 상황이 벌어졌다. 그러자 WTO(세계무역기구) 옵서버 자격을 가진 WHO의 노력으로 2001년 WTO 각료회의에서 긴급한 상황에서 합법적으로 특허권을 우회하여 치료약을 복제 생산할 수 있다는 내용의 '강제실시권compulsory licensing' 사용 권리를 국가가 가진다는 선언이 채택되었다.[13] 이로써 전염병을 치료약은 사적인 상품이 아니라 글로벌 공공재로 간주되어야 하고, 배타적인 특허권 보호보다 공공보건문제가 우선시되어야 한다는 인식이 전 세계적으로 확산되는 계기가 되었다.[14]

국제기구는 글로벌 거버넌스의 중요한 행위자이며, 다른 행위자들의 서로 다른 입장과 이익을 조율하고 대안을 모색하여 제시하는 정당성을 인정받는 사실상 유일한 존재이다. 그렇다고 국제기구가 글로벌 거버넌스의 정책 결정을 좌지우지할 수 있도록 위계적 구조의 상층부에 자리 잡아야 한다는 것은 결코 아니다. 다원적인 글로벌 거버넌스 안에서 국제기구는 지역, 국가, 시민사회에 힘을 실어주고 이들이 공동의 목표로 나아가고 공동의 문제를 공동의 이익이 되는 방향으로 해결하기 위해 상호 협력하게끔 보조하는 기능과 역할을 수행해야 한다. 그리고 이러한 기능과 역할을 통해 추구

---

13 World Trade Organization, "Declaration on the TRIPS Agreement and Public Health," WT/MIN(01)/DEC/2(November 2001). 강제실시권에 대한 보다 자세한 설명은 이 해의 제3장을 참조하라

14 Surie Moon, "Medicines as Global Public Goods: The Governance of Technological Innovation in the New Era of Global Health," *Global Health Governance*, Vol. 2, No. 2(2008/2009).

되는 것은 인류 공동체의 안전과 번영이어야 하며, 이러한 기능과 역할을 국제기구가 올바로 수행할 수 있도록 우리 인류 전체가 지켜보고 도와야 한다.

II. 아동, 보건, 인구, 여성의 글로벌 이슈

국제기구 총서 사업의 일환으로 집필된 이 책에서는 아동, 보건, 인구, 여성 부문의 글로벌 이슈들을 각각 다루고 있는 UNICEF(유니세프), WHO (세계보건기구), UNFPA(유엔인구기금), UN Women(유엔 여성)의 설립배경, 과정, 조직구조, 운영방식, 중요 임무, 현안 및 쟁점, 글로벌 거버넌스 내에서의 역할, 한국과의 관계 등이 언급되고 있다. 뒤이어 제시되는 이들 기구에 대한 구체적인 소개와 자세한 분석에 앞서 오늘날 이러한 기구들이 다루고 있는 분야에서 어떠한 이슈들이 제기되고 있는지 간략하게 살펴보도록 한다.

글로벌리제이션 시대에도 아동은 사회의 가장 취약한 집단으로서 어른의 보호와 양육없이 스스로 인간답게 살아가기 거의 불가능하다. 그러나 국가의 경제성장과 발전을 위해 이들 취약한 어린이들이 어른도 견디기 어려운 노동조건하에서 착취당하고 유린되는 경우가 종종 발생한다. 또한 전쟁이나 사회혼란 등으로 국가가 제 기능을 하지 못하는 일부 지역에서 어린이들을 보호하고 교육하며 돌보는 것은 기대하기 어렵다. 하지만 궁극적으로 시간이 지나 이들 아동이 그 나라 혹은 지역의 성인이 되어 그들 공동체를 유지하고 이끌어간다는 점에서 아동의 인권을 보호하지 못하고 그들이 교육받고 건강하게 성장하는 기회를 제공하지 못하는 것은 그 공동체 스스로의 미래를 자멸로 빠뜨리는 것이다.

1960년대 이후 전 세계적으로 아동사망률은 줄어들고 있는 추세이지만 아직도 연간 1천만 명의 어린이들이 5세 이전에 사망하는 것으로 보고되었다. 세계은행 보고서에 의하면 이들 아동 사망 사례의 대부분은 제대로 된 영양보급, 간단한 의학적 치료만으로도 사전에 얼마든지 예방할 수 있었던 것이다.[15] 특히 남반구 저개발 국가들에서 어린이들의 사망이 빈번하게 발생하고 있는데, 이것의 주요 이유는 영양실조 때문이다. 충분하지 못한 영양 공급은 면역체계가 완성되지 못한 어린이들이 쉽게 질병에 노출되도록 만든다. 말라리아, 폐렴, 설사, 홍역 등의 질병에 걸린 남반구 어린이들은 선진국 어린이들에 비해 5배 가까이 사망할 확률이 높다.

또한 종교와 인종갈등으로 내전을 벌이는 후진국 여러 곳에서 어린이들은 부모를 잃고 고아가 되는 경우가 빈번하다. 그리고 더욱 심각한 것은 이들 버려진 아이들이 전쟁의 총알받이가 되어 희생된다는 사실이다. 국제 법상 18세 미만의 소년병을 징집하는 것은 불법이지만 르완다, 수단, 소말리아 등 아프리카에서 발생한 여러 내전에서 수많은 어린이들이 제대로 된 장비도 없이 총 한 자루만 들고 전투 현장에 내몰렸고, 이들 다수가 부상당하거나 사망했다. 어린이들은 사고체계가 충분히 발전하지 못했기 때문에 쉽게 공포에 빠지고 쉽게 세뇌된다. 이를 이용하여 일부 테러집단들은 어린이들을 자살폭탄테러와 인간방패의 수단으로 여기고 있다.

소년들뿐만 아니라 소녀들의 인권도 취약하다. 많은 분쟁지역에서 미성년 여아들은 쉽게 강간의 대상이 된다. 또한 세계 여러 지역에서 미성년 여자아이들을 인신매매하는 일이 종종 벌어진다. 상당수는 불법 성매매 사업에 희생되는 경우이다. 경제적 어려움을 겪는 많은 소녀들이 공장에서 일하게 해준다는 속임수에 넘어가 성매매 조직에 끌려가 강제로 성노예가 되는 경우가 심심치 않게 언론에 보도된다. 이러한 미성년 여성 불법 성매매는 단순히 국내 차원에서만 머물지 않고 글로벌 불법 인신매매 네트워크를 통해 다른 나라 혹은 다른 대륙으로까지 확대되어 이루어진다.

---

15 World Bank, *Atlas of Global Development*, 2nd ed. (Washington, DC: World Bank, 2009), p.44.

오랫동안 어린이를 보호하는 것은 가족의 책임, 즉, 사적인 영역으로 간주되었으나, 최근 아동 보호의 책임을 국가, 더 나아가 국제사회도 담당해야 한다는 인식이 확대되고 있다. 아동보호를 위한 국제기구인 유니세프와 세이브더칠드런Save the Children과 같은 글로벌 민간단체들의 노력으로 1989년 11월 유엔에서 아동권리에 관한 협약Convention on the Rights of the Child이 만들어졌다. 여기에는 아동의 권리를 생존의 권리, 능력개발의 권리, 학대와 착취로부터 보호받을 권리, 가족과 문화 및 사회적 삶에 참여할 권리 등이 명시되어 있다.

보건 부문에서 지난 수세기 동안 의료기술의 획기적인 발전으로 그동안 인류를 위협했던 많은 질병들이 정복되었다. 하지만 글로벌리제이션이 빠른 속도로 확산되면서 새로운 질병이 등장하고 일부 전염병은 급속한 속도로 전 세계로 전파되어 많은 사람들을 불안하게 만들고 있다. 특히 교통수단의 발전과 무역의 확대가 전염병의 급속한 확산의 주요 원인으로 지목되고 있다. 또한 도시화가 이루어져 많은 사람들이 밀집되어 살아가면서 전염병에 노출되는 빈도가 더욱 증가하였다. 따라서 전염병을 확산 초기에 통제하지 않으면 전 세계로 전파되어 수많은 사람들이 희생될 가능성이 매우 높다. 20세기 초반에 전 세계적으로 5천만 명의 인명을 앗아간 스페인 독감과 매우 유사한 신종플루H1N1가 2009년 멕시코에서 처음 보고되자 WHO는 신속하게 대응하여 이를 세계적 유행병으로 분류하였고, 각국 정부에 대응책을 권고함으로써 예상보다 적은 희생만으로 전염병 확산을 막을 수 있었다.

아울러 1990년대 이후 세계 여러 지역에서 민족분쟁, 종교분쟁 등에 의한 폭력적 갈등이 증가하여 국가의 의료 시스템이 마비되거나 붕괴되는 현상이 나타났다. 또한 경제적 빈부격차가 심화하면서 전반적인 의료 서비스의 발전에도 불구하고 그러한 혜택을 받지 못하는 많은 사람들이 아직도 의료복지의 사각지대에 방치되고 있다. 분쟁이나 빈곤은 전염병 확산의 주요 원인이다. 예를 들어 1990년대 중반 발칸반도에서의 폭력적인 민족갈등 기간 중에 결핵 발병 사례가 과거에 비해 4배 이상 폭증하였다.

앞서 언급한 바와 같이 WHO의 노력으로 천연두 퇴치에는 성공하였지만,

아직도 말라리아, 결핵 등의 전염병은 오랫동안 인류를 괴롭히는 질병으로 남아있을 뿐만 아니라, 과거에는 확인되지 않았던 새로운 질병들이 등장하여 많은 사람들을 공포에 떨게 만들었다. 에이즈^{AIDS}, 사스^{SARS}, 에볼라^{Ebola} 바이러스 등 치사율이 높은 새로운 질병이 나타날 때마다 전 세계적인 공포를 불러일으켰다. 예를 들어 2014년 서아프리카 지역을 공포에 떨게 한 에볼라 바이러스는 라이베리아 등 해당 국가의 존립 자체를 위협하고 세계적 수준에서의 불안감을 불러일으켜 유엔 안전보장이사회가 긴급 소집되기까지 하였다.

치명적 전염성 질병에 대한 가장 효과적인 글로벌 대응은 예방조치를 강화하는 것이다. 전염병이 퍼진 이후에 이를 차단하기 위한 조치를 취하는 것보다 평소에 깨끗한 물을 공급하고 위생시설을 확대하며 모기장을 보급하는 사업을 통해 전염병 발생을 막는 것이 훨씬 쉽고 효율적이며 저렴하다. WHO는 이러한 전염병 예방을 위한 사업을 전개하고 있으며 각국 정부뿐만 아니라 빌&멜린다 게이츠 재단과 같은 자선단체와 국경없는 의사회 등 비영리 단체들로부터 지원을 받고 있다. 또한 주요 제약회사들을 설득하여 보다 저렴하게 치료약을 보급할 수 있는 노력도 벌이고 있다.

인구 문제 역시 중요한 글로벌 이슈이다. 지난 수세기 동안 지구에 살고 있는 인구의 수는 엄청나게 늘어났다. 인구의 증가는 특히 저개발 국가에서 눈에 띄게 나타나는데 이는 낮은 교육수준, 낮은 피임도구 사용률, 남성중심의 전통문화, 생업노동력의 필요성 등이 원인이다. 빈약한 경제적 기반에서 인구가 더욱 증가함으로써 이들 저개발 국가의 빈곤 문제가 쉽게 해결되지 못하고 있다. 반면 선진국에서는 오히려 저출산의 문제를 겪고 있다. 점점 덜 낳는 대신 의학의 발전으로 기대수명이 늘어나면서 서유럽 등 일부 선진국들은 고령화 사회를 맞이하고 있다. 이에 따라 적은 수의 젊은이들이 훨씬 많은 수의 노인을 부양해야 하는 부담을 떠안는 것이 심각한 사회 문제로 제기되고 있다.

오늘날 인구의 증가는 단순히 거주와 식량의 차원을 넘어서서 국가안보에까지 심각한 영향을 미친다. 예를 들어 이스라엘에서 유대계의 인구증가율보다 팔레스타인계의 인구증가율이 훨씬 높기 때문에 2020년경에는 유대인보다 팔레스타인 주민이 이스라엘의 다수가 될 것이라는 전망이다. 현재 이스라엘의 유대인 출생률은 인구 1,000명당 18.4명이지만 팔레스타인 주민의 출생률은 1,000명당 36명으로 거의 2배에 달한다. 특히 가자지구와 웨스트뱅크의 팔레스타인 집단 거주지의 출생률은 1,000명당 40명이 넘는다. 이러한 인구통계적 수치는 왜 이스라엘 정부가 팔레스타인 주민들에 대해 강경하게 대응하는지를 이해하는 데 도움을 준다.[16]

글로벌리제이션은 인구의 이주에서도 글로벌화를 가져왔다. 보다 나은 일자리와 수입을 위해 많은 사람들이 다른 나라로 이주를 선택하고 있다. 무역과 금융의 글로벌리제이션으로 인해 전 세계가 하나의 시장처럼 변모하는 과정에서 노동력의 글로벌리제이션도 필연적인 것으로 여겨질 수 있다. 하지만 자본과 상품의 이동과 달리 노동의 이동에는 아직도 많은 장벽이 존재하며 이 과정에서 불법이주가 사회적 문제로 부각되고 있다. 합법적인 이주노동자가 아니라는 이유로 타국의 열악한 노동조건하에서 인권을 침해당하는 사례는 이제 흔한 일이 되었다.

이처럼 인구 문제, 특히 저개발 국가에서의 인구 문제는 단순히 해당 국가만의 문제가 아니라 전 세계에 영향을 미치는 문제이며, 무엇보다 인류 공동체의 과제라는 인식이 확산되고 있다. UNFPA는 인구 및 가족계획을 전지구적 차원에서 접근하기 위해 만들어진 유엔기구로서 인구 문제를 사회, 경제, 인권 등 다양한 측면에서 해결하고 개발도상국의 인구 정책 개발과 인구계획을 위한 지원을 제공하는 목적을 가지고 있다.

끝으로 여성인권과 젠더gender 이슈라 불리는 양성평등 문제 역시 글로벌 공동체의 중요한 과제이다. 글로벌 공동체가 인류의 절반을 차지하는 여성의 인권에 주목하고 여성의 권리를 증진시켜야 한다는 주장이 꾸준하게 제기되고 있지만, 이른바 여성인권 이슈는 단순히 여성 지도자가 많아지고 여

---

16 Richrd J. Payne, 조한승·고영일 역, 『글로벌 이슈』(서울: 시그마프레스, 2013), pp.289-290.

성의 사회적 참여가 증가하는 것만으로 해결되는 것이 아니다. 여성인권은 여성이 스스로를 인식하고 사회 공동체가 여성들을 어떻게 인식하느냐에 의해 크게 영향을 받는다. 인식은 법률을 제정하고 제도를 만듦으로서 형성되는 것이 아니라, 거꾸로 여성과 남성의 역할의 차이를 사회적 지위의 차이로 동일시하지 않는 인식을 공동체 구성원이 공유하는 것이 제도형성에 선행되어야 한다. 예를 들어 정부부처 공무원의 여성의 비율을 정하여 강제적으로 여성 충원 비율을 높이는 것만으로 여성인권을 증진했다고 말할 수 없다. 남성이든 여성이든 사회를 이루는 공동체의 일원으로서 각각의 역할은 다르지만 인간으로서의 가치와 지위에는 차이가 없다는 인식이 사회 전반에 확산되어야만 하며, 이를 위한 가장 효과적인 수단 가운데 하나는 교육이다. 여성에 대한 교육의 기회가 확대되고 교육받은 여성이 더 많이 사회 여러 분야에 진출하여 남녀 구분 없이 능력으로 사회에 공헌함으로써 남녀의 지위 차별은 줄어들 수 있을 것이다.

아울러 글로벌리제이션 현상이 지속되면서 여성의 인신매매가 글로벌 문제로 부각되고 있다. 과거에는 동남아시아와 아프리카의 저개발 국가 여성들이 성적 착취의 대상으로서 글로벌 인신매매의 주요 대상이었으나 최근에는 중남미 여성들과 구소련 및 동유럽 여성들이 그 대상이 되고 있다. 여성 인신매매는 단순히 불법 성매매에만 국한되는 것이 아니라 마약밀매, 글로벌 조직범죄, 에이즈 확산 등 다른 글로벌 문제들과 밀접하게 연관되어 있다.

이를 다루기 위해 글로벌 공동체는 그동안 여러 가지 노력들을 전개해왔다. 1989년 베이징에서 열린 세계여성회의에서 189개국 대표가 만장일치로 여성의 권리를 선언하였고, 2000년에는 유엔 여성 및 아동 인신매매금지 의정서가 채택되었다. 그럼에도 불구하고 아직도 세계 곳곳에서 여성의 지위는 남성에 비해 상대적으로 낮으며, 특히 종교적·문화적 관습으로 인한 양성 불평등은 쉽게 해소되지 못하고 있다. 하지만 인터넷의 보급, 특히 SNS를 이용하는 소셜미디어의 확산으로 여성들이 세상과 소통하고 서로를 조직화하여 여성을 구속하는 뿌리 깊은 악습에서 벗어날 것을 호소하는 사례가 증가하고 있다. 2011년 유엔은 그동안 여성 문제를 다루어왔던 기존의 기관들을 UN Women 유엔여성기구, 공식명칭은 Entity for Gender Equality and the Empowerment of Women 이라는 단일 조직으로 통합하여 여성 문제를 다루는 데 있어 중복을 없애고 정책의 일관성과 재정의 효율성을 강화하도록 하였다.

III. 이 책의 구성 및 요약

이 책에서는 인류 공동체의 안전과 번영을 위해 활동하는 다양한 국제기구들 가운데 UNICEF(유니세프), WHO(세계보건기구), UNFPA(유엔인구기금), UN Women(유엔여성기구)을 중점적으로 다룬다. 국제기구를 소개하는 순서는 설립연도를 기준으로 하였다. 각각의 장을 간략하게 소개하면 다음과 같다.

제2장에서 다루어지는 유니세프는 전 세계 어린이들의 보호를 목적으로 하는 유엔 산하 기구로서 높은 인지도를 가지고 가장 활발하고 효율적으로 사업을 전개하는 국제기구의 하나이다. 유니세프는 제2차 세계대전 직후인 1946년 임시 기구로 출범하였으나 아동에 관한 전지구적 이슈를 해결함과 동시에 새로운 의제를 설정하여 국가들의 동참을 유도하는 주도적인 형태로 발전해왔다. 특히 유니세프는 아동들에 대한 관심과 보호는 특정지역에 대한 인도적 차원의 지원이 아닌 정책적인 차원에서 접근되어야 함이 주장하는 한편, 아동보호 이슈를 글로벌 차원으로 확대하는 데 지대한 공을 세웠다. 아울러 다른 여러 국제기구들과 비교해서 유니세프는 정치성은 낮으면서도 높은 효율성을 자랑하고 있는데, 이는 국가사무소의 정책적 자율성이 보장되었기 때문이라는 점에서 전반적인 국제기구 발전과 연구에서 적지 않은 함의를 제공해준다. 한국은 오랫동안 유니세프로부터 지원을 받아왔으며, 경제성장과 더불어 20여 년 전부터 공여국으로 전환하였다. 유니세프 내에서 한국은 4위의 기부금 공여국가로서 참여를 확대하고 있지만 아직도

유니세프 내의 고위 정책결정에 참여가 미약하다는 점에서 양적인 측면뿐만 아니라 질적인 측면에서의 참여가 확대되어야 한다.

제3장에서는 1948년에 수립되어 인류의 건강 증진을 위해 많은 활동을 벌여온 WHO를 다룬다. WHO는 보건의학에 관련된 규범과 규칙을 제정하고, 다양한 질병 정보를 수집 및 관리하며, 보건의료 전문가 양성을 위한 교육 및 훈련을 지원하고, 질병과 사망원인을 분류, 분석하는 등 글로벌 규모에서의 보건 증진을 위한 다양한 활동을 벌여왔다. 또한 저개발 국가의 의료 시스템을 개선하고 전염병을 예방 및 퇴치하는 사업을 벌이고 있다. 하지만 WHO 내에서 기초보건의료의 내용과 시행의 우선순위를 둘러싸고 사회적 보건환경 개선을 중시하는 수평적 접근과 특정 질병의 치료와 예방을 강조하는 수직적 접근 사이의 갈등이 국가들 사이의 정치적 이해관계의 대결 양상을 띠기도 하였다. 또한 글로벌 보건 거버넌스 내에 참여하는 행위자가 다양해지면서 이들의 행위와 목표가 중첩 혹은 충돌하는 현상이 나타나 문제가 야기되고 있다. 이에 따라 WHO가 글로벌 보건 거버넌스 사업의 조율과 조정 역할을 담당함으로써 글로벌 보건이 글로벌 공공재로서 인식되도록 만들어야 한다는 주장이 제기되고 있다. 한국은 오랫동안 WHO의 지원을 받아 보건환경을 개선해왔고, 최근에는 세계보건협력 사업에서 공여국으로서 활동하고 있으며, 고(故) 이종욱 WHO 사무총장을 배출하는 등 글로벌 보건 거버넌스에서의 활동을 꾸준히 넓혀가고 있다. 앞으로 민간부문, 기업부문에서 글로벌 보건 거버넌스 참여를 확대하는 과제를 안고 있다.

제4장에서는 1969년 창설되어 저개발 국가에서 가족계획 사업과 여성들의 생식보건 및 모성건강을 증진시키기 위한 프로그램을 수행하고 있는 UNFPA를 다룬다. 20세기 이후 전 세계 인구의 급속한 증가는 지구적 차원에서의 지속가능성을 위협하고 있을 뿐만 아니라 개별 국가 단위에서 사회적 부담을 높이고 개인 차원에서는 건강과 인권을 약화시키는 요인이 된다. 초기 UNFPA는 저개발 국가의 가족계획 사업을 지원하여 출산율을 낮추는 방향으로 사업을 전개하였으나 1980년대 이후 출산을 실질적으로 담당하는 여성에 대한 고려가 필요하다는 인식이 제고됨에 따라 여성의 생식권, 건강

권을 우선시하고 이를 위한 사회, 문화, 제도적 환경을 조성하는 활동으로 전환되었다. 이러한 목표의 변화는 UNFPA 활동이 구체적으로 누구를 위한 것이며, 출산 억제가 빈곤탈출에 필요한 것인지, 그리고 가족계획이 산모와 영아의 건강에 도움이 되는 것인가에 대한 비판을 함께 불러일으켰다. 한국은 1991년까지 UNFPA의 지원으로 강력한 가족계획 사업을 벌여 성공적 사례로 지목되었으나, 모성건강과 권리의 측면으로 UNFPA 사업 목표가 전환되면서 한국과의 관계는 비교적 소원해졌다는 평가를 받는다. 앞으로 한국이 국제적인 공여국가로 위상을 자리매김하기 위해서는 UNFPA와의 관계 강화와 적극적 참여가 요구된다.

제5장에서 다루어지는 UN Women은 2011년 출범한 유엔의 신생 조직이지만 기존의 유엔 산하 여성기구들의 기능을 하나로 합친 것이라는 점에서 그 내용은 매우 오래된 것이다. 따라서 UN Women의 창설은 다양한 여성관련 기구들의 기능과 역할을 통합하여 유엔이 양성평등 및 성주류화 정책 추진을 주도적으로 국제사회에 관철시키겠다는 의지를 표명한 것으로 평가된다. 유엔 창설 초기에는 여성 정책이 단순히 여성의 참여를 확대함으로써 여성의 지위 및 권한을 증진시키는 데에 국한되었으나, 이는 결과적으로 여성을 주변적 위치에서 바라보는 것이라는 비판이 제기되어 남녀의 상호관계에서 여성의 지위와 권한 증진을 바라보는 이른바 젠더gender 개념이 등장하였다. 이를 위한 전략으로서 성주류화 개념이 도입되고 모든 분야에서의 정책 수립에서 젠더 관점이 통합되도록 하였다. 한국도 이러한 국제적인 노력에 적극적으로 참여하여왔다. 초기에는 정부가 중심이 되어 한국의 여성 문제에 대한 해결책을 찾는 데 주력하였으나, 시민단체의 참여가 확대되면서 글로벌 젠더 거버넌스에서의 기능과 역할이 확대되고 있다. 특히 경제성장을 바탕으로 여성관련 글로벌 이슈에 지원을 확대하고 한국의 여성지위신장의 사례를 국제사회와 공유하는 노력이 모색되고 있다.

유니세프(유엔아동기금, United Nations Children's Fund)

김도희

I. 서론

전 세계에는 많은 수의 아동들이 미처 우리가 알기도 전부터 영양실조나 질병으로 고통받거나, 가혹한 노동이나 성적 착취 등으로 인해 혹사당하고 있으며, 심지어는 전쟁의 가장 큰 희생자가 되고 있었다. 그리고 언제부터인가 텔레비전을 틀면 앙상하게 마르고 배만 볼록한 아이의 영상이 우리의 시선을 잡아끌기 시작했다. 내리쬐는 뙤약볕을 막아줄 그늘도 없는 곳에 뉘어져 있는 아이는 끊임없이 앵앵거리며 주변을 날아다니는 파리도 쫓지 못하고 힘없이 축 늘어져 큰 눈망울만 애처로이 깜박이고 있고, 그 옆에서는 유명 여배우가 아이가 안타까워 어찌할 바 모르는 얼굴로 안타깝게 눈물지으며 시청자들에게 도움을 호소한다. 우리에게 매우 친숙한 장면이다. 요즘은 유니세프뿐만 아니라 다른 비정부기구들^{NGOs}도 이런 방식의 모금활동을 많이 하고 있지만, 대중적으로 가장 친숙한 이름은 바로 유니세프^{유엔아동기금,} United National Children's Fund: UNICEF 이다.

이렇듯 유니세프는 국적이나 인종, 종교, 성별 등과 관계없이 전 세계 아동들의 삶을 향상시키고, 가난, 질병, 그리고 차별 등의 경제사회적 문제들로부터 아동을 보호하는 데 앞장서는 유엔기구이다. 구체적으로, 유엔총회 산하에 설치된 보조기구, 즉 사업 및 기금을 위한 기구^{Programmes and Funds}

로서 아동의 교육, 백신공급, 영양, 재난으로부터의 구호 등을 담당하고 있다.[1] 특히 유니세프는 유엔 기구들 중에서도 가장 대중적 인지도가 높을 뿐만 아니라 아동에 대한 지원 등을 가장 효율적으로 하는 국제기구로서 글로벌 거버넌스 체제의 핵심적 행위자로 유명하다. 심지어 1965년에는 그 간의 공로를 인정받아 노벨평화상을 받기도 하였다. 그렇다면 전후 긴급구호를 위해 임시기구로 설치되었던 유니세프가 어떻게 이러한 대중적 인기와 성공적 평가를 얻게 된 것일까?

이론적으로 보면 국제기구를 바라보는 입장은 크게 두 가지, 현실주의와 자유주의[2] 접근으로 나뉘어진다. 현실주의적 입장은 국제기구를 도구적 관점에서 해석한다. 즉, 국제기구는 국가의 이익 실현을 위해 설립되며, 설립된 이후에도 그 역할이 매우 제한적이다. 뿐만 아니라 국제기구가 국가의 주권을 침해하려는 시도를 하게 되면 이는 곧 국가에 의해 거부권이 행사되거나 하는 형태로 저지된다. 이와 반대로 자유주의적 접근은 국제기구가 국가들 공통의 이익실현에 수동적으로 기여하는 점을 인정하지만, 동시에 국가 간의 협력을 촉진하고 나아가 국제기구 주도로 새로운 의제를 설정하여 국가들을 좀 더 나은 해결책을 모색하는 장으로 이끌 수 있는 등 좀 더 적극적인 국제기구의 역할을 주장한다. 즉, 글로벌리제이션의 시대에 어느 한 국가만으로는 해결이 불가능한 새로운 전지구적 문제의 등장과 해결에 있어 국제기구가 가장 주도적인 역할을 할 수 있다고 역설한다.[3]

---

1 유니세프는 유엔의 기금(UN's development funds)들 중에서 가장 오래된 것 중의 하나이다.

2 자유주의의 대표적인 이론으로는 신자유주의적 제도주의가 있다.

3 국제기구를 바라보는 다양한 접근들이 존재하고, 이를 논의하는 많은 문헌들이 있다. 예를 들면, Margaret Karns and Karen Mingst, *International Organizations: The Politics and Process of Global Governance* (Boulder: LynneReinner Publishers, 2010); Kenneth Abbott and Duncan Snidal, "Why States Act through Formal Organizations," *Journal of Conflict Resolution* 42:3-32(1998); John Mearsheimer, "The False Promise of International Institutions," *International Security* Winter 1994/95:5-49(1994) 등이 국제기구의 대표적인 접근방법을 소개하고, 국제기구의 역할에 대해 논의하고 있다.

그렇다면 유니세프는 과연 어떤 관점에서 해석될 수 있을까? 결론부터 말하자면, 성립 당시에는 국가들 간의 합의를 통해 공통의 이익실현을 위한 제한적인 형태로 출발했지만, 그 발전과정을 통해 아동 문제의 해결에 있어서는 지구상 어떤 기구보다도 더 유능하고, 적합한 기구로 진화하였다.4 특히, 아동들에 대한 관심과 보호는 특정지역에 대한 인도적 차원의 지원이 아닌 정책적인 차원에서 접근되어야 함이 주장되면서,5 유니세프는 아동에 관한 전지구적 이슈를 해결함과 동시에 새로운 의제를 설정하여 국가들의 동참을 유도하는 주도적인 형태로 발전해 왔다. 물론, 아직도 유니세프 내에는 국가 간의 보이지 않는 정치가 존재한다. 하지만 성립 초기와 비교했을 때 현재 유니세프의 국제적 성과는 감히 아동과 관련한 글로벌 거버넌스의 가장 핵심적 주체의 하나라고 주장하기에 절대 부족하지 않은 매우 인상적인 사례임이 분명하다. 하지만 이러한 성공적 진화에도 불구하고 학계의 관심은 매우 부족한 실정이다. 유니세프가 발행하는 기관에 대한 소개나 보고서를 제외하면 유니세프에 대한 연구는 손에 꼽을 정도이다.6

이는 한국에서도 마찬가지인 실정이다. 사실 유니세프는 한국전쟁 이전부터 한국의 어린이들을 지원하였으며, 이는 1994년 한국에 선진국형 유니세프 국가위원회가 설립되기 전까지 계속되었다. 1994년 유니세프 국가위원회의 설립으로 한국은 수혜국에서 공여국으로 거듭난 매우 성공적인 사례가 되었다.7 즉, 한국에서의 유니세프의 활동은 비공식적으로는 1948년 정

---

4 유니세프는 비록 경제적인 기반도 없이 아동을 위한 국제적 행동이 필요하다는 명분으로부터 시작하여 실제로 잘될 지에 대한 우려가 많았지만, 전 세계로부터 지원을 이끌어내는 데 성공하여 마침내 전 세계 아동들의 삶의 개선에 큰 성과를 이루고 있다. 이는 글로벌 거버넌스의 매우 성공적인 사례 중의 하나로 인정받고 있다(Jolly 2014).

5 김계동 외 역, 『글로벌 이슈: 세계화의 도전과 대응』(2006), pp.257-258.

6 유니세프에 관한 연구 중 대표적인 것은 역사학자인 Maggie Black이 유니세프의 역사적 발전과 성과 등을 통시적으로 소개하고 있는 두 권의 책, *The Children and the Nations: The Story of Unicef*(1986)와 *Children First*(1996)이 있다. 그 외에 *New Challenges for UNICEF: Children, Women, and Human Rights*(Yves Beigbeder, 2002), *The United Nations Children's Fund*(Verloren, 2009), 그리고 *UNICEF: Global Governance that Works*(Jolly, 2014) 정도가 있다.

부 수립 직후의 한국 어린이들에 대한 실태조사까지 거슬러 올라갈 수 있을 만큼 밀접하고, 1994년 유니세프 한국위원회 설립 이후 세계 10위권의 공여국으로 발전할 만큼 활발하지만, 이에 대한 전문적인 연구는 거의 전무한 실정이다.[8] 이는 유니세프의 성공적인 활동과 높은 대중적 인지도에 비추어 볼 때 참으로 놀라운 일이 아닐 수 없다.

이 장에서는 유니세프의 역사적 성립배경 및 발전과정, 구조와 기능 및 재정에 대해 살펴보고, 아동과 관련한 성공적 국제기구로 발전할 수 있게 된 요인이 무엇인지에 대해 고찰해보고자 한다. 또한 이 과정에서 유니세프가 직면한(혹은 직면했던) 장애물과 이를 어떻게 극복하였는지에 대해서도 살펴보고자 한다. 마지막으로 유니세프와 한국과의 관계(유니세프 한국위원회) 및 기구 내 활동에 대한 전략에 대해서도 살펴본다.

II. 기구의 성립배경과 구조 및 재정

1. 유니세프의 설립배경

유니세프는 냉전시대 국가들의 손익계산으로 인해 아주 우연하게 설립되었다. 2차 대전 종료 직전인 1943년 전쟁으로 폐허가 되어 여전히도 고통받고 있는 유럽인들을 위해 유엔구제부흥기구UN Relief and Rehabilitation Admini-

---

7 사실 일본과 핀란드 등 수원국에서 공여국으로 발전한 사례가 또 있기는 하나, 매우 짧은 시간에 성공적인 전환을 이루었다는 점에서 평가받을 만하다. 유니세프한국위원회, *Vision 20/20*(2014), p.9.

8 국내에는 유니세프나 유니세프 한국위원회에서 발간한 사업관련 보고서나 홍보자료, 혹은 주간지 등에 소개된 모금자료 혹은 유엔 기구 취업기 외에는 유니세프에 대한 전문적 연구가 전무한 실정이다.

stration: UNRRA가 설립되었다. UNRRA는 전쟁으로 폐허가 된 동-서유럽의 모든 나라들을 지원하였다.9 하지만 냉전이 시작되면서 미국은 이 기구를 더이상 지원하지 않겠다고 선언하고, 서유럽만을 위한 마샬플랜Marshall Plan을 실시하였다. 하지만 제네바에서 열렸던 UNRRA의 마지막 총회에서 뜻밖의 일이 일어났다. 폴란드와 노르웨이의 대표들이 UNRRA의 남은 재원으로 전쟁으로 고통 받는 아이들을 위한 임시적 기구를 만들 것을 제안했고, 이 제안이 받아들여져 마침내 1946년 12월 11일, 유엔국제아동긴급구호기금International Children's Emergency Fund: ICEF이 설립되었다.10 ICEF는 깊은 동-서 간의 갈등에 무관하게 유럽의 어린이들을 지원하였고, 1940년대 후반에는 내전으로 고통 받는 그리스와 중국의 어린이들, 그리고 이스라엘과의 전쟁으로 인해 고통받는 중동의 어린이들도 지원하였다.

그러나 유엔은 애초에 전쟁과 같은 비상 상황에 대응하기 위한 임시기구로 ICEF를 설립하였기에 이 기구의 연장을 고려하지 않고 있었다. 국제노동기구International Labour Organization: ILO, 유엔식량농업기구Food and Agriculture Organization of the United Nations: FAO, 유엔교육과학문화기구United Nations Educational, Scientific and Cultural Organization: UNESCO, 그리고 세계보건기구World Health Organization: WHO 등의 유엔기구와 대부분의 선진국들은 긴급구호를 제외한 유니세프의 나머지 활동들은 이미 위의 네 기구와 같은 관련기구들에 의해 충실히 수행되고 있으므로 유니세프를 연장하거나 상설할 필요가 없다는 입장이었다. 특히 가장 많은 기여금을 제공했던 미국 역시 유니세프 상설화에 매우 부정적이었다.11 하지만 마침내 1950년이 되어 유엔이 이 기구 사업의

---

9 UNRRA는 1944~46년 동안 45억 달러를 지원하였는데, 이 기금의 대부분은 미국으로부터 제공되었다. 하지만 초기의 성공과는 달리 UNRRA는 동서유럽 간의 갈등을 해소하는 데 실패하고, 잘못된 관리와 낭비를 인해 많은 비난을 받게 되었고, 이러한 비난은 결국 가장 큰 기금 공여국이었던 미국을 향하고 있었다. Jolly(2014), chapter 1, p.21.

10 유니세프는 유엔총회 결의안 57(I)(General Assembly resolution 57(I))에 의해 성립되었다.

11 사실 유엔은 안보와 외교 등 전통적인 이슈들을 담당하는 것으로 생각되어 왔다. 그래

종료를 고려할 때 쯤 또 한 번의 중요한 이슈가 제기되었다. 이번에는 그동안 방기되어 있던 개발도상국 어린이들에 대한 보호필요가 제기된 것이다. 파키스탄의 대표 아흐메드 보카리Ahmed Bokhari는 세계 어린이들의 비상상황이 끝났다는 것은 환상임을 역설하고, 아시아와 아프리카, 그리고 라틴아메리카 저개발국의 수많은 어린이들이 전쟁이 아닌 가난으로 인한 배고픔과 질병으로 고통 받고 있음을 호소하였다.12 그리고 개도국들의 지원 외에, 유엔총회 사회위원회Social Commission of the General Assembly 역시 유니세프의 성공적인 활동을 인정하였다. 마침내 3년 후, 1953년 10월 유엔은 기존의 ICEF의 명칭에서 International과 Emergency를 빼고 United Nations Children's Fund(유엔아동기금)이라는 명칭을 확정, 이를 상설화할 것을 만장일치로 결정하였다.13 따라서 이 시점부터 유니세프는 명실 공히 국제기구로서의 조직적 기반을 확보하게 되었다.

2. 유니세프의 구조와 기능14

유니세프는 전 세계 196개국에 각종 조직을 갖고 활동하고 있다. 유니세프의 주요 조직은 크게 유니세프 본부, 지역사무소, 대표사무소, 그리고 국가위원회로 구성된다. 우선 유니세프 본부에는 유니세프의 정책결정과 관리

서 아동들을 위한 기구가 상설화된다는 것이 상상하기 힘들었다. 심지어 인류의 반을 차지하고 있는 여성을 위한 기구가 만들어지는 데도 30년(the United Nations Development Fund for Women: UNIFEM) 혹은 60년(UN Women)이 걸렸을 정도였기에, 거의 모든 선진국들은 유니세프를 상설화하는 것에 반대하는 입장이었다(Jolly 2014, Introduction, p.16).

12 Jolly(2014), chapter 1, p.26.

13 유니세프는 유엔총회 결의안 802(VII)에 의해 상설화되었다. 이로써 유니세프의 공식 명칭은 변경되었으나 UNICEF라는 약자(Acronym)는 이미 널리 통용되었으므로, 그냥 사용하기로 결정하였다.

14 유니세프 조직에 대한 개괄은 유니세프 공식 웹사이트의 내용을 참고로 하여 정리하였다. http://www.unicef.org/about/structure/(검색일: 2014.4.21).

를 담당하는 집행이사회가 있다. 또한 유니세프 본부에는 사무국Secretary, the office of the Secretary of the Executive Board: OSEB이 있다. 사무국은 사무총장Executive Director의 책임하에 유니세프의 전 세계 활동을 실질적으로 총괄하고, 집행이사회의 활동을 보좌한다. 또한 세계 7개 지역에 지역사무소UNICEF Regional Offices를 설치하고 있으며, 전 세계 156개 개발도상국(팔레스타인 포함)에 유니세프 대표사무소를 설치하여 세계 각국 정부 및 인도주의적 구호기구들과 협력, 어린이를 위한 사업을 펼치고 있다.15 더 구체적으로 각각의 조직을 살펴보면 다음과 같다.

1) 유니세프 본부(Unicef Headquarters)

유니세프 본부는 미국 뉴욕에 위치하고 있고, 유니세프의 모든 활동에 대한 관리와 운영을 담당한다. 즉, 유니세프가 추구하는 비전과 정책은 본부에서 결정되어 다른 조직에 공유되고, 유니세프로 들어오는 기금 역시 본부를 통해서 다른 조직으로 나누어진다. 유니세프 본부는 정책결정기구로 집행이사회, 그리고 실무를 담당하는 사무국을 포함하고 있다.

(1) 집행이사회(Executive Board)

우선, 유엔총회는 1946년 유니세프가 처음 설립되었을 때 유니세프의 관리를 위해 집행이사회Executive Board를 설립하였다.16 유니세프의 성과들은 집행이사회를 통해서 매년 유엔경제사회이사회UN Economic and Social Council에 사업보고서를 제출하고, 이는 유엔총회에서 검토된다. 또한 유니세프의 재정 및 감사보고서 역시 총회에서 검토된다.

---

15 2014년 현재 유니세프 대표사무소는 동남 아프리카 21개국, 서부, 중앙아프리카 24개국, 라틴아프리카, 카리브해 연안 35개국, 동아시아, 태평양 27개국, 남아시아 8개국, 중동, 북아프리카 20개국, 구소련 연방, 동유럽 21개국 등 총 156개 개발도상국에 존재하고 있다

16 *The Unicef Executive Board: An Informal Guide* (Office of the Secretary of the Executive Board. 2010), http://www.unicef.org/about/execboard/files/Executive _Board-An_Informal_Guide-2014-ENGLISH.pdf(검색일: 2014.6.23).

집행이사회는 1994년 이후부터 현재와 같은 36개 이사국 형태로 구성·유지되고 있다.17 이사국은 3년 임기로 유엔경제사회이사회에서 선출되며, 아프리카 8개국, 아시아 7개국, 동유럽 4개국, 라틴아메리카와 카리브해 지역 5개국, 서유럽을 비롯한 선진국들(일본 포함) 12개국으로 구성된다.18 집행이사회는 공식적으로 일 년에 세 번 회합하며 첫 번째 정기세션first regular session이 1월/2월에 열리고, 연례회의annual session가 5월/6월에 열리며, 마지막으로 두 번째 정기세션second regular session이 9월에 열린다.

집행이사회의 기능을 살펴보면, 집행이사회는 유엔헌장에 따라 유니세프의 전반적 정책과 활동을 지원 및 감독하는 역할을 한다. 구체적으로, 우선, 집행이사회는 유엔경제사회이사회의 전반적인 정책방향을 따라 유엔총회가 결정한 정책들을 수행한다. 둘째, 집행이사회는 유니세프정책들의 총회·경제사회이사회의 정책방향에 대한 적합성 점검 및 활동 감독, 유니세프정책에 대한 승인 및 관리, 그리고 재정과 예산 결정을 주요 임무로 한다. 또한 새로운 프로그램을 검토하고, 필요한 경우 이사회와 총회에 새로운 의제를 제안한다.

한편, 집행이사회는 회장단Bureau에 의해 활동이 조정된다. 회장단은 지역을 대표하는 5명으로 구성되며, 회장 1인과 부회장 4인이 1년 임기로 활동하게 된다.19 이들 회장단은 집행이사회 회원국들 중에서 선출되고, 매년

---

17 General Assembly resolution 48/162(1993.12).
18 2014년 현재의 집행위원회의 구성국
   Africa — Central African Republic, Democratic Republic of the Congo, Djibouti, Egypt, Gambia, Ghana, Kenya, Zambia
   Asia — China, India, Iran(Islamic Republic of), Pakistan, Papua New Guinea, Republic of Korea, Thailand
   Eastern Europe — Albania, Bulgaria, Estonia, Russian Federation
   Latin America and the Caribbean — Antigua and Barbuda, Cuba, Guyana, Haiti, Panama
   Western Europe and Others — Belgium, Canada, Denmark, Finland, France, Germany, Greece, Italy, Netherlands, Norway, Sweden, United Kingdom, United States of America

국제기구와 보건·인구·여성·아동

지역별로 돌아가면서 선임되나, 유엔안전보장이사회 상임이사국들은 회장단에 선임되지 않는 것이 전통이다.

(2) 사무국(Secretary, the office of the Secretary of the Executive Board: OSEB)

다음으로 유니세프 본부에는 총재 Executive Director 의 책임하에 유니세프의 전 세계 활동을 실질적으로 총괄하는 사무국이 있다. 유니세프 사무국은 집행이사회의 활동을 보좌하고 집행이사회에 제출되는 모든 문서에 대해 편집 및 기술적인 서비스를 제공한다. 또한 사무국은 총재와 집행이사회 사이의 원활한 의사소통과 효과적인 관계를 유지할 것을 책임지고 있다. 따라서 집행이사회가 유니세프의 정책을 결정한다면 이의 실행을 책임지고 있는 곳이 바로 사무국이며, 사무국의 책임자가 바로 총재인 것이다. 2014년 현재 유니세프의 총재는 앤소니 레이크 Anthony Lake 전 백악관 국가안보보좌관이다. 후술하겠지만, 1946년 설립 당시부터 현재까지 총 6명의 총재가 모두 미국에서 배출되었다. 또한 이들의 효과적인 리더십이 유니세프 성장의 성공요인으로 꼽히고 있다.

역대 유니세프 총재에 대해 간략하게 살펴보면,20 우선 초대 총재 모리스 페이트 Maurice Pate, 1946~1965 는 1946년 유니세프 설립부터 18년간 재임하면서 아동의 기본 욕구에 대한 조사에 착수하고, 현재까지 유니세프의 주요 사업인 예방접종과 말라리아 퇴치사업의 초석을 놓았다. 2대 총재는 앙리 라부

---

19 2014년의 회장단 구성은 다음과 같다.
　(1) President
　　- Mr. Macharia Kamau, Permanent Representative, Kenya
　(2) Vice-Presidents(from left to right)
　　- Mr. Stephan Tafrov, Permanent Representative, Bulgaria
　　- Mr. Ib Petersen, Permanent Representative, Denmark
　　- Mr. Denis Régis, Permanent Representative, Haiti
　　- Mr. Masood Khan, Permanent Representative, Pakistan
　　(http://www.unicef.org/about/execboard/index_13225.html, 검색일: 2014.6.23).
20 http://www.unicef.org/about/who/index_53481.html(검색일: 2014.6.22).

이[Henry R. Labouisse, 1965~1979]였는데, 그는 미국의 변호사이자 외교관 출신이었다. 그의 임기 동안 유니세프는 지역사회의 특성에 기반을 둔 보건영양사업과 식수 및 위생사업을 추진해서 큰 성과를 거두었다. 또한 아동의 교육에 대한 사업도 시작하였다.

유니세프의 제3대 총재는 제임스 그랜트[James P. Grant, 1979~1995]이다. 제임스 그랜트는 유니세프의 전성기를 이끌어낸 가장 강력한 지도력을 발휘한 총재로 칭송되고 있다. 1980년대 '어린이 생존과 발달을 위한 혁명'을 시작하였고, 1989년 유엔아동권리협약 채택과 1990년 세계아동정상회담 개최라는 큰 성과를 이루었다. 이 두 가지 기념비적인 성과들은 전 세계 아동보호를 위한 국제협력의 개가이기도 함과 동시에 유니세프라는 기구를 한 단계 더 성장시키는 계기가 되었다. 제4대 유니세프 총재는 캐롤 벨라미[Carol Bellamy, 1995~2005]로서, 그녀는 예방접종, 모든 이를 위한 교육, 에이즈 확산 예방, 어린이 보호, 영유아 발달 등의 5개 중장기 전략을 수립하여 유니세프의 사업을 추진하였다.

제5대 총재는 앤 배너먼[Ann M. Veneman, 2005~2010]으로 유엔의 새천년개발목표[MDGs, 2000]의 달성을 위한 제2차 중장기 계획을 수립하였고, 범세계적인 에이즈퇴치 캠페인을 시작하였다. 그리고 현 제6대 앤소니 레이크 총재는 교수출신으로 미국 정부의 관료로서, 그리고 유엔의 일원으로서 일했던 풍부한 업무경험을 바탕으로 하여, 다시 한번 제임스 그랜트 시대의 중흥기를 맞이하는 것을 목표로 하고 있다.

(3) 그 외의 조직들

그 외에 유니세프 본부 조직으로서 뉴욕의 본부 외에 스위스 제네바에 위치한 유럽 지역사무소[Regional Office for Europe]가 있다. 유럽 지역사무소는 선진국 국가위원회들의 제반 활동을 지원하는 것을 주요 업무로 하고 있다. 또한 유니세프의 아동개발사업에 필요한 모든 물자의 구매, 보관, 배송을 담당하고 있는 구호물품조달본부[Supply Division]가 있다. 구호물품조달본부는 덴마크 코펜하겐에 위치하고 있고, 긴급상황에 대응하기 위해 두바이와 파나마에도 물류기능을 두고 있다. 유니세프는 매년 7억~12억 달러 상당의 물품을 구매하는데, 이는 엄격한 심사와 공개입찰을 통하도록 하고 있다. 유니세프가 구매하는 물품들은 예방접종 백신, 항바이러스제, 교육물품, 모기장 및 어린이치료식, 생활용품세트, 응급약품 키트 중 그 종류도 매우 다양하고, 사업에 따라 구매하는 물품도 달라진다.

다음으로 유니세프는 이노센티 리서치센터 Innocenti Research Centre 를 운영하고 있다. 이탈리아 플로렌스에 위치하고 있는 이노센티 리서치센터는 유니세프의 조사연구기관으로서 아동 문제에 대해 조사 및 연구하고, 보고서를 발간하며 아동관련 정책을 분석 및 개발하는 것을 주요임무로 하고 있다. 그 외에도 유니세프는 벨기에 브뤼셀과 일본 도쿄에 각각 브뤼셀 사무소와 일본사무소를 두고 각국 정부의 유니세프 기금을 섭외하고 각국이 정책결정자와의 협력 및 조정을 담당한다.

2) 유니세프 지역사무소(Regional Offices)와 대표사무소(Field Offices)

유니세프는 세계 7개 지역에 지역사무소를 설치하고 있으며, 각 지역사무소는 해당지역 국가의 대표사무소들이 펼치는 아동개발사업을 총괄적으로 기획, 조정, 그리고 평가하는 업무를 담당한다. 구체적으로 유니세프의 7개 지역사무소는 동아시아/태평양 지역사무소 East Asia and the Pacific Regional Office, 태국 방콕, 남아시아 지역사무소 South Asia Regional Office, 네팔 카트만두, 중동/북아프리카 지역사무소 Middle East and North Africa Regional Office, 요르단 암만, 서부/중앙아프리카 지역사무소 West and Central Africa Regional Office, 세네갈 다카, 동남아프리카 지역사무소 Eastern and Souther Africa Regional Office, 케냐 나이로비, 동유럽/독립국가연합 지역사무소 Central and Eastern Europe, Common-wealth of Independent States Regional Office, 스위스 제네바, 그리고 라틴아메리카/카리브연안 지역사무소 The America and Caribbean Regional Office, 파나마 파나마시티 이다.

한편, 유니세프 대표사무소는 세계 156개 개발도상국에 설치되어 각국 정부 및 인도주의적 구호기구들과 협력하여 아동을 위한 유니세프의 사업들을 실천하고 있다. 즉, 현장에서 실질적으로 유니세프의 프로그램을 실행하고 있는 것이 바로 대표사무소이다. 유니세프 대표사무소는 현장중심의 접근을 최우선시하여 각 대표사무소가 소재하고 있는 국가가 필요로 하는 부분이 무엇인지 파악하여 현장에 가장 적합한 프로그램을 설계하는 것이 원칙이다. 따라서 이러한 현장 중심의 접근은 본부에서 결정한 공통의 정책 global policy을 일괄적으로 적용하는 것보다 훨씬 더 효율적이고, 효과적이라고 평가받고 있다. 다시 말하면, 유니세프는 이들 대표사무소에 많은 재량적인 권한을 주고 있어 각국의 필요에 따라 능동적이고, 유연하게 대응할 수 있기 때문에 조직의 효율성이 높음과 더불어 프로그램의 효과성도 커지는 것이다.[21]

유니세프 대표사무는 지역별로 보면 동남아프리카 21개국, 서부·중앙아프리카 24개국, 라틴아프리카·카리브해 연안 35개국, 동아시아·태평양 27개국, 남아시아 8개국, 중동·북아프리카 20개국, 그리고 구소련 연방·동유럽 21개국 등 전 세계 156개국에 소재하고 있다.

3) 유니세프 국가위원회

유니세프 국가위원회는 유니세프의 매우 독특한 조직 중의 하나이다. 이미 위에서 언급한 바와 같이 이들 국가위원회는 공식적인 유니세프의 조직이 아니고, 선진국에 설치된 독립적인 비정부기구independent local non-governmental

---

21 유니세프 브룬디(Brundi) 대표사무소 부대표와의 인터뷰에서도 이러한 현장중심 접근과 대표사무소의 재량의 효과성을 확인할 수 있었다(2014년 6월 18일). 예를 들면, 브룬디의 경우 다른 아프리카 국가에 비해 영토가 가장 작고, 가난한 나라이다. 주산업이 농업이지만, 농사를 지을 수 있는 땅도 빈약해서 인구의 80% 정도가 하루 1달러 미만의 생활비로 생활하고 있다. 이런 상황에서 여성 1명당 출산율이 평균 5명 이상으로 영아사망률도 매우 높다. 더구나, 인구의 50%가 18세 미만의 젊은층이나, 이들에 대한 교육과 일자리도 절대적으로 부족한 형편이다. 따라서 유니세프 브룬디 대표사무소는 영아들에 대한 영양공급에 주력하면서 젊은 층에 대한 교육사업을 적극적으로 추진하고 있다. 또한 브룬디 정부와 협력하여 일자리를 창출할 수 있는 지속적인 발전을 위한 사업에도 매진하고 있다. 브룬디의 경우에서처럼 각국에 소재하고 있는 대표사무소는 그 국가의 필요를 적절하게 파악하여 현장에 가장 적합한 프로그램을 수행함으로써 유니세프 프로그램의 효율성 및 효과성을 제고하고 있다.

organizations로서, 유니세프와 협약agreement을 통해 설립되어 개별 국가에서 유니세프를 지원하는 역할을 한다.

애초에 유니세프 국가위원회는 순수하게 유니세프의 모금활동을 돕기 위해 유니세프 카드를 판매하던 소규모의 사람들로부터 시작되었다. 그로부터 유니세프의 임무가 긴급구호에서 저개발국 아동들에 대한 지원으로 확대되자, 몇몇 유럽 국가가 자발적으로 기금을 모아 지원한 것이 시발점이 되어 유니세프 국가위원회가 설립되었다. 하지만 유니세프와 국가위원회의 관계가 처음부터 이렇게 밀접하지는 않았다. 유니세프는 처음에는 국가위원회 가치를 그리 높게 보지 않았었다. 하지만, 국가위원회는 유니세프의 공식조직이 아니면서도 기금을 모금하고 각국 위원회가 자율성을 갖고 사업을 진행하고자 하는 등 매우 적극적이었다. 더구나 기금을 많이 내는 국가위원회일수록 유니세프의 업무에 더욱더 강하게 자신들의 의견을 피력하였고, 그런 발전과정들을 거치면서 국가위원회도 시간이 갈수록 그 제도가 정비되어서 지금과 같은 마치 본부조직과 같이 통합된 형태의 파트너로 정비되었다. 이러한 국가위원회 제도는 다른 국제기구에는 없는 독특한 형태인데, 예를 들면, 국가위원회의 사무총장은 유니세프 총회에 그들 국가를 대리하여 참석할 수 있는 등 다른 국제기구에 비해 조금 더 적극적인 역할을 할 수 있다.[22]

일반적으로 유니세프 국가위원회는 각 국가에서 아동의 권리를 증진하는 데 앞장서는 역할을 한다. 이를 위해 언론, 중앙 및 지방정부 관료, 다른 NGO들, 그리고 의사, 변호사, 교사, 그리고 일반대중 등 지역사회와 협력을 통해 아동의 권리보호를 제고할 수 있도록 노력한다. 또한 유니세프라는 이름을 내걸고 대중과 직접 접촉하여 유니세프의 사업을 홍보하고 옹호하며 나아가 기금을 모금하는 데 큰 역할을 하고 있다. 유니세프의 기금은 자발

---

22 UNICEF, A historical perspectives on national committees for UNICEF in Europe, UNICEF history series Monograph II, http://www.unicef.org/about/history/files/CF-HST-MON-1986-002-natl-committees-unicef-europe-mono-II.pdf(검색일: 2014.8.2).

적인 기여금으로 구성되는데, 이들 국가위원회는 유니세프의 연 수입의 1/3
을 제공하고 있다. 이러한 기여금 모금기능, 즉 NGO가 자발적으로 기금을
모금하여 본부를 지원하는 기능이 유니세프 국가위원회를 더욱더 강하고 독
특한 파트너로 존재하도록 한다. 2014년 현재 유니세프 국가위원회는 전
세계 36개 선진국에만 설치되어 있다.[23]

3. 유니세프의 재정[24]

1) 예산

유니세프의 예산은 각 나라 정부와 민간으로부터 제공되는 자발적인 기
금으로 이루어진다. 그리고 민간부문의 지원금은 각 나라의 유니세프위원회
에서 조성한 기금과 기업의 기부금이 주가 된다. 유니세프는 기금을 크게
세 가지로 분류한다. 우선 일반기부금regular resources인데 유니세프가 주도하
는 사업실행을 위해 가장 중요한 자원이기 때문에 핵심기부금core resources
이라고도 부른다. 즉, 일반기부금은 그 사용처가 제한되지 않는 기금이므로
가장 유동적으로 유니세프가 정한 사업의 우선순위대로 배정될 수 있기 때
문이다.[25] 이러한 일반기부금은 사업 추진 시 발생하는 유동적인 상황들이
나 응급상황이 발생하였을 때 유니세프의 대응성을 높일 수 있다. 2013년

---

23 유니세프 국가위원회 설치 국가는 그리스, 네덜란드, 노르웨이, 뉴질랜드, 덴마크, 독
   일, 룩셈부르크, 리투아니아, 미국, 벨기에, 산 마리노, 스웨덴, 스위스, 스페인, 슬로바
   키아, 슬로베니아, 아이슬란드, 아일랜드, 안도라, 에스토니아, 영국, 오스트레일리아,
   오스트리아, 이스라엘, 이탈리아, 일본, 체코, 캐나다, 터키, 포르투갈, 폴란드, 프랑스,
   핀란드, 한국, 헝가리, 홍콩 등이다. 유니세프 홈페이지, http://www.unicef.org/about/
   structure/index_natcoms.html(검색일: 2014.5.30).

24 기구의 예산 및 최신 현황은 유니세프의 홈페이지를 참조. http://www.unicef.org/
   parmo/66662_66849.html(검색일: 2014.5.27).

25 흔히 다른 사용처가 정해진 처로 들어오는 기부금에 비해 일반기부금은 훨씬 더 쓰기
   가 용이하기 때문에 유니세프가 가장 선호하는 형태라고 한다. 유니세프 한국위원회는
   본부에 보내는 기부금 중 80% 정도를 정규기부금으로 보내고 있다.

국제기구와 보건·인구·여성·아동

현재 전체 기부금의 26%를 차지하고 있다.

다음으로 지정기부금^{thematic funding}이 있다. 지정기부금은 말 그대로 기부금 공여자가 특정 목적, 지역 혹은 특정 사업만을 위해 사용할 것을 지정하는 것이다. 따라서 유니세프는 기부금 공여자가 지정한 특정 사업에 예산을 배정·사용하고, 매해 기부금 사용에 대한 보고서를 작성해야 한다. 이러한 유니세프 내에서 이러한 지정기부금은 일반적으로 OR^{Other Resources}로 불리는데, 더욱 세부적으로는 ORR^{Other Resources Regular}과 ORE^{Other Resources Emergency}로 나누어진다. 일반적으로 집행이사회의 승인을 받은 특정 사업에만 쓰일 것을 지정하는 기부금이 바로 ORR이고, 이는 2013년 전체 유니세프 예산의 47%를 차지하고 있다. 마지막으로 ORE인데, 이는 위의 ORR과 마찬가지로 특정 목적에만 쓰이도록 지정된 기부금으로 명칭과 마찬가지로 특정 위기^{Emergency} 상황이 발생하였을 때 쓰이도록 제공되는 것이다. 2013년 현재 전체 유니세프 예산의 27%를 차지하고 있다.

유니세프 예산을 조금 더 상세히 살펴보면 2013년 현재 전체 유니세프의 예산은 4,853백만 달러이고, 이 중 민간과 비정부기구들로부터의 기부금이 전체의 29%인 1,431백만 달러이다. 그리고 정부로부터 받은 기부금은 전체의 62%인 2,993백만 달러를 차지하고 있다. 그리고 〈표 1〉에서 볼 수 있는 것처럼 지정기부금이 전체의 74%를 차지하고 있다.

이상에서 살펴본 바와 같이 유니세프가 가장 원활하게 활동할 수 있으려

〈표 1〉 기부금 형태와 공여주체별 유니세프 예산 분류

(단위: 백만 달러)26

형태 / 공여주체	민간부문	정부	조직 간 배분	기타 수입
일반기부금	589(12%)	587(12%)		89(2%)
지정기부금	848(17%)	2,406(50%)	334(7%)	

---

26 Unicef Annual Report(2013), p.38

면 일반기부금이 가장 많아야 할 것임을 알 수 있다. 일반기부금은 그야말로 유니세프의 주도하에 쓰일 수 있는 것이기 때문이다. 하지만 현실적으로는 용처가 정해진 지정기부금이 무려 전체 예산의 74%를 차지하고 있기 때문에 유니세프의 자율성은 어느 정도 제약을 받을 수밖에 없을 것이라고 추측해 볼 수 있다. 한편, 이와 관련하여 오히려 일반기부금과 지정기부금의 적절한 비율은 오히려 유니세프의 사업을 적절하게 균형을 맞출 수 있도록 하는 좋은 장치라는 의견도 있다. 지정기부금을 통해서 예측가능하고, 지정된 사업들을 진행함과 동시에 정규기금으로 유니세프가 새롭게 추진하는 혁신적인 사업들을 할 수 있기 때문이다.

2) 기부금의 모금

유니세프의 예산은 모두 정부와 민간의 자발적 기부금으로 구성된다. 따라서 유니세프 본부 조직들뿐만 아니라 국가위원회 역시도 기부금 모금을 위한 활동에 매우 적극적이다. 기부금 모금을 위해서 유니세프는 지정된 사업에 대한 보고서를 제공하고 있으며, 기부금 공여자들과의 돈독한 관계 유지를 위해 애쓰고 있다. 뿐만 아니라, 가장 기본적으로 모금된 돈이 아동의 보호를 위해 효율적으로 사용될 수 있도록 프로그램을 추진하는 데 만전을 기하고 있다.[27] 하지만 전 세계적인 경제위기를 겪은 이후 기부금의 모금은 예전만큼 쉽지 않고, 주어진 예산은 사업을 원활히 수행하기에는 항상 부족한 실정이라고 한다.

〈표 2〉는 2013년 현재 기부금 제공 상위 20개국을 나타내고 있다. 가장 많은 기부금을 낸 국가는 영국이고 그 뒤를 유럽공동체와 미국, 그리고 일본이 뒤따르고 있다. 한국의 순위는 16위이나, 상위 국가들과의 기부금 규모 면에서는 엄청난 차이를 보이고 있다. 하지만 〈표 3〉에서 보는 것처럼 기부

---

27 유니세프 브룬디 대표사무소 부대표는 기부 받은 돈의 최후의 1달러까지도 아동들을 위해 사용하고 다른 곳에 낭비하지 않는 것이 그들의 목표이며, 주어진 예산에서 최선의 결과를 얻어내는 것이 기부금 공여자들과의 관계를 돈독히 하고, 또 다른 기부금을 모금하는 데 가장 좋은 방법이라고 말한 바 있다(2014년 6월 18일 인터뷰).

〈표 2〉 기부금 제공 상위 20개국

(단위: 1,000달러)

국가	일반기부금	지정기부금		총계
		regular(ORR)	emergency(ORE)	
United Kingdom	62,416	318,323	174,649	555,387
European Commission	–	231,269	200,096	431,365
United States	125,168	86,903	113,284	325,355
Japan	22,722	55,447	184,849	263,019
Norway	82,134	147,122	12,050	241,306
Sweden	69,395	106,203	30,838	206,436
Netherlands	44,503	127,972	3,750	176,225
Canada	16,814	118,414	26,322	161,550
Germany	8,662	10,247	40,854	59,764
Denmark	31,921	12,294	15,448	59,663
Kuwait	200	–	55,000	55,200
Australia	–	35,490	18,293	53,783
Finland	22,788	7,924	10,988	46,700
Switzerland	22,976	15,963	7,092	46,031
Belgium	13,866	9,723	10,926	34,515
Republic of Korea	3,200	15,291	7,986	26,477
Ireland	10,473	6,390	1,349	18,211
France	4,404	12,402	136	16,941
Italy	3,927	6,554	3,220	13,701
Spain	3,536	354	8,249	12,139

출처: Unicef Annual Report 2013, p 39

〈표 3〉 기부금 제공 상위 20개 국가위원회

(단위: 1,000달러)

국가	일반기부금	지정기부금		총계
		regular(ORR)	emergency(ORE)	
United States	34,305	161,630	31,486	227,421
Japan	106,654	10,348	17,280	134,282
Germany	57,235	27,320	24,628	109,184
Republic of Korea	70,044	13,791	3,780	87,615
Sweden	40,309	39,058	8,035	87,402
Netherlands	42,730	15,964	15,154	73,848
France	47,419	17,709	7,519	72,647
Spain	42,466	6,451	12,327	61,244
United Kingdom	15,337	28,651	16,911	60,898
Italy	20,888	18,515	9,226	48,629
Belgium	11,930	4,450	4,269	20,649
Switzerland	6,996	9,551	4,087	20,634
Hong Kong, China	12,231	4,232	2,717	19,180
Finland	11,159	5,009	2,235	18,402
Australia	7,783	4,664	4,795	17,241
Denmark	8,921	6,481	1,687	17,089
Canada	5,100	3,248	8,486	16,835
Norway	4,725	5,789	2,688	13,202
Austria	4,010	997	621	5,628
Ireland	1,746	1,524	1,935	5,206

출처: Unicef Annual Report 2013, p.40

국제기구와 보건·인구·여성·아동

금 제공 국가위원회 중에서는 미국, 일본, 독일에 이어 한국이 4위이다. 1993년까지 한국에 유니세프 대표위원회가 활동하고 있었고, 1994년에 유니세프 국가위원회가 설립되어 이제 막 20주년을 맞이했다는 점을 감안하면 그야말로 괄목할만한 성장이 아닐 수 없다.[28]

이상에서 유니세프의 예산과 기부금에 대해 살펴보았는데 전적으로 자발적인 기부금에 의해 조직이 운영된다는 점에서 유니세프가 왜 가장 효율적인 조직으로 칭송받고 있는지 짐작할 수 있다. 그러나 동시에 기부피로와 같은 문제가 발생한다면 조직의 안정적인 운영이라는 면에서는 항상 어느 정도의 위험부담이 있는 문제라고 할 수 있다. 이와 관련하여서는 후에 더욱더 상세히 서술하도록 할 것이다.

III. 유니세프의 주요 활동과 성과[29]

1) 창설 초기(1946~1950년대)

창설 초기 유니세프는 전후의 아동들을 영양실조 등으로부터 구호하기 위한 프로그램을 실시하고, 결핵, 천연두, 말라리아와 같은 치사율이 높은 전염병을 예방하는 것 등 아동과 모성을 위한 백신사업을 전개하였다. 예를 들면, 1947년 유니세프는 스칸디나비아 적십자를 지원하여 국제적인 결핵 퇴치 캠페인을 벌였고, 이는 최초의 대규모 예방접종 사업이었다. 1948년

---

28 유니세프 한국위원회의 이러한 성장은 유니세프 내에서도 칭송받고 있으며, 유니세프 한국위원회의 프로그램과 사업, 그리고 기부금모금 등을 배우겠다는 요청도 많이 받고 있다고 한다(유니세프 한국위원회 본부장 인터뷰, 2014년 5월 16일).

29 이 절에서는 앞에서 언급했던 Maggie Black의 두 권의 책 "The Children and the Nations: The Story of UNICEF"(1986)와 "Children First"(1996), 그리고 "1946~2006 Sixty Years for Children"(UNICEF, 2006)을 참조하여 유니세프의 역사적인 활동을 정리하였기에 특기해야 할 경우를 제외하고는 따로 출처를 명시하지 않았음을 밝혀둔다.

중반까지 유니세프는 전 세계 12개국의 450만 아동들에게 분말우유 등의 식사대용품을 제공하였다. 이러한 유니세프의 사업들은 유럽에서 시작하여, 중동, 아시아, 라틴아메리카, 태평양, 카리브해 지역 등의 저개발 국가들로 그 영역을 확대해나갔다.

특히 1959년에는 유엔총회에서 어린이 보호, 교육, 보건, 영양 등에 대한 권리를 명시한 10개항의 아동인권선언Declaration of the Rights of the Child을 채택함으로써 아동에 대한 특별한 보호를 재확인하였으며, 같은 날 유엔총회는 아동인권선언에 선언된 아동보호를 실행하는 국가들의 지원은 유니세프를 통하는 것이 가장 실용적인 국제협력의 방법임을 명시하는 결의안을 채택하였다. 이를 통해 긴급구호에 치중했던 유니세프의 임무는 아동의 영양, 보건, 교육 등 아동과 관련된 전 분야에 대한 보호로 확대되기에 이르렀다.

즉, 이 시기의 유니세프는 아동권리의 전 분야에 대한 보호를 제공하는 각 저개발국들을 지원하기 시작하면서, 아동만을 직접적으로 지원하는 것 외에도 저개발국의 전반적인 발전과 관련된 좀 더 광범위한 이슈들까지 연관되도록 그 임무가 확대되기 시작하였다.

2) 제1차 유엔개발10년(1960년대)과 노벨평화상 수상

1960년대 유엔은 첫 번째 유엔개발10년The First Decade of Development을 선언하고, 새롭게 독립한 식민지 국가들의 성장과 함께 등장한 저개발 국가들의 삶에 대한 관심을 촉구하기 시작했다. 이에 유니세프는 WHO(health and nutrition), FAO(nutrition), ILO(Work and livelihood), UNESCO (education), UN Bureau of Social affairs(social welfare) 등 아동 문제와 관련이 있는 전 유엔기구의 전문가들을 포함한 대대적인 조사를 진행한 후 발간한 개발도상국의 아이들을 위한 특별 보고서Children of the Developing Countries를 통해 아동의 권리가 국가의 발전 계획에 포함되어야 한다고 주장하였다. 즉, 국가의 발전 과정에서 인적 자원 형성에 관한 모든 계획에서 아동의 권리가 핵심이 되어야 함을 주장하였다. 그것은 유니세프의 모토인 '아동 우선Child First'정책에서도 잘 드러나고 있다. 이를 위해 유니세프 역시도 단지 건강과 사회복지 부서 외에 아동과 관련된 전 정부부처와 연관을 맺기 시작하였다. 뿐만 아니라 아동을 어른에 부속된 것으로 보던 기존의 관행과 달리 아동을 하나의 완전한 권리주체의 그것으로 볼 것을 주장하였다. 따라서 아동에 권리에 대한 고려 역시 다른 것에 대한 부분이 아니라 그 자체로 완전한 권리로 고려되어야 한다고 주장되었다.

이러한 1960년대 활동의 성과를 인정받아 1965년에 유니세프는 노벨평화상을 수상하였다. 이러한 공로는 유니세프의 초대 사무총장으로 창설 초기부터 1965년 초 사망할 때까지 유니세프를 이끌어온 모리스 페이트^{Maurice} ^{Pate}에게 돌려졌다. 창설 초기부터 1960년에 이르기까지 유니세프는 단순히 소극적인 구호활동이나 유엔의 선언에 따른 아동보호활동에서 벗어나서, 아동의 권리를 그 자체로 볼 것을 제안하고, 특히 국가발전계획을 설정함에 있어 아동의 필요를 핵심적으로 고려할 것을 주장하는 등 좀 더 적극적인 자세로 전환하고 있다.

3) 제2차 유엔개발10년과 세계아동의 해

1971년 유엔은 두 번째 유엔개발10년^{The Second Development Decade}을 선언하고, 남북 간의 빈부격차를 줄이기 위한 노력을 시작하였고, 이에 유니세프는 개발도상국 어린이들의 교육 및 건강 문제에 초점을 두었다. 하지만 1973년의 석유 위기와, 1972년과 1974년의 곡물위기로 인해 전 세계적인 식량 부족사태가 일어나고, 유니세프는 '아동을 위한 응급상황^{Emergency for} ^{Children}'을 선포하기에 이른다. 식량위기 이전부터도 전 세계적으로 천만 이상의 아동이 심각한 영양부족에 시달리고 있었는데, 식량위기로 인해 곡물가가 올라가서 아동의 기아와 영양부족은 더욱더 증가할 것이 뻔했기 때문이었다.

한편, 유니세프가 지속적으로 주장해왔던 아동의 필요를 조금 더 큰 사회적 그리고 경제적 그림에서 보자는 주장은 아동 권리와 유니세프의 활동을 더욱더 확대시킨 반면, 아동보호를 위한 특별한 필요들은 좀 약화된 것이 아닌가 하는 우려가 생겼다. 이에 유엔은 1979년을 '세계아동의 해^{The Inter-}

national Year of the Child'로 선포하고, 유니세프를 국제아동 개발사업의 주관기구로 임명, 아동권리에 관한 기념행사 및 아동과 관련된 업무를 총괄하는 권한을 부여하기에 이른다. 이 선언으로 모든 국가들은 그들 국내의 아동들의 상황에 대해 재평가하고, 부족한 부분을 향상시킬 노력을 하여야 하였다. 뿐만 아니라 선진국들은 저개발국들에 대한 원조를 더욱더 증액하여야 하였다. 애초에 유니세프는 피상적인 선언에 그칠 것을 우려하여 참여를 주저하였으나, 이 선언은 매우 성공적으로 실천되었고 마침내 유니세프도 창설 30여 년 만에 아동에 관한 가장 주도적인 역할을 하는 국제기구로서 인정받게 된 것이다. 이 시기부터 유니세프는 더욱더 주도적인 활동을 펼치기 시작한다.

4) 전지구적 아동예방접종(Universal Child Vaccination)과 유엔아동권리협약(Convention on the Rights of the Child)

1982년 유니세프는 세계아동현황보고서 State of the World's Children Report 에서 '아동생존혁명the Child Survival Revolution'을 제안하는데, 이는 기존에 영아와 아동사망률을 국가 발전의 지표로 보던 것과 반대로 국가발전을 위해 영아와 아동사망을 직접적으로 낮추는 방식을 제안한다. 즉, 아동의 보호를 국가발전의 계획의 일환으로 포함시켜야 한다는 기존의 피상적 제안을 조금 더 직접적인 의제로 제시한 것이다. 또한 '국가 예방접종의 날'을 지정하여 콜롬비아, 세네갈, 인도, 나이지리아로부터 터키에 이르는 전지구적인 아동예방접종 프로그램을 실시하여 괄목할만한 성공을 거두었다. 특히 전쟁 중이던 엘살바도르에서도 예방접종을 위해 휴전을 실시하였고, 이러한 예는 이후 내전 중이었던 레바논, 수단, 우간다 그리고 유고슬라비아에서도 계속되었다.30

그리고 마침내 1989년에는 꿈으로만 여겨졌던 유엔아동권리협약Convention on the Rights of the Child: CRC이 유엔총회에서 채택되었다. 유엔아동권리협약

---

30 UNICEF, *1946-2006 Sixty Years for Children* (2006), pp.20-21.

은 오로지 아동의 권리보호만을 위해 만들어진 것으로서 유니세프가 계속해서 주장해왔던 완전한 권리주체로서의 아동을 인정한 최초의 협약이었다. 유엔아동권리협약은 이듬해인 1990년 9월 2일 마침내 국제법적 효력을 인정받게 되었으며, 같은 해에 90개국 이상이 비준하였고, 1999년 9월까지 전 세계 179개국이 비준하는 등, 인권관련 협약 중에서 가장 빠르게 그리고 가장 많은 비준을 받은 협약으로 2014년 현재 미국과 소말리아를 제외한 세계 194개국이 이 협약을 비준하였다. 미국은 이 협약을 비준하지 않음으로써 아동권리 보호의 분야에서만큼은 세계의 리더로서의 역할을 할 수 없게 되었다.[31] CRC는 아동의 권리 보호에 있어서는 매우 가치 있는 안내서 역할을 하고 있다. 뿐만 아니라 협약의 당사국은 협약이 발효된 후 2년 이내에 그리고 그 후 5년마다 이 협약이 규정하는 권리를 실행하기 위해 취한 조치와 아동의 권리 보장과 관련하여 이루어진 진전에 대한 보고서를 위원회에 제출할 의무를 지게 되었다.

이로써 유니세프는 스스로 중요한 의제를 설정하고 국가에 동조할 것을 제안할 수 있는 주도적 역할을 하는 국제기구임을 증명해보였다. 즉, 아동의 권리라는 전지구적인 의제를 공론화하고 마침내 유니세프가 의도한 대로 국가들이 아동권리협약에 서명·비준하게 함으로써 국제법적 효력을 가지고 그들 국가의 국내정책 형성에도 영향을 미칠 수 있게 된 것이다. 실제 유니세프는 이 협약의 채택을 위해 무한히 노력하였고, 개별 국가들이 이를 비준하도록 하는데, 그리고 유보조항을 철회하는 데 있어서도 노력을 경주하고 있다. 뿐만 아니라 유니세프는 협약이 명시하고 있는 의무의 이행과 함께 그 자체의 프로그램의 수행에 있어서도 협약에 기반을 두어 활동함을 기본으로 하고 있다.[32]

---

[31] 소말리아의 경우는 CRC를 비준할 상설 정부가 존재하지 않았다. https://treaties.un.org/Pages/ViewDetails.aspx?src=TREATY&mtdsg_no=IV-11&chapter=4&lang=en (검색일: 2014.4.21); Verloren(2009), pp.103-108.

[32] 아동권리협약 45조는 유니세프에게 다음과 같은 책임을 부여하였다.
 - 당사국 보고서에 대한 심의에 참여(Participating in the Consideration of States

역사적으로 아동에 대한 보호는 1924년 아동권리에 관한 제네바선언과 1959년에 유엔에 의해 채택된 아동권리선언에 명시되어 있었고, 세계인권선언 등에도 아동의 복지에 관한 규정들이 존재하였다. 하지만 오로지 아동에 관한 권리보호만을 목적으로 만들어진 것은 아동권리협약이 최초이다. 즉 1989년 11월 20일 유엔총회는 아동권리협약을 만장일치로 채택하였는데, 이는 아동을 권리의 주체로서 공식적으로 인정한 최초의 그리고 유일한 협약이었다. 뿐만 아니라 CRC는 권리를 명시하고, 이를 보호하기 위한 안내서로서의 역할을 하고 있는데, 안내원칙(Guiding principles)과 3가지의 권리들로 구성되어 있다.

1) 안내원칙(Guiding principles)

이 부분은 비차별(non-discrimination), 최선의 아동(the best interest of the Child), 삶, 생존, 그리고 개발에 관한 권리(life, survival, and development), 그리고 참여의 권리(participation)에 대한 안내원칙들에 대해 설명하고 있다.

2) 생존과 개발에 관한 권리(Survival and development rights)

이 부분은 아동이 적절한 생활을 누리고, 안전한 주거지에서 생활하는 등 기본적인 삶을 누리고 살아가는 데 필요한 권리에 대해 규정하고 있다.

3) 보호받을 권리(Protection rights)

이 권리는 학대, 무시, 이용, 그리고 잔혹함, 그리고 전쟁과 범죄로부터 아동이 특별히 보호받을 수 있는 권리에 대해 규정하고 있다.

Parties' reports)
- 협약의 실행에 대한 전문적 조언의 제공(Providing Expert Advice on the Implementation of the Convention)
- 아동권리위원회에 실행보고서 제출(Submitting Reports on Implementation to the Committee on the Rights of the Child)
- 위원회의 당사국에 대한 기술적 조언 혹은 지원 요청에 대한 응답(Responding to Requests by the Committee for Technical Advice or Assistance to a State Party) (http://www.unicef.org/crc/index_30214.html, 검색일: 2014.4.21).

4) 참여할 권리(Participation rights)

아동은 자신의 생활을 둘러싼 모든 일들에 대해 자신의 의견을 말하고 존중받을 권리를 보장받아야 함을 규정하고 있다. 이 권리는 아동이 자신의 권리를 적극적으로 실현하고, 사회에서의 적극적 역할을 수행하는 것을 준비하기 위한 것이다.

5) 세계아동정상회담(World Summit for Children)

1990년에 들어 유니세프가 가장 꿈꿔왔던 또 하나의 일이 현실화되었다. 그것은 바로 세계아동정상회담World Summit for Children이 개최된 것이다. 유니세프는 1988년 12월 아동 관련 문제에 대한 해결을 전 세계적인 차원에서 제기하고 그에 대한 재원확보를 위한 정상회담을 제안했다. 1989년 정상회담 준비위원회에서 유니세프는 세계아동정상회담은 '세계정상들이 오로지 아동에 관한 문제를 논의하는 매우 극적이고 전례 없는 것으로서 세계가 아동 문제를 더욱더 우선시하도록 할 것이다'라는 의의를 밝혔다.34 이 협약에서는 71명의 세계 정상과 153명의 국가 및 유엔기구 대표들이 참석하여 2000년까지 성취해야 할 27개 아동상황 개선목표와 행동계획을 채택하고, 아동의 생존, 보호, 발달을 위한 정상선언과 실행계획the Summit's Declaration on the Survival, Protection and Development of Children and Plan of Action에 서명하였다. 세계아동정상회담은 위의 아동권리협약과 함께 국가들이 2000년까지 성취해야할 개선목표와 행동계획을 구체적으로 설정하고, 이에 서명하였다는 점에서 국제기구로서의 유니세프의 주도적인 역할이 정점에 이르는 순간이었으며, 국가들의 이익에 의해 도구적으로 운영되는 국제기구의 제한적 역할이

---

33 CRC에 대한 더 자세한 내용은 유니세프 아동권리협약 홈페이지를 참조할 것. http://www.unicef.org/crc/(검색일: 2014.6.8).

34 UNICEF handout, "The World Summit for Children: Questions and Answers," Beigbeder(2001), p.35에서 재인용.

아닌 스스로 주도적으로 의제를 설정하고 국가들을 문제해결에 적극적으로
참여하도록 강제하고 방향을 제시하는 적극적인 국제기구로서의 역할을 수
행하였음을 확인할 수 있는 대표적인 사례였다.

6) 2000년대의 유니세프

이제 유니세프는 아동에 관한 한 타의 추종을 불허하는 가장 탁월한 국제
기구로서 전 세계 아동과 관련한 문제와 해결에 있어 국제사회 어느 누구보
다도 주도적인 역할을 하고 있다. 2000년대에 들어서도 유니세프는 '어린이
를 위한 지구촌운동Global Movement for Children'과 '아동보호서약Say Yes for Children'
캠페인(2001년)을 전개해 전 세계 1억 명 이상이 서명에 참여하는 성과를
거두었으며, 2002년에는 유엔아동특별총회UN Special Session on Children를 통해
지난 10년의 성과를 평가하고 새로운 목표를 설정하는 시간을 마련하였다.
2006년에 창립 60주년을 맞이한 이후 유니세프의 중기전략계획Unicef Medium-
term Strategic Plan, 2006~2013은 유엔의 새천년개발목표Millenium Development Goals:
MDGs35의 실천에 초점을 맞추고 있었다.36 유엔의 MDGs 실천을 위한 유
니세프의 중점사업 5가지는 영유아 생존과 발달(MDGs 4항), 기초교육과
성평등(MDGs 2항과 3항), 에이즈 퇴치(MDGs 6항), 어린이 보호(MDGs
모든 항목), 그리고 어린이 권리를 위한 정책지지와 파트너십(MDGs 1항과

---

35 유엔의 MDGs 8개항은 다음과 같다.
 1. 절대빈곤과 기아를 퇴치한다(Eradicate extreme poverty and hunger)
 2. 모든 어린이가 초등교육을 마치게 한다(Achieve universal primary education)
 3. 성평등을 달성하고 여성의 역량을 강화한다(Promote gender equality)
 4. 어린이 사망률을 낮춘다(Reduce child morality)
 5. 모성사망률을 낮춘다(Improve maternal health)
 6. 에이즈와 말라리아 등의 질병을 줄인다(Combat HIV/AIDS, Malaria and other diseases)
 7. 지속가능한 환경개발을 이룬다(Ensure environmental sustainability)
 8. 국제적인 협력관계를 발전시킨다(Global partnership for development) http://www.un.org/millenniumgoals/(검색일: 2014.4.21).
36 Unicef, *MDG Update: Accelerate Progress for Children* (2013).

유니세프의 새로운 전략계획은 모든 아동의 인권 실현을 위한 로드맵의 역할을 한다. 특히, 가장 소외되고 혜택 받지 못한 아동과 가족들이 평등하게 도움을 받을 수 있도록 함을 강조하고 있다. 구체적으로 살펴보면, 다음의 일곱 가지 사항을 포함하고 있다.

1) 보건사업(Health)

보건사업은 보건환경 개선을 통해 아동의 건강개선을 추구하는 것으로, 종합면역 사업, 기초보건서비스 개선, 말라리아 예방, 위생습관 증진, 모성보건 지원, 구강수분보충염 보급, 신생아 보건 지원, 긴급구호 활동 등 다양한 사업을 추진하고 있다.

2) 에이즈 퇴치(HIV/AIDS)

에이즈(HIV/AIDS) 퇴치를 위해 항레트로바이러스제 공급, 에이즈 예방과 교육, 그리고 에이즈 감염자를 위한 교육 등 에이즈 감소를 위한 사업을 추진하고 있다.

3) 식수와 위생 개선(Water, Sanitation and Hygiene)

식수와 위생 개선을 위해서 2025년까지 위생시설 보급과 위생 개선을 위해 다양한 프로그램을 추진하고 있다. 특히 다른 국제기구 및 비정부기구들과의 국제적인 협력을 통해 식수 위생 개선 프로그램, 개별 국가의 식수개발 정책지원 및 위생교육 실시, 그리고 우물과 수동식 펌프 등 기초적인 식수시설 설치 등의 사업을 추진하고 있다.

4) 영양(Nutrition)

어린이와 여성의 영양상태 개선을 위해 지역사회에 기반을 둔 다양한 사업을 지원하고 있고, 또 기초적인 필수 미량영양소 공급, 긴급구호지역에서의 영양공급 사업 등도 함께 병행추진하고 있다.

5) 교육(Education)

전 세계 모든 아동이 초등교육을 받을 수 있도록 학교에 다니지 못하는 어린이를 줄이기 위한 캠페인을 진행하고, 개발도상국의 교육환경 개선을 위해 학용품 및 교재를 제공하고, 학교 환경을 개선하는 등의 노력을 하고 있으며, 긴급구호 상황에서 아동의 교육을 위한 지원을 제공하고 있다.

6) 어린이 보호(Child Protection)

어린이 보호 정책은 지구상 최약자인 아동들이 특별한 보호를 필요로 하는 상황에 처해 있는 경우에 대한 대책으로 예를 들면 전쟁, 자연재해로 긴급구호 상황에 있거나, 성 착취의 희생자가 되는 경우, 에이즈 등의 질병에 고통받는 경우, 위험한 노동을 하거나 범법 행위에 연루된 아동들의 상황을 개선하기 위한 정책들이다.

7) 사회통합(Social Inclusion)

유니세프는 근본적인 사회개선을 통해 아동의 권리실현이 가능하도록 하는 것으로, 각국의 아동관련 계획이나 감독체제를 지원하고, 법규범이나 정책 제정 등 아동이 개별 국가와 사회차원에서 더욱더 적절히 보호받을 수 있도록 노력하고 있다.

8항)이었다. 그동안 두 번이나 연장되었던 유니세프의 중기전략계획은 2013년에 종료되었고, 각각의 프로그램들의 효과성에 대한 평가the End-of-Cycle (EoC) review가 진행을 통해 2014~2017년을 위한 새로운 전략계획을 마련하였다.

새로운 전략계획Unicef Medium-term Strategic Plan, 2014~2017은 유엔의 MDGs에 중점을 두는 지난 중기 전략계획과 유사하지만 평등equity을 더욱더 강조하고 유니세프의 국가별 프로그램이 개별 국가의 필요에 최적화될 수 있도록 수정되었다. 새로운 전략계획의 중점사업에는 보건사업, 에이즈 감염자 감소, 식수와 위생개선, 영양, 교육, 어린이 보호, 그리고 사회통합이 포함되었다.

---

37 더 자세한 내용은 다음을 참조할 것. http://www.unicef.org/strategicplan/, http://www.unicef.or.kr/active/business_01.asp, http://www.unicef.org/strategicplan/files/UNICEF_Strategic_Plan__2014-2017_e-version.pdf(검색일: 2014.5.10).

IV. 유니세프의 성공과 도전

1. 유니세프의 성공

이상에서는 유니세프의 성립과 발전, 조직구조, 예산, 그리고 주요사업에 대해 살펴보았다. 정리해보면 유니세프는 우연한 기회에 전후 아동의 긴급 구호를 위해 설립되었으나, 1980년대 후반, 그리고 1990년대에 이르러는 완벽한 국제적 의제 설정자로 변모하여 아동권리협약과 세계아동정상회담을 이끌어내고 국가의 실천을 담보하는 주도력을 발휘하였다. 또한 이를 통해 유니세프는 아동 문제에 관한 한 국제사회에서 가장 주도적이고 핵심적인 역할을 하는 명실상부한 국제기구로 진화하였다. 그렇다면 과연 어떻게 이러한 일이 가능하였을까? 이 절에서는 어떤 요인들이 유니세프의 성공에 기여하였는지에 대해 면밀히 살펴보기로 하겠다.

1) 분명한 미션과 이의 성공적 실행

국제기구의 성공은 어떻게 국제적인 합의를 이끌어내느냐 즉, 국가 주권을 손상시키지 않고 국가들의 협력을 이끌어내느냐 하는 문제가 관건이다. 따라서 국제기구의 주요 대상이 국가주권에 민감하게 상충하는 문제라면 (예를 들면, 전략무기감축 혹은 사형제 폐지 등) 이 분야의 국제기구는 주도적 역할을 하기 매우 어렵게 된다. 왜냐하면 상대적으로 국가의 협력을 이끌어내기가 매우 어려울 것이기 때문이다. 반면 유니세프 프로그램의 주요 대상은 아동이다.[38] 아동이 어느 순간에도 보호받아야 할 대상이라는 것은 전 세계 모두가 공유하고 있는 사실이다.

하지만 지구상 곳곳에는 보호 받기는커녕 오히려 더 고통스러운 상황에

---

[38] 유니세프 프로그램의 또 하나의 대상은 아동과 연관된 모성의 보호이기는 하나 여기서는 논의를 단순하게 하기 위해서 가장 대표적인 대상으로 아동만을 언급하기로 한다.

직면하고 있는 많은 아동들이 있다. 이러한 아동들에 대한 보호 문제를 전 지구적인 이슈로 부각시키고 이의 해결을 위한 프로그램을 실천하는 유니세프 활동에 대한 국가들의 호응은 매우 긍정적인 편이다. 즉, 아동이라는 유니세프의 주요 대상과 그에 대한 미션의 중요성을 모두가 공유하고 있고 국가 간 갈등을 유발하는 정치적인 요소를 가지고 있지 않기에 쉽게 협력이 가능하다. 아동의 복지와 건강을 위한 일에 어느 나라가 반대할 것인가.[39] 뿐만 아니라 유니세프의 직원들 역시 조직의 미션에 대한 이해와 공유도가 높기에 실제 업무 수행의 성과가 더욱더 뛰어날 것임을 예상하기 어렵지 않다.[40]

2) 효율적인 구조와 기능

앞에서 이미 살펴보았던 유니세프의 가장 큰 조직적 장점은 그의 분권적 decentralized 구조와 이들 지역 및 대표사무소에 부여된 정책적 자율성이다. 전 세계 156개국의 개발도상국과 36개국의 선진국에 분포해 있는 대표사무소와 국가위원회 등 광범위한 네트워크는 유니세프의 리더십 강화와 정책 실행에 가장 큰 수단이 되어준다. 흔히 지역이나 국가사무소는 별다른 정책 주도권이 없는 연락사무소와 같은 역할을 하는 다른 유엔기구와는 달리,[41] 1996년에 유니세프는 몇 가지 본부의 기능을 지역과 대표사무소로 이양하였고, 프로그램 계획과 관리와 같은 업무를 이들 사무소에 위임하였다. 따라서 대표사무소는 그의 재량에 따라 지역적 수준에서의 유니세프의 운영을 전담할 수 있게 되었다.[42]

---

39 Beigbeder(2001), p.17; Jolly(2014).

40 실제 유니세프 직원 몇몇에 대한 인터뷰에서 '왜 유니세프에서 일하기로 결심하였는지' 에 대한 질문을 하였을 때, 인터뷰 대상 직원 모두가 다른 유엔기구들도 의미 있는 활동들을 하고 있으나, 본인들이 아동에 대한 관심이 많았기 때문에, 그리고 아동보호 와 관련된 유니세프의 미션에 가장 공감할 수 있었기 때문에 유니세프에서 일하기로 결정하였다고 답하였다.

41 Black(1996), p.9.

42 1997 UNICEF Annual Report, p.6; M. Koivusalo and E. Ollia, *Making a Healthy*

이러한 분권화된 구조는 각국의 실정에 맞는 신축적인 프로그램의 결정과 수행을 가능하게 하여 미션 수행의 효과성을 높일 수 있다. 조직 운영면에 있어서도 관리비용이 절감되어 훨씬 더 효율적이다.43 뿐만 아니라 지역수준의 사무소에서도 적극적인 리더십을 갖게 되어 더욱더 적극적으로 프로그램을 수행할 수 있고 창의적인 프로그램의 창출에도 이바지할 수 있다. 마지막으로 지역 단위의 책임감을 고양시켜서 미션 수행의 완성도 역시 높아지는 데 기여하게 된다.

또 다른 유니세프의 구조적 특징은 바로 국가위원회National Committees의 존재이다. 국가위원회는 세계 36개 국가에 설치된 기구로서 유니세프의 사업을 위해 기금을 모금하여 본부에 지원하는 역할을 한다. 이러한 국가위원회 체제는 다른 국제기구 예를 들면 유네스코에도 존재하나 유니세프의 국가위원회는 그 성격이 조금 다르다. 유니세프의 국가위원회는 선진국에만 설치되는 비정부기구의 성격을 가진 것으로서 유니세프와의 법적 동의에 의해 성립된다. 국가위원회는 유니세프 프로그램을 옹호advocacy하고, 교육education하며 그를 위한 기금모금fund-raising을 담당하는데, 이 부분이 유네스코의 국가위원회와 가장 큰 차이를 보이는 점이다. 유네스코 국가위원회와는 달리 유니세프 국가위원회의 가장 큰 역할은 기금을 모금하는 것으로, 유니세프의 재정은 회원국과 민간의 자발적 기부금으로 충당되기 때문에 유니세프 전체 수입의 약 30% 정도를 차지하는 국가위원회의 기금모금 활동은 매우 중요하다고 할 수 있다.44 또한 다수의 국가위원회들은 아동권리협약

World: Agencies, Actors, and Policies in International health (Helsinki, London and New York: Stakes/Zed Books, 1997); Beigbeder(2001), p.48에서 재인용.

43 Jolly(2014).

44 유네스코의 경우 유엔총회의 최신 결정사항에 따라, 회원국의 분담금 규모를 결정 하고, 각 회원국은 이에 따라 정해진 분담금을 내는 것을 원칙으로 하고 있다. 하지만 팔레스타인의 유네스코 가입 승인으로 인한 미국과 이스라엘의 분담금 미지급으로 인 해 유네스코는 심각한 재정난에 시달리고 있으며, 2014~5년도 예산을 6억 5천3백만 달러에서 5억 7백만 달러로 축소하기도 하였다. 유네스코 한국위원회 홈페이지, http://www.unesco.or.kr/about/sub_03_02.asp(검색일: 2014.6.2).

의 채택이나 비준 등의 과정에서도 회원국 내에서 유니세프의 입장을 적극적으로 옹호하고, 회원국 내의 여론을 조성하고 대중을 교육하는 등의 활동을 통해서 유니세프와 그의 활동을 돕는 든든한 지원군의 역할도 한 바 있다.[45]

3) 성공적인 리더십의 발휘

유니세프는 국가들의 필요에 의해 적극적으로 고안되었다고 하기보다는 우연한 기회에 설립되었다고 이미 앞에서 언급한 바 있다. 하지만 좀 더 상세히 살펴보면 그 우연한 기회는 적극적인 리더십이 만들어낸 것이라고 볼 수 있다. 우선 UNRRA의 소멸과 동시에 설립된 유니세프는 전 미국 대통령이었던 허버트 후버Herbert Hoover, 후에 미국의 기업가 출신으로 유니세프의 초대 사무총장이 되는 모리스 페이트Maurice Pate, 후에 유니세프 집행이사회 의장이 되는 루드윅 라지만Ludwik Rajchman,[46] 영국 외교관 필립 노얼-베이커Philip Noel-Baker, 그리고 뉴욕주지사 허버트 리만Herbert Lehman 등 아동의 보호를 적극적으로 주장하던 몇몇 주요 인사들의 적극적인 노력으로 성립된 것이었다.

뿐만 아니라 유니세프 사무총장의 리더십은 사무국을 구성하고 있는 5,594명의 직원(1998년)[47]과 156개의 대표사무소, 그리고 36개의 국가위원회를 모두 효과적으로 통솔하고 조직의 미래를 위한 비전을 제시할 수 있어야 하는 것으로 유니세프의 활동에 매우 중요한 역할을 한다. 예를 들면, 유니세프의 초대 사무총장인 모리스 페이트는 유니세프 설립 당시부터 유니세프의 조직적 안정과 신뢰구축을 위해 노력하여 유니세프의 성공의 한 요인으로 분석되는 신축적인 조직운영과 분권적인 조직의 기틀을 마련하였다.

---

45 Beigbeder(2001), p.51.
46 1946년 폴란드 대표였던 라지만이 UNRRA의 남은 예산으로 ICEF를 만들어 아이들을 도울 것을 주장하는 제안서를 제출하여 통과되었기에, 그는 UNICEF의 실질적 설립자로 간주된다.
47 Beigbeder(2001), p.45.

국제기구와 보건·인구·여성·아동

또한 미국 코미디언 대니 케이^{Danny Kaye}를 처음으로 친선대사^{Goodwill Ambassador}로 지명하여 유니세프의 지명도를 높이는 데 크게 일조하였으며, 이러한 친선대사 제도가 현재에 이르기까지 매우 성공적으로 정착되는 데 기초를 제공하였다.

특히, 유니세프의 성공적인 리더십을 논할 때 우리는 제임스 그랜트^{James P. Grant}를 빼놓을 수가 없다. 현재까지 총 7명의 사무총장이 재임하였고 그들 모두 유니세프 성공을 위해 훌륭한 리더십을 발휘하였으나, 그중에서 가장 추앙받는 사람은 바로 세 번째 사무총장으로 1980년부터 1995년까지 유니세프를 이끌었던 제임스 그랜트이다. 제임스 그랜트하의 유니세프는 초기의 구호만을 위한 제한적인 조직 미션에서 벗어나 완전한 권리를 가진 아동이라는 주도적 이슈를 제기하고, 아동권리협약과 세계아동정상회담 등을 이끌어내는 그야말로 국제기구로서 유니세프의 황금기를 구가하였다. 사무총장직을 세 번이나 연임하면서 총 15년간 유니세프와 함께한 그는 매우 열정적이고 효과적으로 유니세프의 비전을 제시하고, 성공적으로 과업을 수행하였다는 평가를 받는다. 특히 아동권리협약과 세계아동정상회담을 성사시킨 그의 열정과 능력은 많은 사람들이 그의 리더십을 칭송하게 만들었다. 그랜트는 아동인권을 위한 선구자였고, 아동복지의 실현을 위해 시장적 기법을 도입하는 실용적인 사람이었다고 평가된다. 한편, 그런 그도 너무나 많은 계획을 적절한 상의 없이 너무 빨리 추진하는 등 조금은 권위적인 행태를 보였다는 비판을 받기도 하였다.⁴⁸ 하지만 유니세프하면 제임스 그랜트를 빼고는 얘기할 수 없는 것처럼, 유니세프가 아동과 관련한 국제적 이슈의 가장 핵심적이고 주도적인 행위자로 자리 잡는 데 그의 리더십이 가장 큰 영향을 미쳤음을 부인할 수 없다.

---

48 Beigbeder(2001), pp.36-37.

제임스 그랜트(James P. Grant, 1922~1995)[49]

제임스 그랜트는 유니세프의 제3대 사무총장으로서 1980년부터 1995년까지 무려 15년간 유니세프의 사무총장을 역임하면서 임시적 비상구호기관으로 출발한 유니세프를 아동분야에 관한한 독보적인 국제기구인 지금의 위상으로 한 단계 업그레이드시켰다는 평가를 받고 있다.

그는 1980년 유니세프 사무총장에 취임한 이래 아동들을 위한 여러 가지 혁신적인 캠페인과 프로그램—global silent emergency, child survival and development revolution 등을 실시하고 백신접종과 구강 수분보급 등을 통해 저개발국 아동들의 생명을 살릴 수 있는 저비용고효율의 처방을 적용시켰다. 그리고 아동의 인권보호 측면에서도 1989년 마침내 역사적인 아동인권협약(The Convention on the Rights of the Child) 체결을 이끌어내었으며, 이듬해인 1990년에는 아동을 위한 세계정상회담(World Summit for Children)을 성사시키는 등 굵직굵직한 성과들을 이루어내어 가장 효율적이고 영향력 있는 국제기구로서 유니세프의 위상을 정립하는 등 강력한 리더십을 발휘하였다.

1993년에 암으로 진단받았으나, 1995년 1월 사임할 때까지 유니세프를 계속해서 이끌었고, 사임 며칠 이후에 사망하였을 정도로 그의 생애의 마지막 15년을 유니세프와 함께하였다. 전 세계 아동을 위한 그의 헌신적인 활동으로 인해 그의 재임기간 동안 어림잡아 약 2천5백만의 어린이들에게 도움의 손길을 제공하고 새로운 생명을 가져다 준 것으로 평가되고 있다. 지금까지도 유니세프하면 제임스 그랜트를 떠올릴 정도로 그는 유니세프의 가장 위대한 리더였고, 전 세계 아동 보호를 위한 선구자였다.

4) 다양한 협력 관계

사실 유니세프의 미션은 아동에 관련된 모든 이슈에 걸쳐 있다. 사실 설

---

49 유니세프는 그의 사후 그를 기념하기 위해 생전 그와 함께 했던 동료들로 필진을 구성하여 그의 활동과 업적을 기록한 책을 발간하였고, 이는 유니세프 홈페이지를 통해 볼 수 있다 http://www.unicef.org/about/history/files/Jim_Grant_unicef_visionary.pdf(검색일: 2014.8.10).

립 당시에는 이러한 이유로 인해 유니세프의 설립을 반대하는 다른 유엔기구들(예를 들면 WHO)도 있었다. 따라서 근본적으로 유니세프의 미션은 다른 기구와의 협력이 없이는 효율적으로 수행되기가 어렵다고 볼 수 있다.[50] 특히 유니세프는 WHO와 아동의 건강 문제, 유네스코와 아동의 교육, FAO와 아동의 영양과 식량보급, 그리고 ILO와 아동노동 등의 분야에서 많은 협력적 관계를 맺어 왔다. 이미 설립 초기부터 유니세프는 WHO와 FAO와의 협력을 통해 그의 무료급식 프로그램을 성공적으로 수행하여 다른 기관과의 협력의 효과성을 입증한 바 있다.[51] 이는 다른 분야에서도 예외가 아닌데, 예를 들면, 유니세프는 물공급과 환경정화 분야에서 각국 정부와 NGO들과 함께 일하고 있으며, 각 구체적인 분야마다 다양한 유엔기구들 — 세계은행World Bank, 유엔개발계획UN Development Program: UNDP, 유엔환경계획UN Environment Programme: UNEP, WHO, 유네스코, 식량농업기구Food and Agriculture Organization: FAO — 와 함께 협력하고 있다.[52]

이렇듯 유니세프가 이들 전문기구들과 협력하지 않았다면, 이들 기구의 전형적인 프로그램과 자금들로는 아이들에게 초점을 맞추는 사업을 진행하는 데 많은 제한이 있었을 것이다. 뿐만 아니라 이들 전문기구들의 경우 대부분의 직원들이 각 기구의 전문분야의 전문가들로 구성되어 아동 문제를 접근하기에 어려움이 있었다. 하지만 유니세프는 아동에 관한 다양한 여러 분야를 모두 포괄하는 기구로서, 다양한 경험과 훈련, 그리고 전문성을 가진 직원들을 보유하고 있어서, 아동에 특화된 프로그램을 진행하기에 매우 효율적이었다. 따라서 유니세프의 이러한 다양한 협력적 관계는 아동과 관련된 많은 이슈들을 기존 전문기구들이 단독으로, 혹은 유니세프가 단독으로 진행하는 것보다 훨씬 더 효율적인 결과를 낳았다.[53]

---

50 Jolly(2014).

51 Jacobs, Samuel K. "The United Nations International Children's Emergency Fund: An Instrument of International Social Policy," *Social Service Review*, 24(3), (1950), p.367.

52 Beigbeder(2001), p.109.

5) 친선대사(Goodwill Ambassadors)와 유명인의 활용

유니세프의 가장 큰 장점 중 하나는 유엔기구 중 가장 대중적 인지도가 높다는 점이다. 이는 유니세프가 기부금 모금을 통해 재원마련을 하고 있기 때문이기도 하나 그 외에도 앞서 언급한 바 있는 것처럼 친선대사와 유명인을 유니세프의 미션과 프로그램 홍보에 적절히 잘 활용하고 있기 때문이다. 유니세프는 친선대사를 활용하여 자신을 홍보하고 기금을 모금한 최초의 유엔기구이다. 최초의 유니세프 친선대사인 대니 케이Danny Kaye는 1953년에 시작하여 1987년 사망할 때까지 유니세프의 친선대사로서 활동하였다. 뿐만 아니라 우리에게 가장 잘 알려진 유명 영화배우인 오드리 햅번Audrey Hepburn도 1988년부터 유니세프의 친선대사로서 에티오피아, 소말리아 그리고 수단 등을 방문하였고, 그녀의 사후에도 오드리 햅번 기념 재단Audrey Hepburn Memorial Fund을 통해 십만 불을 기부하였다.[54] 그 외에도 세계적인 축구스타 데이비드 베컴David Beckham과 한국의 피겨스케이터 김연아, 지휘자 정명훈이 유니세프 친선대사로 활약하고 있다.[55] 이러한 친선대사 제도의 성공에 힘입어 유엔과 유네스코 등 다른 국제기구와 월드비전World Vision, 굿네이버스Good Neighbors 등의 NGO들도 이 제도를 성공적으로 벤치마킹하고 있다.

2. 유니세프의 도전

이 절에서는 유니세프의 성공적 발전에 장애가 되는 쟁점을 살펴보려고 한다. 이 절에서 언급하고 있는 첫 번째 두 문제는 기관의 태생적인 문제와 연관된다. 우선, 유니세프는 '아동(그리고 모성)'이라는 특정 대상에 관한 모

---

53 Jolly(2014), p.32.

54 Beigbeder(2001), pp.55-56.

55 http://www.unicef.or.kr/active/people_global.asp(검색일: 2014.4.21). 2013년 현재 유니세프의 공식 친선대사(international goodwill ambassadors)는 총 31명이다.

든 이슈들이 모두 업무의 영역이 되는 만큼 이와 관련된 다른 기관들과 관할영역이 중복될 수밖에 없다. 이러한 영역에서 미션을 원활하게 수행하기 위해서는 당연히 협력이 필요하나, 협력의 이면에는 항상 갈등이 수반된다는 점이 문제가 될 수 있다. 다음으로는 유니세프의 재원조달 방식인데, 유니세프 설립에 관한 유엔총회의 결의는 유니세프의 재원이 각국 정부와 민간의 자발적 기여를 통해서 이루어지도록 규정하고 있다. 이는 재원의 불안정성을 상정하고 있으므로 쟁점이 될 수 있다. 마지막으로 위의 재원조달방식과 연관되어 유니세프가 최대 공여국인 미국의 영향력하에 놓여 있는 문제에 대해 살펴보고자 한다.

1) 타 기관과의 협력과 갈등

위에서 언급한 바와 같이 유니세프의 미션은 아동과 관련된 모든 이슈들에 걸쳐있고, 이에 따라 다른 유엔기구들과 활동이 중첩될 수 있어 설립 당시부터 많은 반대가 있었다. 하지만 근본적으로 유니세프의 미션이 다른 기구와의 협력이 없이는 효율적으로 수행되기 어렵기 때문에, 유니세프는 다른 기관과의 적극적 협력을 통해 이러한 미션의 중복 문제를 해결하고자 하였다.

예를 들면, 유니세프와 WHO는 보건 분야에서 유사한 목표를 가지고 있으나, 유니세프의 임무는 아동과 모성에 국한된다. 따라서 유니세프는 공식적으로 WHO를 '핵심적 동반자Vital Partner'로서 기술적 지원 및 프로그램에 대한 고안, 점검, 그리고 평가분야에서 협력하고 있다. 하지만 그동안의 두 기관 관계는 경쟁과 갈등으로 점철된 경우도 많았다.

사실, WHO는 유니세프의 창설부터 반대하였고, 그 이후에도 보건 분야에서의 주도권을 빼앗기지 않기 위해서 끊임없이 투쟁하였다. 이러한 두 기관의 갈등은 유니세프가 더 분권적이고 신축적인 조직구조를 가지고 있어서 더 효율적으로 활동을 함으로 인해서 더욱 증폭되는 등 협력이 항상 순조로웠던 것만은 아니었다. 1948년 제1차 세계보건총회the First World Health Assembly는 유니세프-WHO 공동 보건위원회Joint Committee on Health Policy of UNICEF/

WHO의 설립과 이를 통한 유니세프의 모든 보건 프로그램을 규율할 것을 제안하였다. 이를 시작으로 보건 분야에 있어서 유니세프의 역할은 WHO의 면밀한 감독하에 제한적인 물품과 서비스를 공급하는 것에 그쳤다. 유니세프-WHO 공동위원회는 1990년 세계아동정상회담까지는 격년에 한 번씩, 그 이후에는 매년 열렸었다. 그러나 1970년대와 1980년대 유니세프의 주도적 활동이 증가하면서 많은 새로운 프로그램이 증가하고, 특히 유니세프 사무총장 제임스 그랜트가 이러한 새 프로그램에 대해 WHO에 자문을 구하지 않음으로써 WHO 사무총장 말러H. Mahler를 격분하게 하였고, 유니세프와 WHO의 사이에는 상당한 간극이 벌어지게 되었다. 하지만 1990년대에 들어서 세계아동정상회담에서 채택된 27개의 목표 중 21개가 보건과 관련된 목표였고, 이들을 유니세프-WHO 공동위원회가 이들 목표 달성을 점검하는 역할을 하게 됨으로써 이 둘의 협력은 불가피하게 되었다. 이러한 두 기관 간의 협력은 1992년 이래, 아동 질병의 통합관리Integrated Management of Childhood Illness: IMCI의 공동 수행을 통해 계속 진행되고 있다.

이렇게 갈등과 협력을 계속해 온 유니세프와 WHO이지만, 중첩되는 분야를 공유하고 있는 이 두 기관의 협조는 보건정책의 효율적 성공을 위해서도 필수불가결한 만큼, 서로의 강점을 적절히 조화시키는 수준에서 협력을 강화해야 할 것으로 보인다.[56] 뿐만 아니라 요즘은 한 국가에서 활동하는 유엔기구들이 다수이기 때문에 UN Country TeamUNCT하에서 서로 협력하여 활동하는 것이 일반적이다. 예를 들면, 북한의 경우에도 여러 유엔기구들이 산발적으로 각각 사업을 진행해오다가, 2014년 현재는 UNCT가 구성되어 지원을 계속하고 있다. 여기에는 FAO, 유엔인구기금UNFPA, 유니세프, 세계식량계획WFP, UNDP, 그리고 WHO의 여섯 개 국제기구가 상주하여 북한에 대한 개발 및 인도적 지원을 담당하고 있는데, 유니세프는 특히 교육과 영양부문을 담당하고 있다.[57]

---

56 Beigbeder(2001), pp.61-92.
57 북한에 상주하는 UNCT는 구체적으로 기후변화, 에너지 및 환경(UNDP), 교육(UNICEF),

2) 기부피로와 일반기금의 감소

유엔총회 결의안 57(1)을 보면 유니세프의 기금은 UNRRA에 의해 조성된 것과 정부와 자발적 기구, 개인 혹은 다른 재원으로부터 자발적으로 조성되도록 규정되었다.58 즉, 유니세프의 기금은 정부와 민간으로부터 제공되는 자발적 기금으로 구성된다. 이에 따라서, 다른 유엔기구와 달리 국가들은 정해진 분담금 원칙에 따라 기금을 부담하는 것이 아니라 자발적으로 분담한다. 이는 유니세프의 입장에서는 상당한 부담이 아닐 수 없다. 즉, 유니세프는 계속해서 다른 기구들과의 경쟁을 통해서 비교우위를 과시하여 기금모금Fund-raising을 추진해야 하는 것이다. 이러한 상황은 한편으로 유니세프가 더욱더 적극적이고 공여자 혹은 기부자들에게 민감할 수 있도록 함으로써 조직을 좀 더 유동적이고 효율적으로 만드는 데 도움이 될 수 있다. 그러나 다른 한편으로 국가들의 기부금 체납과 기부피로donor fatigue59가 나타나는 경우에는 재원 확보에 상당한 어려움을 겪을 수밖에 없다. 〈그림 1〉은 유니세프의 인도적 재원Humanitarian Funding에 대한 현황과 부족을 나타낸다. 〈그림 1〉에서 볼 수 있는 것처럼 기부금은 필요한 재원에 비해 항상 부족한 실정이다.

그러나 일반적인 재원의 부족 문제보다 더 심각한 것은 이른바 일반기금regular resources의 감소현상이다. 사실 유니세프 전체적인 기부금은 매년 조금 더 향상되고 있지만, 문제는 공여자들의 기금이 유니세프가 자신의 선호에

식량안보 및 농업(WFP와 FAO), 보건(WHO), 모니터링과 평가(UNICEF), 영양(UNICEF), 그리고 식수 및 위생(UNICEF)분야에 대해 지원하고 있다. 괄호안에 명기된 국제기구는 각 분야의 대표책임(chair)을 맡은 국제기구다. United Nations DPR Korea 웹사이트, http://kp.one.un.org/theme-groups/(검색일: 2014.8.3).

58 1946 General Assembly, 57(1). Establishment of an International Children's Emergency Fund.

59 기부피로 현상은 그동안 기부를 했던 사람들도 더 이상 기부를 하지 않게 되는 것으로, 후원중단의 형태로 흔히 나타난다. 이러한 기부피로 현상은 특정한 때에 기부하는 부정형 기부의 경우에 많이 나타나는데 예를 들면, 지진피해복구를 위한 대규모 기부를 한 이후 짧은 기간에 쓰나미가 발행하여 그에 대한 기부가 또 필요한 경우 두 번째 쓰나미에 대한 기금모금에는 기부피로로 인한 모금액 감소가 발생할 수 있다.

〈그림 1〉 2013년 유니세프 인도적 재원의 현황과 부족

(단위: 백만 달러 – 필요액에 대한 비율)

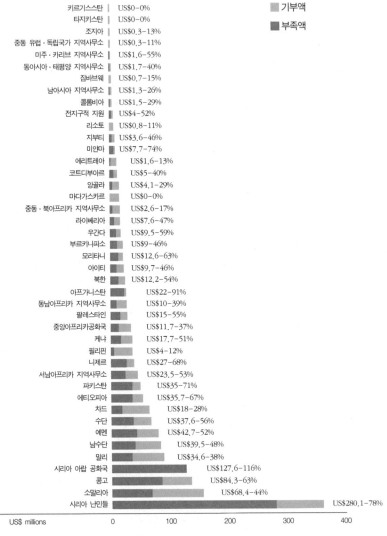

기부액	부족액

키르기스스탄　US$0–0%
타지키스탄　US$0–0%
조지아　US$0.3–13%
중동 유럽 · 독립국가 지역사무소　US$0.3–11%
미주 · 카리브 지역사무소　US$1.6–55%
동아시아 · 태평양 지역사무소　US$1.7–40%
짐바브웨　US$0.7–15%
남아시아 지역사무소　US$1.3–26%
콜롬비아　US$1.5–29%
전지구적 지원　US$4–52%
리소토　US$0.8–11%
지부티　US$3.6–46%
미얀마　US$7.7–74%
에리트레아　US$1.6–13%
코트디부아르　US$5–40%
앙골라　US$4.1–29%
마다가스카르　US$0–0%
중동 · 북아프리카 지역사무소　US$2.6–17%
라이베리아　US$7.6–47%
우간다　US$9.5–59%
부르키나파소　US$9–46%
모리타니　US$12.6–63%
아이티　US$9.7–46%
북한　US$12.2–54%
아프가니스탄　US$22–91%
동남아프리카 지역사무소　US$10–39%
팔레스타인　US$15–55%
중앙아프리카공화국　US$11.7–37%
케냐　US$17.7–51%
필리핀　US$4–12%
니제르　US$27–68%
서남아프리카 지역사무소　US$23.5–53%
파키스탄　US$35–71%
에티오피아　US$35.7–67%
차드　US$18–28%
수단　US$37.6–56%
예멘　US$42.7–52%
남수단　US$39.5–48%
말리　US$34.6–38%
시리아 아랍 공화국　US$127.6–116%
콩고　US$84.3–63%
소말리아　US$68.4–44%
시리아 난민들　US$280.1–78%

US$ millions　　0　　100　　200　　300　　400

출처: Unicef Humanitarian Action for Children 2014, http://www.unicef.org/publications/ files/HAC_2014_Overview_EN.pdf(검색일: 2014.4.21)

따라 유동적으로 지출할 수 있는 일반기금으로부터 특정목적에 혹은 특정국가에만 사용되도록 지정되어 제공되는 기금들^{other resources}로 전환되고 있다는 점이다. 이러한 지정기금의 증가는 유니세프의 전통적 장점 중의 하나인 긴급한 대응능력을 심각히 제한하고 있다. 특히 유니세프는 저개발국과 사하라 이남국가에 대해 일정 금액 이상을 배정하는 등 앤소니 레이크 사무총장 체재에서 특히 강조하는 평등^{equity} 실현을 위해서도 일반기금이 증가해야한다고 강조하고 있다. 이를 위해 유니세프는 기구의 재정과 예산의 집행을 더욱더 투명하게 공개하여 공여자들이 일반기금을 더 많이 공여할 수 있도록 노력하고 있다.[60]

3) 미국의 지배구조

지금까지 총 6명이 유니세프 총재직을 역임하였는데, 이들 6명이 모두다 미국 출신이었다. 물론 이들의 유니세프에서의 업적은 훌륭하지만, 어느한 국가의 유니세프에 대한 지속적인 지배는 국제기구의 운영적인 측면에서 결코 바람직하지 않으므로, 많은 회원국들은 이 지배구조를 개선해야 한다는 주장을 해 왔다.

특히, 위에서 언급한 바와 같이 유니세프의 재정이 정부와 민간으로부터 제공되는 자발적 기금으로 구성되기 때문에 이러한 한 국가의 지배구조는 더욱 심각해질 수 있다. 민간부문의 지원금은 각 나라의 유니세프 국가위원회에서 조성한 기금과 기업의 기부금이 주가 된다. 2012년의 경우 총 수입 39억 5,800만 불 중 각국 정부의 자발적인 기부금 57%, 민간부문 및 비정부기구 지원금이 약 32%를 구성하였다. 이렇듯 정해진 분담금이 없이 자발적으로 재정이 구성되기 때문에 기부금을 많이 내는 공여국의 눈치를 보지 않을 수 없게 된다. 일각에서는 이러한 미국의 국제기구에 대한 지속적 지배와 이를 통한 자원의 분배에 미치는 영향력을 실증적인 논문을 통해 주장하기도 한다.[61]

---

60 Jolly(2014), chapter 7, p.139.

〈표 2〉와 〈표 3〉에서 보는 바와 같이 미국정부는 상위 3위권의 기부금 공여국이고, 미국 국가위원회는 가장 큰 규모의 기부금을 제공하고 있다. 앞에서 살펴본 바와 같이 유니세프 창설 당시부터 미국의 영향력은 매우 컸다. 이에 따라 유니세프의 활동에는 미국의 입김이 가장 크게 작용하였고, 그 결과 미국 출신 총재의 등용이 계속되었던 것이다. 이에 대응하여, 다른 유니세프 회원국들 특히 상당한 액수의 기부금을 제공하는 유럽의 국가들은 다양한 총재 후보가 고려되어야 하며 특히 더 이상은 미국 출신이 유니세프 총재로 등용되지 않아야 한다는 강한 공감대가 형성되어 있었다.[62] 하지만 현 사무총장인 앤소니 레이크가 총재 후보로 천거되었을 때, 그 역시도 미국 출신이었지만 그의 탁월한 경력과 유니세프와 함께 일한 경험으로 인해 그를 반대할 명분이 없었다. 따라서 미국의 지배구조는 현재까지도 지속되고 있다.[63]

V. 한국과의 관계 및 한국의 전략

1. 한국-유니세프 관계의 발전과정

현재 한국은 세계 국가 중 상위 16위, 그리고 유니세프 한국위원회는 세

---

61 Krasner, Stephen, "Global Communications and National Power: Life on the Pareto Frontier," *World Politics* 43(3)(1991), pp.336-66.

62 Jolly(2014).

63 이러한 미국의 지배구조에 대해 유럽국가들은 공공연한 불만을 나타내고 있지만, 실제 유니세프에서 일하고 있는 직원들은 이를 당연한 유니세프의 전통으로 받아들이거나, 크게 문제로 의식하고 있지 않았다. 또한 능력이 있는 총재, 즉 그의 업무 수행에 아무런 문제가 없다면 그의 출신국이 어디인지는 아무런 문제가 되지 않는다는 생각을 밝히는 사람도 있었다(유니세프 직원 인터뷰, 2014년 5월 16, 28일, 6월 18일).

계 4위 정도의 기부금을 유니세프에 제공하고 있다. 이런 모습만 본다면 과거는 상상이 잘 되지 않지만, 사실 한국도 과거에는 유니세프의 큰 지원을 받는 나라였다. 즉, 한국은 유니세프로부터 지원을 받은 후 성장하여 공여국으로 전환된 대표적인 성공사례 중의 하나이다.

유니세프와 한국과의 관계는 1948년 대한민국 정부 수립 직후까지 거슬러 올라간다. 당시 유니세프 상해사무소의 마르셀 주노Marcel Junod 대표가 한국을 방문해 어린이들의 실태조사를 한 것을 시작으로, 1949년 유니세프 집행이사회가 한국을 지원할 것을 결정하고 기금을 배당하였다. 그리고 1950년 3월 25일에 유니세프의 공식 사업을 위한 한국 정부-유니세프 간 기본협정 체결이 완료됨으로써 유니세프 한국대표사무소의 활동이 시작되었다.

당시 한국사무소는 BCG 접종 등 결핵퇴치사업과 모자보건사업 등을 기획하고 있었지만, 뒤이어 한국전쟁이 발발하게 되면서 긴급구호 사업으로 성격이 전환되었다. 이후 유니세프의 한국 활동은 크게 네 시기로 나누어 볼 수 있다. 우선, 초기 긴급구호단계(1950년~1962년)에는 전쟁으로 고통받는 아동을 위한 구호품 지급이 주요 사업이었는데, 당시 유니세프는 분유 약 6천3백만kg, 30만 장의 담요 및 식량, 의류, 위생용품 등 총 555만 달러 상당의 물품을 한국에 지원하였다.

다음으로 1963년부터 1976년 사이 한국의 경제발전이 시작되자 유니세프도 지원 정책을 변경하여, 물자공급, 농촌영양개선, 모자보건, 질병퇴치사업 등을 지속하는 한편, 설비지원이나 인력훈련사업 등을 확대하였다. 특히 1967년부터는 교육분야에 대한 지원사업을 확대하여 교사훈련, 교과과정 현대화를 통한 초중등 학교 과학 및 수학교육 개선, 농촌청소년을 위한 직업훈련 등을 지원하였다.

세 번째 단계는 조기아동교육사업단계(1977년~1986년)로 당시 한국은 100억 달러 수출과 1인당 국민소득 1천 달러 목표를 달성하는 등 눈부신 경제발전을 이루고 있었다. 따라서 유니세프도 사회서비스 분야의 조사활동과 사업개발을 장려하면서 시범유치원 설치사업 등 유아교육사업과 저소득층 여성과 지역사회 지도자들의 진로지도 및 지도자 훈련사업 등을 실시하게 되었다.

마지막 단계인 1987년 이후는 한국이 수혜국에서 공여국으로 가는 전환기로서, 사실상 한국에 대한 지원규모가 축소되고, 대표사무소의 철수를 준비하는 시기였다. 유니세프 한국대표사무소는 선진국형 유니세프 한국위원회의 창립 준비를 위해 유니세프 카드판매 및 후원자와 기금모금사업을 시작하였고, 1993년 12월에는 유니세프 한국위원회의 법인이 설립되고 그 달 말에 주한유니세프 대표사무소는 공식 철수하게 된다. 그리고 마침내 1994년 1월 1일 유니세프 한국위원회가 공식 출범하면서 오랫동안 유니세프의 지원을 받던 수혜국 한국이 공여국으로 재탄생하는 모범적인 사례가 된 것이다.[64]

2. 유니세프 한국위원회

2014년은 유니세프 한국위원회 창립 20주년이다. 43년 동안 수혜국이었다가 공여국으로 전환된 지 20년 만에 유니세프 한국위원회는 세계 4위의 기부금 공여 국가위원회로서 가장 모범적인 성공사례가 되었다.

유니세프 한국위원회도 다양한 사업을 진행하고 있지만, 가장 주된 것은 기금모금사업이다. 위에서도 언급했지만, 유니세프는 전적으로 자발적 기부금에 의존하고 있고, 선진국에 설치된 비정부기구인 국가위원회들이 전체 예산의 30퍼센트 정도를 제공하고 있다. 유니세프 한국위원회도 다양한 기금모금사업을 펼치고, 이를 본부에 지원하고 있다. 특히 유니세프 한국위원회는 본부에 보내는 기금 중 약 80퍼센트를 정규기금으로 보내, 유니세프의 우선순위에 따른 정책이 좀 더 자율적으로 원활하게 진행될 수 있도록 하고 있다. 또한 유니세프 한국위원회는 정부 및 비정부기구와의 협력을 통해 유

---

64 유니세프 한국위원회 창립 18주년 기념자료, 『유니세프한국위원회 설립과 발전』 (2012) 참조.

니세프의 활동 홍보 및 아동권리를 옹호하는 역할도 하고 있다. 1991년 한 국은 유엔아동권리협약[CRC]을 비준하였으나 3가지 유보조항을 두었는데, 2005년 유니세프 한국위원회의 주도로 아동관련 15개 단체가 모여 '유엔아 동권리협약 한국NPO연대'를 결성, 아동권리 옹호활동을 주도하였다.[65]

특히 유니세프 한국위원회는 친선대사의 활용을 통해 대중적인 인지도를 높이고 호응을 이끌어내고 있다. 유니세프의 공식 친선대사인 정명훈, 김연 아 외에도 유니세프 한국위원회가 자체적으로 명망있고 평판 높은 예술인들 을 대상으로 친선대사[66]를 선정하여 유니세프 홍보와 기금모금에 참여하여 대중의 지지와 참여를 유도하고 있다. 또한 친선대사 외에도 특별대표[67]라 고 하여 문화예술계 인사들 중 분야별로 임명하여 친선대사와 거의 유사한 역할을 하고 있다. 뿐만 아니라 특사[special envoy]라는 이름으로 유니세프의 특정 캠페인을 일정 기간 동안 홍보하는 사절을 임명하고 있다.[68]

그 외에도 유니세프 한국위원회는 수도권에 집중되어있던 활동을 지방으 로 확대하기 위해 협력도시라는 새로운 형태의 후원조직을 신설하였다. 협 력도시는 유니세프의 정신을 이해 및 동참하는 지방도시를 유니세프 사업의 거점이 되도록 하는 것으로, 1999년 울산을 시작으로 2011년 현재 서울 강 남구, 금산군, 함평군, 원주시, 충주시, 여수시, 그리고 충청북도가 협력도시 로서 유니세프의 홍보와 기금모금사업을 적극 지원하고 있다.[69]

---

65 유엔아동권리협약 한국NPO연대는 2005년 9월 15일 창립총회를 개최하고, 한국 내의 아동권리보호를 위한 공동활동을 시작하였다. http://media.daum.net/society/others/ newsview?newsid=20050915191815412(검색일: 2014.6.10).

66 유니세프 한국위원회의 친선대사로는 영화배우 안성기, 소설가 신경숙, 첼리스트 정명 화가 있다.

67 유니세프 한국위원회의 특별대표로는 가야금 명인 황병기, 음악인 장사익, 영화배우 이병헌, 원빈, 김래원, 이보영, 김혜수, 공유, 음악인 리처드 용재 오닐, 방송인 손범수, 법학교수 왕상한 등이 선정된 바 있다.

68 스페셜 엔보이는 특정 기간 동안 특정 캠페인을 지원하는 것으로 기간이 지난 후 성과 에 따라 특별대표 등 공식명칭을 부여받기도 한다. 최시원, 유이, 동해, 서현, 한가인, 김범 등 젊은 층에 인기있는 가수나 배우 등이 주로 임명된 바 있다.

69 유니세프 한국위원회의 활동에 관해서는 다음을 참조하라. http://www.unicef.or.

3. 한국의 유니세프 활동 전망

유니세프의 수혜국에서 공여국으로의 전환, 세계 상위 16위의 기부금 공여국, 그리고 세계 4위권의 기부금 공여 국가위원회. 이것이 한국의 유니세프 활동의 과거이고, 현재이다. 이 수치만 본다면 한국의 유니세프 내에서의 활동은 성공적인 것으로 보인다. 하지만, 몇 가지 아쉬운 점이 없지 않다.

우선, 한국은 16위의 기부금 공여국이기는 하지만 그 금액은 다른 상위권 국가에 비하면 현저하게 작다. 그리고 국민 1인당 기부금 공여액도 2.31 달러밖에 되지 않는다.[70] 포장된 공여국의 이미지와는 달리 실제 기여하는 액수는 그리 크지 않다는 얘기다. 또한 그마저도 사용처를 지정하지 않는 일반기부금으로 기부하는 액수는 전체금액의 12퍼센트밖에 되지 않는다. 이러한 기부금 공여 방식은 실질적으로 유니세프 내에서의 위상제고에 크게 도움이 되지 않고 있다.[71] 또한 유니세프 내에서 활동하는 한국인 직원도 매우 적고 특히 고위직으로 근무하고 있는 경우는 거의 없다. 이들 한국인 직원을 통한 영향력도 기대하기 어려운 상황이다.[72]

한국은 앞으로 유니세프 내에서의 위상제고를 위해서 전체적인 기부금 비율과 함께 일반기부금에 대한 비율을 높여 유니세프 활동에 대한 전반적인 지지를 표명하고, 또 한국인 직원의 진출을 독려하여 지정기부금이라는 방식 외에도 유니세프의 정책에 영향을 미칠 수 있는 방안을 고려하여야

---

kr/active/korea_childclaim.asp(검색일: 2014.6.10).

[70] Unicef annual report(2014), p.42.

[71] 실제 한국이 제공하는 기부금의 90퍼센트 정도가 지정기부금이고, 거기에도 결과에 대한 보고서를 과도하게 요구하기 때문에 함께 일하기 어렵다는 평판이 있다고 한다 (유니세프 직원 인터뷰, 2014년 5월 28일).

[72] 현재 유니세프 내에는 약 17명 정도의 한국인 직원이 근무하고 있으나 그것마저도 JPO 등 하위 계약직 직원들이 대부분이고 국장급 이상의 직원은 없는 것 같다(비공식 집계, 유니세프 직원 인터뷰, 2014년 5월 28일). 또한 유니세프 아프리카 지역 부대표와의 인터뷰에서 한국인 직원에 대한 경험을 질문하였을 때 15년 이상 유니세프에서 일했지만 한국인 직원과 함께 일하는 경험을 하지 못했고, 앞으로 함께 할 수 있기를 기대한다는 답변이 돌아왔다(유니세프 직원 인터뷰, 2014년 6월 18일).

할 것으로 보인다. 또한 유엔아동권리협약의 유보조항에 대한 조속한 처리
도 기대해 본다.[73]

VI. 결론: 요약 및 전망

애초에 유니세프는 우연한 기회에 전후 아이들의 구호를 위해서 설립되
었으나, 그 발전과정을 거치면서 아동관련 글로벌 거버넌스의 핵심적 주체
로 진화하였다. 특히 유니세프는 이전에는 부속물 정도로 여겨지던 아동을
완전한 권리주체로 인식하고, 온전히 아동에 관련한 이슈만을 다루었던
1989년 아동권리협약과 1990년 세계아동정상회담을 이끌어내어 커다란 조
직적 전환점을 맞게 되었다. 즉, 이제 유니세프는 더 이상 수동적으로 인도
적 구호활동에 치중하는 조직이 아니라 발전의 측면에서 아동과 관련된 전
지구적인 의제를 설정하고, 그에 따른 결과물을 국가에 강제하고 점검하는,
명실상부한 아동과 관련된 글로벌 거버넌스의 핵심적 주체가 된 것이다.

그렇다면 유니세프의 어떠한 특징이 이러한 성공을 이끌어낸 것일까? 또
이러한 성공 외에 다른 문제점들은 없을까? 이는 유니세프의 조직, 예산,
그리고 활동 등의 특성으로부터 기인한다. 첫째, 유니세프가 아동의 보건,
교육, 그리고 권리보호라는 분명한 목표를 가졌다는 점이 조직의 미션을 설
정하고 동기화하는 데 긍정적인 효과를 발휘하였을 것이라고 판단한다. 또

---

[73] 유보조항 중 제9조 3항 아동의 부모 면접권(이혼가정 자녀가 부모를 만날 권리가 법적
으로 보장되어 있지 않음) 그리고 제21조 (1) 당국의 입양허가(입양이 사실상 관계당
국의 허가에 의해 이루어지지 않음)은 이미 법개정 등으로 유보가 철회되었고, 현재
제40조 (b)-5항 상소권 보장(비상계엄하의 재판이 단심제여서 아동의 권리를 보호하
기 어려움)만이 유보된 상황이다(유니세프 한국위원회. 유니세프 창립 20주년 기념
자료집: VISION 2020(2014), p.55).

한 아동들에 대한 보호 문제는 국가의 주권문제에 크게 상충되지 않는 소프트한 주제로서 이를 전지구적인 이슈로 부각하고, 국가들의 협력을 이끌어내는 것이 상대적으로 용이하였다고 본다.

둘째, 유니세프는 지역사무소와 대표사무소 등에 광범위하게 권한을 위임하는 분권적 조직 형태를 가지고 있어서, 현지 실정에 맞는 신축적이고 효율적인 프로그램의 운영이 가능하였다. 이는 유니세프의 미션을 실행함에 있어서 가장 중요한 요소의 하나이다.

셋째, 제임스 그랜트를 대표로 하는 유니세프 사무총장들의 탁월한 리더십을 들 수 있다. 제임스 그랜트는 명실상부한 유니세프의 선구자로서 아동권리협약, 세계아동정상회담 성사 등의 큰 업적을 남겼을 뿐 아니라 완전한 권리주체로서의 아동, 그리고 인도적 지원에 머무르는 것이 아니라 발전에 기여한다는 차원으로의 메커니즘 전환을 통해 유니세프를 아동관련 분야에서 가장 주도적이고 선도적인 조직으로 한 단계 업그레이드시켰다.

넷째, 아동에 관련된 모든 이슈를 미션으로 함으로써 타 기관과의 피할 수 없는 업무의 중첩을 상호 협의와 협력으로 해결함으로써 각 분야에서의 프로그램을 좀 더 효율적으로 수행할 수 있었다.

마지막으로 일반대중들로부터 사랑과 존경을 받는 유명인들을 조직과 미션의 홍보에 적절하게 활용하였다. 즉, 유엔 기구 중 가장 먼저 친선대사 제도를 활용하여 매우 큰 성과를 거두었고, 이는 조직과 미션의 홍보를 통한 대중적 인지도 상승은 물론이고 기부금 모금에도 매우 유용하였다.

하지만 이러한 유니세프도 개선해야 할 점이 없는 것은 아니다. 우선 태생적인 것으로 기부금을 계속해서 모금해야 하기 때문에 발생하는 재원의 불안정성과, 타 기관과의 협력과정에서 발생하는 불가피한 경쟁과 갈등이 그러한 문제이다. 또한 계속해서 지속되고 있는 미국에 의한 지배구조와 이에 대한 다른 공여국들의 반발 역시 문제의 소지가 다분하다. 이러한 문제가 순조롭게 잘 해결된다면, 아동과 관련하여 가장 주도적인 국제기구로서의 유니세프의 위상은 앞으로도 흔들리지 않을 것이라고 확신한다.

마지막으로 다시 이론으로 돌아가 보면, 유니세프는 다른 정치적 기구들보다는 조직 자체의 정치성은 약하다. 하지만, 기부금 공여와 조직의 지배 그리고 사무총장 선출을 둘러싼 회원국들 간의 갈등을 보면 유니세프 역시 현실주의적 시각에서와 같이 회원국들의 국가이익 각축장으로 볼 수 있다. 그러나 동시에 스스로 주도적으로 아동과 관련한 주요의제를 설정하고 국가들을 이 의제가 논의되는 장으로 이끌어 마침내 유니세프가 의도한 결과를 산출하게 만든 점에서 단순 도구적 역할을 확실하게 넘어서고 있다고 보인다. 따라서 유니세프는 현실주의에서 가정하고 있는 제한적 자율성보다는 훨씬 큰 자율성을 가지고 있는 아동분야의 글로벌 거버넌스의 핵심적 주체로 진화하였다고 결론내려도 큰 무리가 없을 것이라고 생각한다.

그렇다면, 이제 한국은 어떻게 대응해야만 할까? 이제 유니세프는 명실상부한 아동관련 국제협력의 핵심주체이다. 하지만 이 분야에 있어서 한국의 목소리는 아직도 매우 낮다. 비록 수혜국에서 공여국으로 성공적으로 전환하였다고는 해도, 또 기부금 상위 20개국 내에 포함된다고는 해도 유니세프 내에서의 한국의 위상은 아직 높지 않다.

유니세프와의 공고한 협력과 유니세프 내에서 한국의 위상제고를 위해서 한국은 기부금의 전체 액수 증가와 함께 일반기부금의 비율을 더욱 높여야 할 것이다. 그래서 한국은 유니세프의 비전을 잘 공감하고 있고, 같이 일하기 좋은 나라라는 인식을 주어야 할 것이다. 뿐만 아니라 유니세프 내에서 근무하는 한국인 인력을 더욱 늘리고, 고위직으로 진출하여 유니세프의 정책global policy 결정에 한국도 참여할 수 있는 기회를 만들어야 할 것이다. 그것이 바로 글로벌 시대를 살아가는 국가의 현명한 대처방법이 될 것이다.

✛ Beigbeder, Yves, *New Challenges for UNICEF: Children, Women, and Human Rights*. NY: Palgrave macmillan, 2001.

　이 책은 유니세프의 역사를 간략하게 정리한 후에, 조직과 재정, 그리고 주요 사업부분을 아동의 건강(Children's Health), 영양, 교육, 위생(Nutrition, Education, Sanitation), 자연적 그리고 인위적 위기(Natural and Man-Made Emergencies), 아동권리옹호(Advocating Children's Rights) 등으로 크게 나누어 자세히 살펴보고 있다. 뿐만 아니라, 유니세프 내부의 경영문제와 조직에 대한 새로운 도전에 대한 성찰도 제공하고 있다. 이 책은 2001년에 발간된 것으로 현재의 유니세프를 다루기에는 오래된 감이 있지만, 유니세프를 전반적으로 연구하고자 한다면 역시 매우 좋은 책이다.

✛ Black, Maggie. *The Children and the Nations: The Story of Unicef*. 1986와 *Children First*. 1996.

　이 두 권의 책은 유니세프의 역사를 가장 잘 정리하고 있는 것으로, "The Children and the Nations: The Story of Unicef"가 1980년대 초반까지의 유니세프의 역사적 변천에 대해서, 이 책의 후속과 같은 성격인 "Children First"는 1990년대 이후의 유니세프와 아동관련 사업의 변천에 대해 아주 상세히 서술하고 있다. 따라서 유니세프의 역사적 변천에 대해 심화하여 공부하고자 한다면 이 두 권의 책을 탐독하는 것이 매우 도움이 될 것이다.

✛ Jolly, Richard. *UNICEF: Global Governance that Works*. NY: Routledge, 2014.

　이 책은 2014년에 출간된 것으로 유니세프 관련 저서 중 가장 최신의 저서이다. 실제 유니세프에서 오랜 기간 일하고, 또 유니세프의 역사를 정리하는 프로젝트에 관여했던 저자의 전문성을 바탕으로 일반적인 유니세프 조직이나 업무에 대한 개괄보다는 유니세프의 성공에 가장 큰 영향을 미친 리더십에 초점을 맞추어 분석하고 있는 매우 독특하고도 흥미로운 저서이다.

✛ Verloren, Ada. *The United Nations Children's Fund*. Chelsea House Publishers, 2009.

이 책은 유니세프의 주요 활동에 대해 간략하게 소개하고 있다. 위의 저서들에 비해서 깊이는 조금 덜 하지만, 유니세프의 활동을 개괄하고자 한다면 적합한 책이다. 또한 상대적으로 최근에 저술되어 2000년대의 유니세프활동에 대한 이해에 도움이 될 수 있을 것이다.

세계보건기구 (World Health Organization)

조한승

I. 서론

인류는 집단적으로 거주한 이후 끊임없이 다양한 질병으로 고통을 받았다. 역사적으로 기원전 412년 인플루엔자 전염병이 발생하였고, 기원전 430년에는 고대 그리스 아테네에 티푸스로 추정되는 전염병이 창궐했다는 기록이 전해진다.[1] 서기 542년에는 유스티아누스 역병 Plague of Justinian이 유럽을 휩쓸었고, 흉노(훈)족이 아시아에서 유럽으로 이주한 이후 14세기 유럽에 흑사병(선(腺)페스트)이 발발하여 유럽에서 2,500만 명, 즉 3명당 1명꼴로 사망하였다. 1492년 이후에는 유럽인의 서반구 도래 과정에서 유럽의 질병이 신대륙으로 전파되어 아메리카 원주민이 거의 멸종되다시피 했다. 보다 최근에는 글로벌리제이션의 여파로 질병은 더욱 빠르고 광범위하게 전파되고 있다. 1968년 홍콩독감으로 세계적으로 약 70만 명이 사망하였고, 2010년 아이티에 평화유지군으로 파병된 네팔 병사들에 의해 아이티에 콜레라가 창궐하여 6천 명이 사망하였다.[2]

---

1 Craig Murphy, *International Organization and Industrial Change: Global Governance since 1850* (Cambridge: Polity, 1994).

2 Donald G. McNeil, "Cholera's Second Fever," *New York Times* (21 November 2010).

하지만 오늘날 위에서 언급된 질병의 상당수가 퇴치되었거나 매우 효과적으로 통제 및 관리되고 있다. 특히 1967년에 시작된 천연두 퇴치사업으로 1979년에는 천연두가 완전히 퇴치되었음이 선언되었다. 이러한 성과는 세계보건기구^{WHO}의 적극적인 활동에 기인한 것이다. WHO는 유엔 전문기구의 하나로서 "모든 사람이 최고의 가능한 건강 수준에 도달"하는 것을 목적으로 1948년 수립되었다. WHO는 보건의학 분야라는 전문적 측면에서의 기능을 수행한다는 점에서 다른 국제기능기구들과 유사하며, 참가하는 각국 대표들과 WHO 사무총장, 이사회 등 집행부 인사들도 정치적 조건보다는 보건의학 전문성에 의해 선발된 전문가들이 대부분이라는 점에서 전문기구의 특징을 공유한다. 하지만 다른 국제기능기구들과 비교해서 WHO는 목표 달성에 대한 우선순위를 결정하는 데 상당한 자율성을 가지고 있으며, 그 규모와 조직도 훨씬 크다.

제네바에 위치한 본부와 더불어 세계 6개 지역에 지역사무소를 두고 있고, 147개 국가에는 국가사무소가 설치되어 있으며, 여기서 일하는 직원은 8천여 명에 달한다. 예산도 194개 회원국이 분담하는 5억 달러뿐만 아니라 각국 정부와 민간재단 및 NGO가 제공하는 자발적 기부를 통해 전체 가용 재원은 정규예산의 3배 이상이다. 이러한 측면에서 WHO는 유엔개발계획^{UNDP} 혹은 유엔아동기금^{UNICEF}과 같은 개발기구와 유사한 측면이 많다.

한국에서 WHO에 대한 인식은 비교적 높은 편인데 이는 WHO가 오랫동안 한국에서 보건의료 활동을 펼쳐왔을 뿐만 아니라 한국 출신의 고(故) 이종욱 선생이 WHO 사무총장을 지냈다는 특별한 인연을 맺고 있기 때문이기도 하다. 한국에서 WHO에 대한 인지도가 높음에도 불구하고 국제기구로서 WHO를 심도 있게 분석하고 연구한 사례는 많지 않다. 한국에서 유엔을 포함한 국제기구에 관한 학술연구는 아직도 전반적으로 취약한데, 국제기능기구에 대한 연구는 특히 부족하며, 더욱이 세계보건협력과 WHO를 주제로 연구한 사례는 매우 드물다. 설령 WHO를 다룬다 하더라도 전문 보건의료 관련 주제 혹은 특정 보건협력 프로그램에 관한 정책분석 연구이거나, 유엔 체제 내에서의 여러 국제기능기구를 소개하는 차원에서 WHO가 간략하게

이종욱(李鍾郁, 1945~2006)

한국인 최초의 국제기구 수장으로서 2003년 WHO 제6대 사무총장에 취임하였다. 백신분야의 최고 권위자로 알려진 그는 WHO 사무총장 재임기간 중 결핵치료, 어린이 예방접종, 조류독감 대처 등의 분야에서 많은 업적을 남겼다. 1981년 하와이대학에서 전염병학 석사를 취득하고 일본인 부인 카부라키 레이코(鏑木玲子)와 함께 남태평양 사모아에서 의료봉사활동을 시작했다. 1983년 피지에서 의료봉사를 하는 과정에 WHO의 직원이 되었고, 23년간 WHO에서 활동했다. 2006년 5월 21일 WHO 사무총장으로서 집무하던 도중 갑자기 쓰러져 뇌혈전 수술을 받았으나 다음날 사망했다. 대전의 국립현충원에 안장되었다.

언급되었을 뿐 아직까지 WHO만을 주제로 삼아 그것의 역할과 특징을 국제기구학의 측면에서 연구한 논문은 몇 손가락에 꼽을 정도이다.[3]

본 연구는 WHO의 배경과 발전, 그리고 구조적 특징을 소개하고, WHO를 둘러싼 쟁점을 이슈 및 행위자의 측면에서 고찰하여 보다 깊이 있는 이해를 도모한다. 아울러 WHO를 중심으로 하는 글로벌 보건 거버넌스의 의미와 문제점을 살펴보고, 글로벌 보건협력에서 한국의 역할을 언급한다.

---

[3] 대표적인 연구로 고한수·김창엽, "기능주의 관점에서 본 세계보건기구의 설립과 역할," 『보건행정학회지』 22권 1호(2012), pp.1-28이 있다. 그러나 이들 연구는 기능주의 등 특정 이론을 분석틀로 삼아 WHO의 전반적 역할에 대한 이론적 평가에 초점을 맞추었기 때문에 WHO 안팎에서의 쟁점과 행위자 간 정치적 상호관계 등에 관한 분석은 다소 미흡하다.

II. 세계보건기구의 배경, 성립과정, 구조

1. 국제보건협력의 필요성과 배경

보건 분야에서 국가들의 협력의 필요성은 오래전부터 비롯되었다. 일찍이 유럽에서는 18세기 말과 19세기 초 산업혁명으로 사회적·경제적 변화가 빠르게 이루어졌고, 대규모 인구가 도시지역에 밀집하면서 전염병의 확산이 빈번하게 이루어졌다. 특히 19세기경 제국주의와 더불어 열강의 식민지 지배가 대대적으로 확대되고 교통의 발달과 무역의 증가로 인구와 물자의 국가간 및 대륙간 이동도 함께 증가하였으며, 이는 콜레라, 황열병, 티푸스, 인플루엔자 등 다양한 전염병의 확산이 더욱 광범위하게, 그리고 더욱 빠른 속도로 이루어졌다. 이에 따라 각국 정부와 의료인들, 그리고 사회적 실천운동가들은 그러한 질병의 확산을 예방하고 감염에 대처하기 위해 국가들 사이의 질병관련 정보의 공유와 신속한 대응을 위한 표준화된 조치의 필요성을 인식하게 되었다. 1839년 영국 빈민법위원회Poor Law Commission의 에드윈 체드윅Edwin Chadwick 경의 노력으로 「영국 노동자 위생 상태에 관한 보고서 Report on the Sanitary Condition of the Labour Population of Great Britain」가 발표되어 위생상태 개선 및 공중보건에 대한 관심을 확대하고 이에 대한 정책을 마련하는데 획기적인 계기가 마련되었다.[4]

물론 의료기술의 발전과 새로운 백신의 등장으로 일부 전염병에 대해서는 통제가 가능하게 되었지만, 19세기 초까지도 공중보건에 대한 관심이 부족하여 전염병을 예방하고 통제하는 노력은 개별 국가단위, 혹은 소규모 지역단위에서만 전개되었을 뿐이다. 예를 들어, 1830년대 오토만 제국은 전염병 발생 지역을 격리하기 위한 노력으로 콘스탄티노플 최고보건위원회 Conseil Supérieur de Santé de Constantinople가 만들어졌고, 1840년 모로코에는 페스

---

4 Kelly Lee, *The World Health Organization* (Abingdon, UK: Routledge, 2009), p.1.

트와 콜레라 확산을 막기 위한 탕헤르 위생위원회Conseil Sanitaire de Tanger가 만들어졌다. 또한 1843년 이집트 알렉산드리아에 이집트 격리국Egyptian Quarantine Board이 만들어져 전염병 유입을 차단하는 기능을 담당했고, 1867 년 페르시아에서는 제국위생위원회Conseil Sanitaire de l'Empire가 설치되어 공중 보건 문제에 대한 회합을 부정기적으로 개최하였다. 유럽에서는 1856년 다 뉴브 유럽위원회European Commission for the Danube가 수립되어 제한적으로나마 공중보건 문제를 다루었다.5

19세기 중반 이후 아프리카, 아시아 등 식민지 특정 지역에서 발생한 전 염병을 효과적으로 통제하지 않으면 확장되어 가는 교역 연결망을 통해 질 병이 전 세계로 확산되어 결과적으로 열강들 스스로 심각한 타격을 입을 수 있다는 인식이 만들어졌고, 이는 유럽 열강들의 공통된 노력의 필요성을 불러일으켰다. 그 결과 1851년 이후 1903년까지 11차례의 국제위생회의 International Sanitary Conferences가 개최되어 오늘날 세계보건협력의 제도적 기반 을 마련하는 첫걸음이 되었다. 1892년의 국제위생회의에서 최초의 국제위 생협정International Sanitary Convention이 체결되었으며, 이후 추가적인 이루어진 협정들과 더불어 1903년 이들 협정은 국제위생규칙International Sanitary Regu-lation으로 통합되었다. 이것은 오늘날의 국제보건규칙International Health Regu-lation이 기원이 되었다. 1903년 회의에서 항구를 드나드는 선박에 대한 위생 검역을 강화하고 감염된 선박과 항구는 격리 혹은 폐쇄하기 위한 국제적인 조직을 만들자는 합의가 이루어졌고, 이후 1907년 로마협정Rome Agreement 을 통해 국제공중보건사무소Office International d'Hygiène Pbulique: OIHP를 파리에 설립하기로 했다.6 OIHP의 업무는 주로 보건당국으로부터 정보를 수집하 고 배포하는 것이었으나 독자적인 권한을 가진 조직은 아니었다.

---

5 WHO, *The First Ten Years of the World Health Organization* (Geneva: WHO, 1958), pp. 31-32,

6 Lee(2009), p.2; IOHP의 설립 참여 국가들은 네덜란드, 러시아, 미국, 벨기에, 브라질, 스위스, 스페인, 영국, 이집트, 이탈리아 포르투갈, 프랑스 등 12개 국가이다. WHO (1958), chap. 2.

최초의 보건관련 국제기구는 유럽이 아닌 서반구(미주)에서 만들어졌다. 1902년 미주국제위생기구International Sanitary Bureau of the Americas가 만들어졌으며, 이는 1923년 미주위생기구Pan American Sanitary Bureau: PASB로 이름을 바꾸었고, 다시 미주보건기구Pan American Health Organization로 명칭을 바꾸어 오늘날 WHO의 미주 지역사무소가 되었다. PASB는 질병 자료를 수집하고 다른 기구들과 정보를 교환하는 역할을 수행하였으나, 다른 기구들과 달리 아메리카 대륙에서의 황열병 퇴치사업 등과 같은 독자적 사업을 매우 일찍부터 전개하였다. PASB는 당시 아메리카 대륙에 유행하던 황열병으로 골머리를 앓았으나, 유럽 국가들은 이에 별 관심이 없었다. 특히 PASB는 미주기구 OAS와 밀접하게 연결되어 유럽 중심의 기구들과 차별적인 모습을 보이고자 했다. 이 때문에 이 기구는 훗날 만들어지는 WHO의 여러 지역사무소보다 훨씬 독립성이 강한 성격을 띨 수 있었다.7

제1차 세계대전 이후 국제연맹League of Nations이 수립되었고 규약 23조에 의거하여 1922년 국제연맹보건기구League of Nations Health Organization: LNHO가 만들어졌다. 제1차 세계대전 발발 이후 티푸스와 인플루엔자가 전 세계에 유행하여 수백만 명이 사망하였기 때문에, 이 기구의 창설자들은 기존의 OIHP보다 적극적인 역할을 이 기구가 수행할 것을 희망했다. 하지만 미국이 국제연맹에 참여하지 않음으로써 LNHO도 시작부터 어려움을 겪었다. 국가들 사이에 보건 문제에 대한 우선순위에 이견이 발생하고 기존의 OIHP가 LNHO에 협력하는 것에 소극적이었기 때문에 국제연맹과 마찬가지로 LNHO는 그 기능을 충분히 발휘하지 못했다.8

보건과 의료에 대한 국제적 협력은 NGO 차원에서도 일찍부터 시작하였다. 앙리 뒤낭Henry Dunant이 1863년 적십자 운동을 벌인 이후, 1919년 적십자연맹League of Red Cross Societies이 수립되어 건강을 개선하고 질병을 예방하

---

7 WHO(1958), pp.31-32.

8 Martin D. Dubin, "The League of Nations Health Organisation," in Paul Weindling, ed., *International Health Organisation and Movements, 1918-1939* (Cambridge: Cambridge University Press, 1995), pp.56-80.

국제기구와 보건·인구·여성·아동

며 고통을 경감하는 범세계적 차원의 운동을 벌여나갔고, 이는 나중에 국제적십자/적신월사연맹International Federation of Red Cross and Red Crescent Societies 으로 발전하였다. 1919년 수립된 아동구호기금Save the Children Fund은 1920년 제네바에 국제아동구호연맹Save the Children International Union을 설치하여 세계적으로 소외받는 아동들에 대한 구호활동을 펼쳤고, 이러한 활동의 상당 부분은 보건에 관한 것이었다.[9]

일부 자선단체들도 국제보건사업에 참여하였다. 록펠러 재단Rockefeller Foundation은 1913년 국제보건위원회International Health Commission를 설립하여 황열병, 말라리아, 결핵 등의 질병을 통제하고 보건교육, 열대질병연구 등의 사업을 지원했다. 이후 1930년대 이후 포드재단Foud Foundation과 웰컴 트러스트Welcome Trust도 민간차원에서 보건관련 비영리 사업을 전개했다.

이러한 정부간기구 및 NGO의 보건협력에 대한 노력과 관심에도 불구하고 국제적 안보환경의 변화는 보건의 위기를 다시 초래하였다. 제2차 세계대전의 발발과 더불어 이들 기구 및 단체의 활동은 사실상 중단되어 심각한 보건 위기 상황에서의 수요를 충족하지 못했다. 하지만 전쟁 이후 보건협력에 대한 노력은 다시 시작되었고, 그 결과 WHO가 만들어졌다.

2. WHO의 수립

제2차 세계대전으로 세계 각국에서 보건시설이 파괴되어 질병이 급속도로 확산되자 각국 지도자들은 새로 만들어진 유엔의 틀 안에서 국제보건협력이 이루어질 것을 요구했다. 하지만 1945년 유엔헌장을 합의한 샌프란시스코 회의 안건에서 상설 보건기구의 설립은 포함되어 있지 않았다. 전쟁

---

[9] Angela Penrose and John Seaman, "The Save the Children Fund and Nutrition for Refugees," in Paul Weindling, ed., *International Health Organisation and Movements, 1918-1939* (Cambridge: Cambridge University Press, 1995), pp.241-269.

직후 관심사는 긴급구호에 집중되었다. 긴급한 보건 문제는 1946년에 설립된 유엔국제아동긴급구호기금UNICEF과 1943년에 수립된 국제연합 구제부흥사업국UNRRA에서 주로 담당하여 전쟁 이후 주축국으로부터 해방된 지역에 대한 원조를 제공했다. 보건협력에 대한 국제사회의 무관심에도 불구하고 샌프란시스코 회의에서 브라질 대표와 중국 대표는 "의료는 평화의 기둥medicine is one of the pillars of peace"이라고 주장하며 국제보건기구의 수립을 위한 모임을 가질 것을 촉구하였다. 이러한 주장을 받아들여 유엔경제사회이사회는 "공중보건 분야의 범위와 적절한 방법 및 국제적 활동을 논의하고 유엔의 단일한 국제보건기구 수립"을 위해 1946년 6월 국제보건회의를 뉴욕에서 개최하기로 하였다.10

이 회의를 준비하기 위해 벨기에 생리학자 르네 상드Rene Sand를 위원장으로 하고 각국 보건장관 혹은 보건관련 고급관리 출신으로 구성된 16인 기술준비위원회는 1946년 3월 파리에서 만나 WHO 헌장 초안과 결의안 초안을 준비하였다. 그들의 노력으로 1946년 6월 국제보건회의International Health Conference가 개최되어, 유엔의 61개 회원국과 독일, 일본, 한국의 연합국 군정청과 더불어 13개 비회원국이 참석하였고 관련 유엔기구들이 옵서버로 참여했다. 이 회의에서 각국 대표들은 새로운 보건기구의 헌장을 채택하고 WHO 공식 수립 때까지 기존 OIHP, LNHO, UNRRA가 수행하던 임무를 임시로 수행할 임시위원회 수립에 합의했다.11 유엔경제사회이사회가 이를 승인하고, 각국이 헌장에 비준함으로써 1948년 4월 7일 WHO 헌장이 발효되었고,12 그해 9월 WHO가 공식 출범하였다.

기술준비위원회는 국제보건회의에서 결의할 안건에 관해 다음과 같은 2개의 주요 안건을 제시하였다. 첫째, 어디에 WHO 본부를 둘 것인가? 둘째, 기존의 지역 수준의 기구들과 통합할 것인가 아니면 수평적 관계를 유지할

---

10 Official Record of the World Health Organization(1948), 1:39 http://whqlibdoc.who.int/hist/official_records/1e.pdf(검색일: 2013.11.20).

11 WHO(1958), pp.44-45.

12 매년 4월 7일은 세계보건의 날(World Health Day)로 지정되어 기념된다.

것인가? 첫 번째 안건과 관련해 각국은 국제연맹보건기구[LNHO]가 소재하였던 스위스 제네바에 WHO 본부를 두는 것에는 쉽게 합의하였다. 그리고 WHO 초대 사무총장으로 임시위원회 위원이었던 캐나다 출신 브록 치숄름 Brock Chisholm이 찬성 46표, 반대 2표로 선출되었다.[13]

하지만 두 번째 안건인 본부와 지역사무소와의 관계는 쉽게 해결되지 못했다. 1951년까지 아프리카의 AFRO, 아메리카의 PAHO, 동지중해의 EMRO, 유럽의 EURO, 동남아시아의 SEARO, 서태평양의 WPRO 등 총 6개의 지역사무소[Regional Offices]가 수립되어 있었다. 그러나 국제적 규모의 WHO가 수립되기 훨씬 전부터 지역 수준에서 보건 사업을 펼쳤던 미주보건기구[PAHO]는 지역사무소로서의 독립적인 지위를 유지할 것을 주장했으며, PAHO를 이끌었던 미국이 이러한 입장을 적극 지지했다. 또한 지역사무소에 회원국을 할당하는 문제에 있어서 회원국 스스로 자신이 속할 지역사무소를 선택할 수 있도록 하였으나, 결과적으로 역내 국가 간 정치적 이해관계에 따라 지리적 불일치가 만들어졌다. 예를 들어, 이스라엘은 지리적으로 동지중해에 속하지만 아랍국가와의 불편한 관계 때문에 결국 유럽 사무소를 선택하였고, 북한도 한국이 속한 서태평양 사무소를 피해 동남아시아 사무소에 가입했다.

국제보건회의가 열린 1946년부터 WHO가 공식 출범한 1948년까지의 2년은 다른 유엔 전문기구들과 비교하여 그 과정이 상당히 지연된 것이다. 그 이유는 냉전의 시작 때문이었다. 국제사회에서 미국과 소련 사이의 대립은 보건과 질병에 대한 정의에 대해서도 철학적, 이념적 견해 차이로 나타났다.[14] WHO 헌장은 "(건강은) 모든 인간의 근본적 권리의 하나"로 명시되어 있고, 정부는 "국민의 건강에 대한 책임"이 있다고 규정하였다. 미국은 이러한 문구가 "의료의 사회주의화"를 가져올 수 있다고 우려하였다. 후술하겠

---

13 치숄름 사무총장에 대해서는 Allan Irving, *Brock Chisholm, Doctor to the World* (Markham, Canada: Fitzhenry and Whiteside, 1988)를 참조하라.
14 Lee(2009), p.12.

지만 미국은 WHO의 역할에 대해 대중에 대한 보편적 보건의료 서비스를 제공하는 사회의학적social medicine 접근보다는 질병을 감시, 통제하고 치료에 주안점을 두는 생물의학적biomedical 접근을 선호하였다. 냉전 초기 미국의 반공주의자들은 주거, 위생, 영양, 교육 등 사회적 조건을 개선하여 보건을 증진하자는 사회의학적 접근을 공산주의의 침투로 의심하여 WHO 가입을 미루었다.[15]

WHO 공식 수립이 늦어진 또 다른 이유는 가입절차에 대한 의견차이 때문이었다. 이는 스페인의 가입에 대한 논란으로부터 비롯되었는데, 라틴 아메리카 국가들은 신규 회원국의 가입은 단순 다수결의 승인으로 가능하다고 주장한 반면, 스페인의 프랑코 독재를 반대하던 사회주의 국가들은 2/3 이상의 찬성이 필요하다고 주장하였다. 결국 단순 다수결 찬성으로 신규 회원국 가입 승인이 가결되었지만, 논쟁의 원인이었던 스페인의 가입은 곧바로 이루어지지 못했다. 왜냐하면 프랑코 독재 치하의 스페인의 유엔 산하기구 가입을 반대하는 결의가 유엔총회에서 통과되었기 때문이었다.[16]

WHO 수립이 늦어짐에 따라 제2차 세계대전으로 피해를 입은 주민들에게 즉각적으로 필요한 보건지원은 불가피하게 다른 국제기구들이 담당할 수밖에 없었다. 하지만 WHO가 수립되자 그동안 임시로 UNICEF가 수행했던 업무를 조정하기 위해 보건정책에 관한 합동위원회Joint Committee on Health Policy가 구성되었다. 이 조직은 1953년 UNICEF가 유엔아동기금UN Children's Fund으로 상설화된 이후에도 업무 조정 임무를 계속하였다.[17]

---

15 Charles E. Allen, "World Health and World Organization," *International Organization*, Vol.4, No.1(1950), p.38; Lee(2009), p.9.

16 Allen(1950), pp.39-40; 스페인의 WHO 가입은 1951년에, 유엔 가입은 1955년에 이루어졌다. 고한수·김창엽(2012), p.12.

17 Maggie Black, *The Children and the Nations: The Story of Unicef*(New York: UNICEF, 1986). 이 책의 본문은 〈http://www.unicef.org/about/history/index_child renandnations.html〉에서 내려받을 수 있다. 한편 UNICEF는 유엔의 상설기구인 UN Children's Fund로 전환된 이후에도 기존의 영문약자인 UNICEF는 그대로 사용하였다.

3. WHO의 구조와 운영

WHO의 구조는 1948년 수립 이후 거의 변하지 않았다. WHO는 모든 회원국 대표로 구성되는 총회World Health Assembly: WHA, 총회의 결정에 따라 사업을 추진하고 계획하며 자문하는 이사회Executive Board: EB, WHO의 행정 및 기술적 업무를 담당하며 사업 집행에 대한 책임을 지는 사무국Secretariat 으로 구성되며, 사무국 내에는 지역사무소와 국가사무소가 포함된다. 한편 회원국의 규모는 1948년 55개 국가였으나 2013년 12월 기준 194개 국가로 거의 3배 이상 증가했다.

1) 총회

WHO 총회는 매년 5월에 개최되어 WHO의 6개년 일반사업계획General Programme of Work의 정책방향을 결정하며, 이사회의 보고서와 활동을 검토 및 승인하고, 연간 예산을 심의하고 승인하는 역할을 수행한다. 또한 5년 임기의 사무총장을 지명하고 34개국으로 구성되는 이사회 국가를 선출한다. 보건 분야의 전문성을 살리기 위해 회원국 대표단은 자국의 보건관련 전문성을 가지는 3명 이하로 구성되며 대부분 자국의 보건정책 분야에서 일한 경험을 가지고 있다.

총회는 위생 및 격리의 필요성을 결정하고, 질병, 사인(死因), 공중보건활동에 대한 학술적 구분을 이루며, 생물학적·약물적 상품의 안전과 품질 및 효과에 대한 기준을 정하는 권한을 가진다. WHO 총회에 의해 결정되는 규칙은 회원국이 예외로 하지 않는 한 국제적인 구속력을 가진다. 아울러 총회의 업무 수행을 위해 행정, 재정, 법률 문제에 관한 위원회Committee on Administration, Finance, and Legal Matters와 프로그램 및 예산에 관한 위원회Committee on Programme and Budget 등으로부터 지원을 받는다. 또한 필요한 경우 임시위원회와 실무단을 구성할 수 있다. 원칙상 총회는 모든 회원국이 하나의 투표권을 가지는 '1국가 1투표'제를 따른다. 하지만 총회 결정의 대부분은 투표보다는 합의로 의결되거나 권고를 제시하는 결의로 이루어진다.[18]

WHO는 특정 이념, 종교, 정치체제와 무관한 보편적 회원제^{universal mem-} bership 원칙을 가지고 있다. 유엔의 모든 회원국은 WHO에 가입할 수 있으며, 그 밖에도 국제보건회의International Health Conference에 초청받는 국가들과 WHO 총회에서 단순과반수로 승인된 국가도 참여할 수 있다. 하지만 보편적 회원제 원칙이 처음부터 확립된 것은 아니다. 1949년 동구권 국가들이 탈퇴하였다가 1957년 4월 소련이 재가입하면서 다른 동국권 국가들이 재가입했고, 이후 소련의 영향을 받는 분단국가들(북한, 동독, 북베트남)의 가입과 관련하여 미국, 영국, 프랑스는 이들 국가의 유엔 및 WHO 가입을 거부했다.19 하지만 제14차 총회에서 소련이 제출한 보편적 회원제 결의안이 통과됨으로써 이들 국가도 가입할 수 있었다.

대만의 가입도 논란거리였다. 대만섬으로 패퇴한 중화민국 국민당 정부(대만)는 1950년 5월 WHO에서 탈퇴한다고 선언했으며, 1972년 중화인민공화국(중국)이 WHO의 중국 자리(China seat)를 차지하게 되었다. 1997년 대만은 WHO가 정치적 고려가 아닌 보건 현실을 우선시한다는 점을 강조하면서 보건체Health Entity, 衛生實體라는 명칭으로 WHO의 옵서버 자격을 취득하고자 하였다. 중국은 대만의 WHO 옵서버 자격을 부정하였지만, 2002년 사스SARS가 동아시아에 창궐하고 대만이 그 중심이 되면서 대만이 WHO의 세계유행경보 및 대응네트워크Global Outbreak and Alert Response Network: GOARN에 포함되어야 한다는 주장이 다시 제기되었다. 이에 대해 중국은 대만이 '중국의 일부'라는 이유로 대만의 참여를 부정했다. 하지만 대만에서 마잉주(馬英九) 총통이 취임한 이후 양안관계가 획기적으로 개선되어 2009년 4월 29일 대만은 중화타이베이Chinese Taipei, 中華臺北라는 이름으로 총회 옵서버로 참여할 수 있었으며, 이후에도 계속해서 대만의 옵서버 자격 참여에 대해 중국은 더 이상의 문제제기를 하지 않고 있다.

---

18 Lee(2012), pp.25-26.

19 Joungwon Alexander Kim and Carolyn Campbell Kim, "The Divided Nations in the International System," *World Politics*, Vol.25, No.4(1973), pp.479-507; Lee(2012), p.22에서 재인용.

2) 이사회

WHO 이사회는 총회에서 결정한 정책을 검토하고 자문하며 사업을 추진한다. 다른 국제기구와 마찬가지로 WHO 이사회는 총회에서 이사국이 선출되지만, 선출된 이사들은 특정 정부를 대표하기보다는 '보건 분야에서의 기술적 전문성'을 가진 보건 전문가로서 활동한다. 이사의 임기는 3년이며, 매년 전체 이사의 1/3을 교체한다. 1948년 WHO 창립 당시 이사회는 18개 국가로 구성되었으나, 회원국의 수가 증가하면서 이사회의 규모도 2013년 현재 34개 국가로까지 늘어났다.

이사회는 매년 1월과 총회가 열리는 5월, 2차례 소집된다. 이사회는 총회의 의제를 준비하고 6개년 일반사업계획의 초안을 마련하여 총회에 제출한다. 또한 WHO 헌장 제6장에 따라 WHO 각종 사업에 대해 헌장과 규칙을 적용하는 문제를 자문하고 WHO의 재정과 기능에 관한 긴급 조치를 수행할 수 있다. 이사회는 산하에 여러 위원회를 두고 이들 위원회는 이사국이 제출한 제안을 연구, 검토하여 1년 이내에 총회에 보고서를 제출하도록 되어 있다.[20]

총회는 사실상 막후에서 이루어지는 결정과 선택에 정당성을 부여하는 역할에만 머물기 때문에 종종 '고무도장rubber stamp'으로 인식되기도 하지만, 이사회의 이사는 독립적인 권한을 가지고 독립적으로 활동하는 것이 보장되어 있다. 또한 사무총장의 선출은 다분히 정치적인 성격을 가지고 있지만 이사의 선출은 전문성이 우선된다. 이사회가 가지는 이러한 특징 때문에 간혹 정치적 고려를 우선시하는 본국 정부와 전문성을 강조하는 이사 사이에 불협화음이 만들어지기도 한다.

3) 사무국

사무국은 WHO의 행정기관으로서 WHO 활동을 실질적으로 수행하는 역할을 담당한다. 사무국은 스위스 제네바에 소재한 WHO 본부와 여섯 개

---

20 Lee(2012), pp.26-27.

의 지역사무소, 147개의 국가사무소로 구성된다. 사무국의 수장은 사무총장 Director-General 으로서 임기는 5년이며 연임이 가능하다. 사무총장은 이사회에서 후보를 선정하고 총회의 승인을 받아 임명된다. 2013년 현재까지 총 7명의 사무총장이 WHO를 위해 봉사했고, 이들은 보건과 의학의 전문가로서 대부분 WHO 혹은 보건관련 기구에서 활동한 경력을 가지고 있었다. 사무총장의 역할 가운데 중요한 것으로는 사무국 직원을 임명하고 연간 예산안을 준비하며 각종 프로그램 예산의 초안을 작성하는 책임을 가진다. WHO의 전체 직원은 본부와 지역 및 국가 사무소를 포함하여 약 8천 명이며, 이들은 거의 대부분 보건 및 의학 관련 전문지식을 가진 사람들이다.[21] 전체 직원의 30%가량은 본부에서 근무하고, 약 30%는 각각의 지역사무소에서 근무하며, 나머지 40%가량은 각국의 국가사무소에 상주하거나 현지 프로그램에 관련된 일을 수행한다.[22]

6개의 지역사무소 regional offices 는 콩고 브라자빌 Brazzaville 에 위치한 아프리카 지역사무소, 미국 워싱턴에 위치한 아메리카 지역사무소, 이집트 카이로에 위치한 동지중해 지역사무소, 덴마크 코펜하겐에 위치한 유럽 지역사무소, 인도 뉴델리에 위치한 동남아시아 지역사무소, 필리핀 마닐라에 위치한 서태평양 지역사무소이다. WHO 회원국은 자국이 속할 지역사무소를 스스로 선택할 수 있으며, 이는 앞서 언급한 바와 같이 지역 내 정치적 이해관계가 지리적 근접성보다 우선시될 수 있음을 반영한다. 따라서 이스라엘은 유럽 사무소에, 북한은 동남아시아 사무소에, 파키스탄은 동지중해 사무소에 각각 소속되어 있다.

각각의 지역사무소는 독립적인 의사결정권을 가진다는 점에서 다른 유엔 전문기구들과 차별성을 가진다. WHO의 지역사무소가 독립성을 가지게 된 이유는 첫째, WHO가 공식 수립되기 전부터 지역 단위에서 활동을 벌였던

21 WHO, *Working for Health: An Introduction to the World Health Organization* (Geneva: WHO, 2007), 〈http://www.who.int/about/brochure_en.pdf〉에서 내려받을 수 있다.

22 WHO, *Facts about WHO* (Geneva: World Health Organization, 1990).

기구가 WHO의 지역사무소가 되었기 때문이다. 앞서 언급한 바와 같이 아메리카 지역사무소는 미주보건기구Pan American Health Organization: PAHO로서 일찍부터 독립적인 국제기구로서 보건협력 사업을 벌여왔으며, WHO 수립 과정에서 그 독립성을 인정받았다. 지역사무소의 독립성을 인정하는 또 다른 이유는 세계적 규모의 보건협력 활동과 지역 활동의 구분이 세계보건협력을 보다 효과적으로 이룰 수 있다는 인식이 오래전부터 존재하였기 때문이다. 특정 지역에서 주로 발생하는 질병에 대해서는 본부보다 지역사무소가 보다 집중적으로 자료를 수집하고 대책을 강구하는 것이 훨씬 효과적이다.

하지만 본부, 지역사무소, 국가사무소 등 3개 조직 수준 사이에서 어떻게 의사결정과 정책실천의 균형을 맞출 것인가에 대해서는 아직도 논란이 있다.[23] 자유주의적 입장을 지지하는 사람들은 세계적 규모의 협력을 이루기 위해서는 지역 수준에서의 독립성을 최대한 인정하는 것이 바람직하다는 주장을 편다.[24] 반면 지나친 분권화가 조직으로서의 WHO의 역할을 약화시키고, 특히 이사회의 기능을 무력하게 만들 수 있다는 주장도 일찍부터 제기되었다.[25] 최근에는 WHO에는 본부가 하나가 아니라(각각의 지역사무소를 포함한) 일곱 개의 본부가 존재한다는 비판이 나오고 있으며, 이는 WHO 효율성을 높이는 개혁이 필요하다는 주장의 하나가 된다.[26]

각각의 지역사무소는 지역위원회의 행정기관이며, 지역사무소 총회는 역내 회원국 대표들로 구성된다. 대부분의 경우 지역사무소 총회에 참석하는 각국 대표는 보건장관들이다. 지역사무국의 수장은 지역사무총장regional director이다. 지역사무총장은 각각의 지역위원회 국가들이 추천하고 이사회에서

---

23 Lee(2012), pp.30-34.

24 Fraser Brockington, *World Health* (Edinburgh: Churchill-Livingston, 1979), p.154.

25 Charles Ascher, "Current Problems in the World Health Organization's Program," *International Organization*, Vol.6, No.1(1952), p.36.

26 Fiona Godlee, "The World Health Organisation: The Regions — Too Much Power, Too Little Effect," *British Medical Journal*, Vol.309, No.6968(10 December 1994), pp.1566-1570.

지명한다. 지역위원회는 지역내 보건증진을 위한 WHO 협력 활동을 감독하기 위해 연례모임을 가지며, 이 자리에서 지역 수준에서의 보건협력에 관한 정책을 수립하고 지역사무총장이 제출한 지역 프로그램 예산을 심의한다. 원칙적으로는 WHO 총회와 이사회가 글로벌 수준의 정책들에 대한 공식 승인하도록 되어있으나, 전 세계에서 전개되고 있는 사업의 규모가 너무나 커지고 복잡해져서 WHO 총회 및 이사회가 일일이 그 내용을 심의하고 예산을 통제할 수 없다. 따라서 지역사무총장과 지역위원회가 역내 독자사업에 대해서는 상당한 정도의 자율성을 가지게 되었다.

국가사무소country offices는 주로 개발도상국에 설치되어 있으며, 2012년 초 기준 147개 국가에 국가사무소가 설치되었다. 국가사무소를 설치하는 이유는 WHO의 정책과 사업을 수행하고, 해당 국가의 보건장관을 통해 그 국가의 보건체계 개선을 지원하는 활동을 정부와 보다 긴밀한 관계 속에서 보다 효과적으로 전개할 수 있기 때문이다. 따라서 대부분의 경우 WHO 국가사무소는 해당 국가의 보건관련 정부부서 내에 사무실을 둔다. 국가사무소의 규모와 활동 내용은 각각의 국가마다 다르지만, 대부분의 경우 기본적 사업 방향은 WHO 대표부WHO Representative: WR에 의해 주도된다. 각국의 WHO 대표부 대표는 그 나라의 국적자가 임명되는 것이 아니라 보건 전문가가 임명된다.[27] 한편 해당 국가의 보건체계가 상당한 수준으로 개선되었다고 여겨질 경우 국가사무소는 폐쇄된다. 한국의 경우 1965년 1월에 WHO 한국사무소가 개설되었고 47년 만인 2012년 9월에 폐쇄되었다.

4) WHO의 재정

WHO 헌장에 의하면 회원국은 유엔의 분담금 산정 방식에 따라 매2년마다 책정된 분담금을 WHO에 지급해야 한다.[28] 이렇게 만들어지는 기금을 정규예산기금regular budget funds: RBFs이라고 한다. 유엔의 분담금 산정은 회원

---

27 Lee(2012), pp.34-36.
28 WHO 헌장 12장 56조.

국의 경제수준과 지불능력에 따라 전체 예산에 대한 비율로 이루어진다. 이러한 방식에 따라 부유한 나라들이 WHO 정규예산의 상당 부분을 분담하여 왔다. 그러나 WHO가 특정 국가로부터의 재정 지원에 지나치게 의존할 경우 발생할 수 있는 문제점을 예방하기 위해 단일 국가가 전체 정규예산의 1/3 이상을 부담하지 못하도록 하고 있다. 현재 정규예산 분담 비율 가운데 가장 큰 비율은 미국으로서 전체 정규예산의 23%를 부담하고 있다. WHO 헌장은 각국의 분담금뿐만 아니라 WHO 목적에 부합한다고 판단되는 기금 혹은 물자를 기부받아 WHO 재정에 포함하여 운영할 수 있도록 하였다.[29] 이처럼 정규예산 이외에 회원국, 다른 국제기구, NGO, 민간재단, 개인 등의 자발적 기부로 만들어지는 추가적 재원을 예산외 기금extrabudgetary fund: EBFs

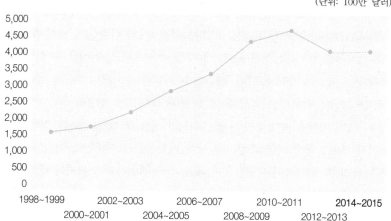

〈그림 1〉 1998~2015년 WHO 예산 변화(2014~15년은 예산안)

(단위: 100만 달러)

출처: Humanosphere, *The slowly bleeding and diminished champion of global health, WHO*, http://www.humanosphere.org/2013/05/who-budget/(검색일: 2013.11.20)

---

29 WHO 헌장 12장 57조.

이라고 부른다.

그동안 WHO 예산은 큰 폭으로 증가했다. 1970년대 초 WHO 예산은 정규예산과 자발적 기부를 합쳐 모두 2억 3천만 달러에 불과했으나, 1986~87년에 처음으로 10억 달러를 초과하였고, 2000년대 말에는 〈그림 1〉과 같이 30억 달러를 넘어섰고, 2010~11년 예산은 45억 달러에 달하였다. 이후 2012~13년 예산과 2014~15년 예산안은 40억 달러로 다소 축소되었다.

1970년대 말까지 WHO 예산에서 회원국의 정규 분담금으로 구성된 REF가 차지하는 비중은 자발적 기부금으로 구성된 EBF보다 훨씬 많았다. 1970년대 이후 WHO 특별 프로그램들이 만들어지면서 출산과 열대질병과 같은 분야의 연구에 EBF가 집중되었다. 이렇게 EBF 제공의 범위가 확대되자 1975년 이사회는 WHO 프로그램 예산에 대해 RBF뿐만 아니라 EBF도 보조적 역할로서 적극적으로 사용될 수 있도록 하는 연구보고서를 작성하고, 예산외 재원의 증가를 지속적으로 확대할 것을 주장했다.[30] 이러한 노력의 결과로서 WHO 사업에 대한 자발적 기부가 크게 증가하였고, 특히 1980년대 에이즈 관련 프로그램이 만들어지고 이에 대한 자발적 기부도 많아졌다. 그리하여 1980년대부터 REF와 EBF는 서로 거의 비슷한 규모가 되었다. 1988~89년 2년간 예산부터 EBF가 REF를 추월하였고, 이러한 추세는 지금까지 계속되고 있으며, 그 간극도 더욱 커져 2012~13년 2년간 예산에서 EBF는 WHO 전체 예산의 75%에 달했다(〈그림 2〉 참조).

WHO의 재원 가운데 EBF가 차지하는 비중이 크게 늘어나는 것은 특정 목적의 프로그램에 대한 관심과 지원이 커졌음을 보여주는 것이지만, 거꾸로 말하면 WHO에 대한 개별 국가 혹은 기타 행위자의 통제력이 함께 커질 수 있음을 의미한다. 원칙상 WHO의 일반사업 프로그램이 가장 우선적이지만, 현실적으로 자발적 후원금을 제공한 국가 혹은 단체의 선호를 무시할 수 없기 때문에 사업의 방향과 성격, 지역 및 대상을 결정하는 데 자발적

---

30 WHO, *Organizational Study on the Planning for and Impact of Extrabudgetary Resources on WHO's Programmes and Policy*, Doc. EB52/25(1975).

〈그림 2〉 WHO 정규 분담금과 자발적 기부금 규모 및 비율

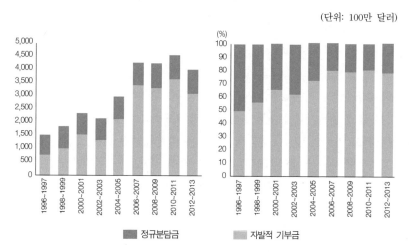

(단위: 100만 달러)

■ 정규분담금   ■ 자발적 기부금

출처: Kelly Lee and Jennifer Fang, *Historical Dictionary of the World Health Organization*, 2nd ed. (Lanham: Scarecrow Press, 2013), p.439

후원자의 영향력이 크게 개입된다. 이러한 외부의 영향력으로부터 WHO가 얼마만큼 독자적인 결정을 내릴 수 있느냐는 WHO 사무총장을 포함한 고위직 인사의 정치적 역량과 협상 능력에 달려 있다.

WHO 재정과 관련하여 또 다른 이슈는 분담금 납부 실적이다. 많은 회원국들이 지급하기로 되어 있는 분담금을 연체하고 있고, 이것이 WHO 사업의 원활한 추진의 발목을 잡고 있다. 2012년 분담금 징수율은 87%이며, 2012년도 분담금을 완납 혹은 부분 납부한 국가는 196개 회원국 및 준회원국 가운데 131개 국가이다. 2012년 12월 31일 현재 체납액은 6,520만 달러에 달한다.[31] 소말리아 등 심각한 재정적 어려움을 겪는 나라에 대해서는

---

31 WHO, *Status of collection of assessed contributions, including Member States in arrears in the payment of their contributions to an extent that would justify invoking Article 7 of the Constitution*, 66th WHA Provisional Agenda Item 21.2,

분담금 납부 기한을 재조정하고 있음에도 불구하고 여전히 많은 국가들이 분담금을 체납하고 있다. 따라서 최근 WHO는 분담금을 체납한 국가에 대해서는 투표권을 제한하는 등 강력한 입장을 보이고 있는 추세이다. 분담금 체납액의 누적은 WHO 사업에 커다란 어려움을 초래한다. 특히 가장 많은 분담금을 할당받는 미국의 체납이 가장 큰 부담이 된다. 미국은 2001년 유엔 예산분담을 기존 25%에서 22%로 낮추는 데 성공했고, 이는 WHO 등 다른 유엔 전문기구에 대한 분담금 할당 비율에도 영향을 미쳤다. 그럼에도 불구하고 미국의 WHO 분담금 체납액은 여전히 매우 많은 수준이다. 2012년 미국의 분담금 체납 총액은 2,530만 달러 규모로서 2,640만 달러를 체납한 우크라이나에 이어 두 번째로 많다.[32]

III. WHO의 성과와 쟁점

1. WHO의 주요 업적

1) 규범적 활동과 기술협력 활동

WHO 헌장에 명시된 "모든 사람의 최고의 가능한 건강에의 도달"을 달성하기 위해 WHO는 다양한 기능을 수행하고 있다.[33] 이들 기능은 크게 국제적인 보건협력을 위한 규범에 관련된 활동(규범적 활동)과 각종 질병을 예방, 통제, 퇴치하기 위한 보건의료 기술에 관련된 활동(기술협력 활동) 등

A66/30(5 April 2013).

32 WHO, A66/30(5 April 2013).

33 WHO의 다양한 기능에 대한 개별적인 상술을 위해서는 Sav S. Fluss and Frank Gutteridge, *World Health Organization*(Boston: Kluwer Law and Taxation, 1993)을 참조하라.

국제기구와 보건·인구·여성·아동

2가지의 분야로 나눌 수 있다.[34]

유엔을 포함한 여러 국제기구들이 높은 평가를 받는 이유 가운데 하나는 그러한 기구들이 가지는 규범적 활동 때문이다. 높은 수준의 기준을 설정하고, 보다 나은 미래를 제시하는 것은 당장의 문제를 해결하지는 못한다 할지라도 국제사회가 나아가야 할 방향을 제시한다는 점에서 매우 중요하다.[35] 마찬가지로 WHO의 규범적 활동도 질병 및 보건과 관련하여 보다 바람직한 행동을 권고하고, 보편적 가치를 주장하며, 목표를 설정하고, 국제적 규범을 선포하는 활동을 의미한다. 예를 들어, 질병을 예방하기 위해 국가 간의 합의를 도출하고, 규칙을 채택하며, 보건의료 직원을 교육하고, 보건 정보 및 통계를 수집 관리하며, 보건연구를 지원하고, 보건관련 학술기관과 단체를 후원하는 활동이 여기에 포함된다. 또한 사망의 주요 원인에 대한 목록을 발표하고, 수많은 질병을 의학적으로 분류하며, 전염병에 관한 정보 네트워크를 구축하는 활동이 규범적 활동에 포함된다. 이러한 규범적 활동은 대체로 WHO 본부 차원에서 이루어지지만, 지역사무소 혹은 국가사무소 수준에서도 이루어지기도 한다.[36]

한편 WHO의 기술협력 활동은 개별 국가, 특히 저개발 국가의 보건체계를 개선하고 전염병 통제 및 예방 등 실제적인 요구에 대응하는 활동을 의미한다.[37] 예를 들어, 질병을 예방, 통제, 치유하기 위한 의료진을 파견하고, 보건 전문가 양성 및 교육에 필요한 물자를 제공하며, 연구·개발·훈련을 지원하기 위한 재원과 시설마련을 위해 기금을 마련하는 활동이 여기에 해

---

34 이들 기능 및 분야가 명확하게 구분되는 것은 아니며, 각각의 기능은 상호 연관되는 경우가 많기 때문에 다분히 유연하게 해석된다.

35 Adam Roberts and Benedict Kingsbury, eds., *United Nations and Divided World* (Oxford: Clarendon Press, 1988), p.8.

36 Kelly Lee and Jennifer Fang, *Historical Dictionary of the World Health Organization*, 2nd ed. (Lanham: Scarecrow Press, 2013), p.9.

37 1970년대 이전에는 '기술협력'보나는 '기술시원'이라는 용어가 일반적이었으니, 최근에는 주권국가들 사이의 수평적 동반자 관계를 강조하기 위해 '지원'대신 '협력'이 주로 사용된다.

당한다. 이러한 활동들은 주로 국가 수준에서 이루어지며, 개별 국가에서의 활동 성과는 WHO 지역사무소와 본부를 통해 국제수준으로 확산된다. 그러나 전술한 바와 같이 규범적 활동과 기술협력 활동은 단절되어 있는 것이 아니라 상호 연관되어 전개된다.

규범적 활동과 기술협력 활동의 상관성에도 불구하고 어떤 활동을 보다 중시하느냐에 대해서는 국가들마다 입장이 다르다. 앞서 언급한 바와 같이 미국은 "사회의학적$^{social\ medicine}$" 접근이 보건의료의 사회주의화를 부추겨 공산주의 팽창의 도구로 사용될 수 있다는 점에서 반대하는 입장이었는데, 이러한 접근은 사회 공동체 내에 보건의료 체계를 확대하고 다수 시민이 그러한 보건의료 서비스 혜택을 차별없이 누릴 수 있도록 만드는 것을 추구한다. 따라서 미국은 개별 국가의 보건의료 체계의 개선을 강조하는 기술협력 활동보다는 규범적 활동을 더 많이 지원했다. 반면 보건의료시설이 열악한 저개발 국가들은 기술협력 활동에 더 많은 관심을 보여 왔다.

유엔에서와 마찬가지로 WHO에서도 1960년대 이후 저개발 국가들이 대거 회원국으로 가입하면서 WHO의 기능과 활동에 대한 이러한 입장의 차이는 미국을 중심으로 하는 서방 선진국 그룹과 사회주의 국가 및 제3세계 저개발 국가들 사이의 대결 양상으로 발전했다. 수적 우위를 차지하는 저개발 국가들은 총회에서의 표결로 자신들의 영향력을 과시하고자 하였고, WHO 활동 재원의 상당 부분을 책임지는 미국은 분담금 지불 축소 주장으로 맞섰다. 1990년대 말 글로벌 보건 이니셔티브$^{Global\ Health\ Initiatives}$를 수립하는 과정에서 그 내용의 상당 부분이 기술협력 활동에 치중되자 미국 등 일부 국가들은 보건의료 부문의 과학기술 정보의 수집, 조정, 확산이라는 WHO 본연의 "핵심 기능"을 상실할 것을 우려하였다.[38]

그러나 최근 글로벌리제이션이 확산되면서 WHO의 기능을 규범적 활동과 기술협력 활동으로 더 이상 구분하는 것이 무의미하다는 주장도 제기되

---

38 D.T. Jamison, "International Collective Action in Health: Objectives, Functions, and Rationale," *Lancet*, Vol.351, No.9101(1998), pp.514-517.

고 있다. 실제로 규범적 활동으로 흔히 분류되는 WHO의 많은 기능들은 국가 수준에서의 기술협력을 통해 축적된 지식과 정보에 기반을 두고 있으며, 기술협력 활동 역시 국제 수준에서의 규범적 기준에 의존하고 있다.[39] 또한 그러한 활동의 영역도 국제 수준, 지역 수준, 국가 수준을 넘나들면서 이루어지는 경우가 많아지고 있다. 후술하겠지만 글로벌리제이션 현상 속에서 나타나는 이와 같은 변화들은 WHO 안팎에서 새로운 쟁점을 불러일으키는 원인이 되기도 한다.

2) 질병퇴치사업

WHO 수립 초기 가장 중점을 두었던 사업은 크게 6가지 분야에 초점이 맞춰졌었다. 이들 6개 분야의 사업은 말라리아, 천연두, 성병, 산모 및 아동보건 개선, 환경위생, 영양 등이다. 사실 이들 사업은 단기간에 성과를 거둘 수 있는 것이 아니라 비교적 오랜 시간 동안 진행되어야 하는 장기 사업이었음에도 불구하고 초기의 WHO가 이들 6개 분야에 집중했던 이유는 "완전한 육체적, 정신적, 사회적 건강을 달성"한다는 기구 본연의 존재 이유를 유지하고자 했기 때문이다.[40]

WHO가 추진했던 이들 사업 가운데 가장 큰 성과는 말라리아, 천연두 등 인류를 괴롭혀온 전염성 질병을 예방, 통제, 치료, 퇴치하는 사업이었다. 1955년 WHO는 말라리아 퇴치계획Malaria Eradication Programme: MEP을 시작하여 1970년대 초까지 진행하였고, 말라리아 퇴치를 위한 별도의 예산외 기금EBF을 마련하였다. 말라리아는 열대지방 전역에 걸쳐서 나타나는 전염병으로서 모기에 의해 감염된다.[41] 초기에 말라리아 퇴치사업은 DDT라 불리는 화학 살충제를 살포하여 모기의 서식을 차단하는 내용이었다. 이 사업은 소련, 중국, 사하라 이남 아프리카 등을 제외한 전 세계에서 시행되었고, 각국

---

39 Lee and Fang(2013), p.10.
40 Lee and Fang(2013), pp.12-15.
41 말라리아가 모기에 의해 전염된다는 사실은 1898년에 밝혀졌다. 그 전에는 습한 공기가 말라리아 발병의 원인이라고 여겨졌다.

의 방역 당국이 집집마다 DDT를 살포하는 방식으로 진행되었다.

MEP 사업 초기에 말라리아 발병률이 크게 낮아져 말라리아의 완전 퇴치도 가능할 것으로 여겨졌었으나, 1960년대 중반 이후 DDT에 내성을 가지는 모기가 나타나고, 무엇보다 DDT가 인체와 자연환경에 나쁜 영향을 미친다는 사실이 밝혀짐으로써 DDT 살포 방식은 더 이상 사용되지 못했다. 이에 따라 1967년 WHO 사무총장은 사업의 재검토를 지시하였고, 결국 말라리아 퇴치가 아닌 말라리아 통제로 전략 방향을 수정했다. 그 결과 1973년 MEP는 말라리아 행동계획Malaria Action Programme으로 대체되었다. 이 계획은 말라리아의 완전 퇴치는 당장 어렵다고 보고 말라리아가 발생하기 쉬운 환경을 개선하고 신속하게 환자를 치료할 수 있는 방향으로 전략을 수정하였다. 특히 가장 손쉽고 저렴한 예방책으로서 모기장을 널리 보급하여 설치하는데 많은 노력을 들였다.

말라리아 퇴치계획MEP 사례는 WHO의 또 다른 주요 사업인 천연두 퇴치계획Smallpox Eradication Programme: SEP에 많은 영향을 미쳤다. 천연두는 보균자의 기침 등으로 바이러스가 옮겨지면서 전염되며, 고열, 발진, 수포를 일으키고 사망률이 매우 높은 질병이다. 1796년 영국인 제너E. Jenner가 종두법을 개발한 후 백신 접종으로 천연두를 예방할 수 있게 되었으나 20세기 중반까지 여전히 전 세계 많은 사람들이 천연두로 희생되었다. 1959년 WHO 총회에서 각국은 천연두 퇴치를 위한 사업을 전개하기로 합의하였다. 하지만 사업을 벌이기 위한 재원 마련이 늦어지면서 천연두 퇴치계획은 1967년에서야 비로소 활동을 시작하였다. 천연두 퇴치계획에 대한 재원조달이 어려웠던 이유는 말라리아 퇴치계획 때문이었다. 1959년에서 1966년까지의 기간에 WHO 재정의 27% 이상이 말라리아 퇴치계획에 투입되었던 반면 천연두 퇴치에 관해서는 불과 1%만이 투입되었다.

말라리아 퇴치계획에서의 어려움을 겪으면서 WHO는 국가들 사이의 글로벌 협력이 매우 중요하며 이를 위한 정교한 전략이 필요하다는 교훈을 얻었다. 개별 국가 차원에서의 질병 퇴치 노력이 철저하게 이루어져야만 그 성과가 지역 차원 및 전 세계 차원으로 확대될 수 있었기 때문에, 보건 당국의 지시에 잘 따르는 시민들에게 금전적으로 보상하는 방법까지 사용되었다. 하지만 이러한 보상 전략과 더불어 충분한 백신을 공급하기 위해서는 많은 재원이 요구되었다. 게다가 WHO의 조직 특성상 지역사무소의 독립성이 보장되기 때문에 지역 수준에서의 적극적 참여와 지역 간 상호협력을 이끌어내기가 쉽지 않았으며, 특히 천연두 발병 위험이 높지 않은 국가들은 천연두 퇴치계획에 큰 관심을 보이지 않았다.42 그럼에도 불구하고 천연두 퇴치계획은 WHO 역사상 가장 큰 성과를 거두었다. 1977년 소말리아에서 마지막 천연두 발병이 보고된 이후 더 이상의 천연두 발병이 이루어지지 않았고, 이에 따라 WHO는 1980년 4월 제33차 총회에서 천연두의 퇴치를 선언하였다.

천연두 퇴치계획의 성공은 질병의 예방, 통제, 퇴치사업을 다시 한번 WHO의 핵심 기능으로 만들었다. 천연두 퇴치 이후 WHO가 역점을 기울인 또 다른 사업은 에이즈AIDS/HIV 예방 및 치료 사업이었다. 1981년 에이즈가 인류의 새로운 질병으로 선언되면서 WHO는 1986년부터 글로벌 에이즈 예방/통제 사업을 전개하였다. 1987년 글로벌 에이즈계획Global Programme on AIDS: GPA이 만들어지고 170개 국가들이 여기에 참여하였다. 에이즈 발견 초기에는 에이즈가 동성애자들 사이에서 주로 전염되는 것으로 여겨졌으나, 일반인들도 성교 등 여러 경로를 통해 전염될 수 있음이 밝혀지자 인류의 새로운 재앙으로 여겨지기 시작했다. 이에 따라 1980년대 말 유엔 차원에서 에이즈 예방/치료에 대한 대응이 논의되었고, 다른 유엔 전문기구들과 개별 국가 및 NGO들이 앞다투어 에이즈에 관한 대응에 나서기 시작하였다. 하지만 각각의 기관/기구가 독립적으로 전개한 에이즈 사업은 결과적으로 에이즈에 대한 일관적이고 체계적인 대응의 필요성을 높였다.

이에 따라 유엔은 1996년 유엔 에이즈 합동계획Joint Programme on HIV/AIDS,

---

42 천연두 퇴치계획 사업에 관한 보다 자세한 논의를 위해서는 F. Fenner, D.A. Henderson, I. Arita, Z. Jezek and I.D. Ladnyi, *Smallpox and Its Eradication* (Geneva: WHO, 1988)을 참조하라.

UNAIDS을 수립하고 기존의 GPA를 대체하기로 하였다. 하지만 WHO의 입장에서 이것은 에이즈에 관한 WHO의 독점적 기능을 분산하는 결과를 가져왔다. 왜냐하면 기존 GPA는 WHO의 사업이었던 반면, 이를 대체한 UNAIDS는 WHO뿐만 아니라 유네스코UNESCO, 유엔인구기금UNFPA, 유엔개발계획UNDP, 세계은행World Bank 등의 유엔전문기구들이 공동으로 주관하였기 때문이었다. 에이즈뿐만 아니라 그 밖의 다른 질병에 대해서도 정부 및 비정부기구가 만든 기관과 단체가 등장하여 독자적인 사업을 전개하면서 기금을 모금하였다. 이러한 상황은 보건과 질병에 관한 사업에서 WHO가 가졌던 주도적 지위가 약화될 수 있음을 의미하였다.

1990년대 말부터 시작된 이러한 변화는 WHO의 개혁이 필요하다는 인식을 가져왔다. 각종 질병과 전염병의 예방과 통제 및 퇴치 활동은 WHO 본연의 기능일 뿐만 아니라, WHO가 국제 보건 협력에서 주도적인 지위를 계속 유지하기 위해서라도 그 기능을 더욱 강화해야 한다는 자각이 만들어졌다. 특히 WHO가 계속해서 재정적인 후원을 받기 위해서는 당장 국가들과 시민들이 필요로 하는 질병의 예방, 통제, 퇴치사업에 더 많은 역량을 기울일 필요가 있었다. 천연두 퇴치와 같은 구체적인 성과를 계속해서 거두게 된다면 WHO에 대한 후원은 더욱 확대될 것이었다. 하지만 반대로 전세계적인 기대에도 불구하고 구체적인 성과를 거두지 못하고 실패한다면 WHO에 대한 비판 여론은 더욱 커질 수 있다는 위험성도 동시에 존재했다. 말라리아 퇴치사업에서와 같이 그동안 WHO가 시행해온 사업 가운데 실패한 것도 적지 않았다. 그럼에도 불구하고 보건의료 관련 분야에 대한 관심이 높아지고 후원금과 기금의 액수가 커지면서 국제기구 및 NGO 사이의 경쟁은 더욱 심해졌다.[43]

3) 기초보건의료 사업

WHO가 수립된 1948년부터 1960년대 말까지 WHO의 규모는 크게 확대

---

43 Lee and Fang(2013), pp.14-15.

되었다. 이러한 규모의 확대는 단순히 회원국의 수에서만 나타난 것이 아니라 사업과 재원의 측면에서도 나타났다. 회원국 수의 확대는 더불어서 WHO 내부에서 요구와 논의가 많아짐을 의미했고, 사업과 재원의 확대는 국가들의 이해관계가 서로 충돌하는 경우가 더욱 증가함을 의미했다. 1970년대 초 국제석유가의 갑작스런 인상으로 인한 오일쇼크와 금태환제를 기본으로 했던 브레튼우즈체제의 붕괴는 미국 주도의 세계경제에 심각한 충격을 가져왔고, 이는 미국식 발전 모델에 대한 깊은 회의감을 불러일으켰다. 그 결과 유엔에서는 비서구 개발도상국들의 미국 주도의 세계 경제를 비판하는 신국제경제질서New International Economic Order: NIEO가 총회에서 결의되었다.

이러한 국제환경의 변화는 WHO 내에서도 WHO가 그동안 전개해온 국제 보건의료 사업에 대한 문제 제기로 이어졌다. 많은 저개발 국가들은 그동안 WHO가 제공해온 보건의료 기술지원 사업들은 당장 그들에게 필요한 기초보건의료보다는 고급의료를 강조하였기 때문에 상대적으로 비용이 많이 들고 도시 중심적이며 기술집약적인 모델이었다고 비판하였다. 기존 사업들에 대한 비판적 분위기 속에서 1973년 사무총장으로 선출된 덴마크 출신 말러Halfdan Mahler 박사는 많은 나라에서 보건 서비스는 변화하는 인구구성에 양적으로나 질적으로 적합하지 못하며 심지어 더욱 악화되었다고 평가하면서, WHO가 도덕적으로나 제도적으로 전 세계 가난한 사람들의 건강을 위해 더 많은 관심을 가져야 한다고 주장했다.[44] 그의 주도로 1976년 WHO 총회에서 보건의료 기술협력과 서비스 제공에 대한 정규예산을 최소 60% 증액하여 할당하는 결의안이 채택되었다.

이러한 결정은 기존의 WHO 사업의 방향을 크게 전환시키는 것이었다. 그동안 WHO는 말라리아, 천연두 등 특정 질병에 초점을 맞추거나, 고급의료기술의 전파 및 교육, 도시 의료시설 건설 등에 많은 투자를 하였으나, 이러한 접근만으로는 지방의 빈민들에 대한 의료 혜택을 제공하기 어려웠

---

[44] Halfdan Mahler, "An International Health Conscience," *WHO Chronicle*, Vol. 28 (1974), pp. 207-11.

알마아타 선언

1978년 9월 구소련 카자흐스탄의 수도 알마아타에서 개최된 WHO-UNICEF 공동회의에서 채택된 기초보건의료(Primary Health Care) 선언으로서 모든 정부, 모든 보건 및 개발 종사자, 세계 공동체가 모든 사람의 건강을 보호하고 증진시키기 위한 신속한 행동이 필요함을 촉구하였다. 특히 WHO가 추구하는 '모든 사람에게 건강을' 목표를 실현하기 위해 거시경제적 불평등을 해소하기 위해 사회경제적 접근을 취할 것을 강조하였다. 그러나 이러한 접근은 지나치게 '포괄적'이기 때문에 오히려 비효율적이라는 비판이 제기되었고 미국 등 주요 선진국들은 심각한 문제를 야기하는 특정 질병에 대한 예방 및 치료에 집중해야 한다는 '선별적' 접근을 선호하였다.

다. 하지만 1976년의 결의 이후 보건의료 기술협력을 통한 기초보건의료 Primary Health Care: PHC를 강화함으로써 다수의 지역주민들에게 꼭 필요한 기본적인 보건의료 서비스를 더 많은 사람들에게 제공하는 사업을 확대하였다.45 그 결과 보건의료 환경이 열악한 지방과 오지에 의료시설을 만들고 식수, 관개, 위생 시설을 보급하며 기초 의약품을 보급하고 산모 및 어린이의 건강과 영양을 증진하는 다양한 사업들이 시행되었다.46 같은 맥락에서 WHO와 UNICEF는 공동으로 1978년 카자흐스탄 알마아타에서 기초보건의료 국제회의 International Conference on Primary Health Care를 개최하였고, 여기에 참가한 국가들은 기초보건의료를 시행하고 지속하기 위한 정책과 전략을 수립하는 것을 내용으로 하는 알마아타 선언 Declaration of Alma-Ata을 발표하였다.

저개발 국가들에서의 기초보건의료 확대를 위한 노력의 일환으로 WHO는 의약품과 식품을 제조하는 대규모 다국적기업들에 대한 철저한 감독을

---

45 기초보건의료(PHC)는 일차 보건의료라고도 불린다.
46 Lee and Fang(2003), pp.18-19.

수행하기로 하였다. 대표적인 사례가 영유아용 분유를 제조하는 네슬레$^{Nestl\acute{e}}$ 분유 사건이었다. 1970년대 네슬레는 아프리카 시장에 진출하기 위해 의사를 가장한 영업사원들을 아프리카 시골 마을에 파견하여 영유아 산모들에게 네슬레 분유가 모유보다 월등히 좋다고 거짓 설명하고 무료로 샘플을 살포하였다. 네슬레의 마케팅 전략에 속은 많은 산모들은 많은 비용을 들여 네슬레 상품을 구입하였으나, 서구 언어로 쓰인 사용방법을 알지 못하는 채로 소독되지 않은 젖병과 오염된 물로 분유를 아이들에게 타 먹여 많은 영유아들이 사망하는 사건이 발생했다. 그럼에도 불구하고 네슬레 분유가 모유보다 영유아에게 더 좋다는 거짓 광고에 속은 산모들은 모유 수유를 끊어 더 이상 모유 수유를 할 수 없게 되었으며, 영유아들은 네슬레 분유 맛에 길들여져 모유를 먹지 않는 현상이 빈번하게 나타났다. 이에 따라 1974년 WHO는 총회 결의를 통해 각국 정부가 영유아 식품 판매를 재검토하고 필요할 경우 식품광고를 제한하고 규제하는 등의 적절한 조치를 취하도록 하였다. WHO의 조치에 대응하여 네슬레 등 다국적 분유회사들이 로비를 벌여 자신들의 상업적 이익을 빼앗기지 않으려 하였으나, 1981년 WHO 총회에서 모유대체물 마케팅 국제기준$^{International\ Code\ of\ Marketing\ of\ Breast-milk\ Substitutes}$을 채택하였고,[47] 이에 따라 분유회사들이 산부인과에서 산모에게 무료 샘플을 제공하거나 의료진 복장과 유사한 가운을 입고 분유를 판매하는 마케팅 활동이 제한되었다.[48]

---

[47] 총회 표결에서 찬성 118표, 기권 3표, 반대 1표가 나왔으며, 미국은 유일한 반대 국가였다.

[48] 네슬레 분유 사건과 다국적 식품 기업에 대한 국제기준 마련에 대한 보다 자세한 설명을 위해서는 Kathryn Sikkink, "Codes of Conduct for Transnational Corporations: The Case of the WHO/UNICEF Code," *International Organization*, Vol. 40, No. 4(1986), pp.815-840을 참조하라.

2. WHO의 쟁점

1) 수평적(포괄적) 프로그램 vs. 수직적(선별적) 프로그램 논쟁

기초보건의료[PHC] 사례에서와 같이 1970년대부터 1980년대 초까지 WHO는 보건의료부문에서의 평등에 초점을 맞추어 2000년까지 "모든 사람의 건강[Health for All]"을 달성하고자 하였다. 하지만 1980년대 중반부터 이러한 접근에 변화가 이루어졌다. 이는 전술한 바와 같이 보건의료에 대한 정책을 '국가'중심적으로 접근하느냐 아니면 '시장'중심적으로 접근하느냐에 대한 이념적 견해 충돌에 기인한다.

1980년대 중반은 이른바 대처리즘[Thatcherism]과 레이거노믹스[Reaganomics]로 상징되는 시대였다. 2차 오일쇼크를 겪으면서 영국과 미국은 신자유주의 논리에 따라 효율성을 높이기 위해 공공부문의 민영화를 확대하는 정책을 도입하였다. 이는 보건분야에도 적용되어 그동안 정부가 담당하였던 보건복지와 보건서비스의 상당 부분이 민영화되어 시장 논리가 적용되기 시작했다. 미국 정부는 국제기구에 대해서도 같은 논리를 요구하여 그동안 국제 공공재로 간주되어 국제기구가 수행하였던 많은 사업들에 대한 재정적 지원을 더 이상 할 수 없다는 입장을 보였다. 심지어 미국의 입장에 대해 강력하게 비판적이었던 세계노동기구와 유네스코에서는 전격적으로 탈퇴하였으며, 많은 국제기구에 대한 재정지원을 대폭 줄였다.[49] 아울러 1980년대 이후 세계은행의 개발원조의 개념이 댐, 도로, 항만 등과 같은 사회기반시설을 제공하는 접근에서 벗어나 교육, 보건, 위생, 영양 등 인적자본에 대한 투자로 전환하고 여기에 신자유주의적 시장접근이 확대되었다. 따라서 보건개발에 대한 경제적 논리가 더욱 강조되었다.[50]

---

49 미국은 ILO로부터 1977년에 탈퇴하여 1980년에 재가입했으며, 유네스코로부터는 1984년에 탈퇴하여 2003년에 재가입했다. 미국의 유네스코 정책 변화에 대한 논의를 위해서는 조한승, "미국의 유네스코 정책의 전략적 함의: 정치체제론적 관점에서," 『국제정치연구』 11권 1호(2008), pp.43-62을 참조하라.

50 Kelly Lee, "Understandings of Global Health Governance: The Contested

이와 같은 환경 속에서 WHO의 기초보건의료 사업에 대한 서로 다른 접근이 경쟁을 벌였다. 알마아타 선언에 기초하여 다수 대중들에게 기초적이면서 꼭 필요한 보건의료를 제공하자는 이른바 '포괄적comprehensive' 접근은 총회에서 다수를 차지하는 개발도상국들의 지지를 받았지만, 1980년대 신자유주의적 시장 환경이 확대되는 상황에서 그러한 계획을 구체화할 수 있는 재정적 여력이 부족했다. 이러한 문제를 해결하기 위해 1970년대 말부터 WHO는 UNICEF와 함께 대안을 모색하였다. 그러한 노력의 결과 1980년 UNICEF는 GOBI-FFF Growth monitoring, Oral rehydration therapy, Breastfeeding, Immunization, Family planning, Female education, and Food supplementation 라 불리는 아동건강 증진 계획을 추진하였다. 이 계획에 대해 WHO는 원칙적으로는 UNICEF와 공동으로 사업을 추진하기로 하였지만 WHO의 입장에서 이러한 '선별적 selective' 접근은 '모두에게 건강을'이라는 WHO 본연의 취지에서 크게 벗어나는 것이었다.[51]

게다가 1990년대 이후 WHO 예산에서 자발적 기부금이 차지하는 비중이 더욱 커지면서 기부금을 제공한 국가 혹은 단체가 요구하는 사업을 보다 확대할 수밖에 없게 되었고, 재정적 후원을 지속적으로 받기 위해 후원자가 요청한 사업에 대한 가시적인 성과를 내야만 했다. 또한 1990년대 말부터 에이즈·결핵·말라리아 퇴치를 위한 글로벌 기금 GFATM, 세계백신면역연합 GAVI 등 다양한 보건의료관련 단체들이 생겨나고 빌&멜린다 게이츠 재단 Bill & Melinda Gates Foundation 과 같은 대규모 자선단체가 이들 새로운 보건의료 단체에 거액을 기부하면서 글로벌 보건 거버넌스 내에서 WHO의 주도적 지위는 더욱 위축되었다.[52]

landscape," in Adrian Kay and Owain D. Williams, eds., *The Crisis of Global Health Governance: Challenges, Institutions and Political Economy* (London: Palgrave Macmillan, 2009), pp.27-41.

51 Gill Walt, "WHO Under Stress: Implication for Health Policy," *Health Policy*, Vol.24, No.2(1993), pp.125-144. 한편 이 시기 WHO와 UNICEF 사이의 협력과 갈등 관계에 대한 설명을 위해서는 이 책의 제2장을 참조하라.

에이즈·결핵·말라리아 퇴치를 위한 글로벌 기금(Global Fund to fight AIDS, Tuberculosis and Malaria: GFATM)

2002년 유엔총회 결의를 바탕으로 수립되었다. 본부는 스위스 제네바에 있으며, 민간과 공공기관의 제휴를 통해 에이즈, 결핵, 말라리아 예방과 치료 활동을 지원하고 있다. 이 기구는 직접적인 의료보건 활동을 벌이기보다는 해당 질병의 예방, 치료를 위한 프로그램에 대한 재정적 지원을 담당하는 것을 주요 목적으로 한다. 2012년 현재 400명 이상의 사무국 직원이 각국 및 WHO, UNICEF 등 국제기구가 벌이는 관련 프로그램에 대한 지원 업무를 담당하고 있다. 마이크로소프트 설립자인 빌 게이츠(Bill Gates) 등 부호들이 기부금을 내어 초기 활동을 시작하였고, 이후 미국, 프랑스, 독일, 일본 등 선진국 정부와 자선단체 및 개인이 기금 모금에 동참하여 2013년 말 기준 에이즈 기금 160억 달러, 결핵 기금 80억 달러, 말라리아 기금 46억 달러, 보건체계강화 기금 7억6천만 달러를 모금하였다. 흔히 글로벌 기금(The Global Fund)으로도 불린다.

이러한 상황에서 기초보건의료에 대한 '포괄적' 접근과 '선별적' 접근 논쟁은 WHO 내에서 심각한 쟁점이 되었다. 기초보건의료의 원래 취지였던 대중성과 평등성을 옹호하는 사람들은 WHO 사업이 보건 체계에 초점을 맞추는 '수평적' 프로그램이어야 한다고 주장하였지만, 변화하는 환경 속에서 WHO의 역할 변화를 주장하는 입장은 에이즈와 같은 특정한 질병 및 보건 환경에 초점에 맞추어 접근하는 '수직적' 프로그램을 강조했다.

---

52 예를 들어, 빌&멜린다 게이츠 재단은 GFATM이 설립될 때 7억 5,000만 달러를 이 단체에 기부하였으며, 인도네시아의 타히르 재단(Tahir Foundation)을 설득하여 GFATM에 6억 5,000달러를 기부하도록 하였다. http://www.theglobalfund.org/en/mediacenter/newsreleases/2013-10-21_Tahir_Contributes_USD_65_Million_to_the_Global_Fund/(검색일: 2014.2.1). 한편 빌&멜린다 게이츠 재단은 GAVI 설립에도 7억5,000만 달러를 제공한 이후 2013년까지 GAVI에 총 25억 달러를 기부하였다. http://www.gavialliance.org/about/partners/bmgf/(검색일: 2014.2.1).

'수직적' 프로그램을 옹호하는 주장은 다음과 같이 정리된다. 첫째, 특정 질병에 대한 의료기술의 전문성을 높이고 비용을 절감하여 보다 나은 서비스를 제공할 수 있다. 둘째, 에이즈 등 신종 질병에 대한 처치와 서비스의 수준을 끌어올리고, 이들 질병의 치료법 개발을 위한 더 많은 재정적 후원을 기대할 수 있다. 셋째, 의료기술적 전문성을 높이고 예산지원을 확대하여 보다 투명하고 책임있는 보건 거버넌스를 기대할 수 있다. 넷째, 취약한 보건 시스템하에서도 특정 질병에 대한 보다 신속한 결과를 거둘 수 있다. 다섯째, 일부 취약한 국가에서도 해당 국가에 가장 필요한 보건진료를 집중적으로 제공하여 보건환경 개선을 크게 향상시킬 수 있다.[53]

반면 '수직적' 프로그램을 반대하는 입장은 다음과 같다. 첫째, 수직적 프로그램은 시장성이 높은 가치 주도적value driven 보건의료 서비스로서 지역주민들에게 일방적으로 혹은 하향식top-down 방식으로 시행되기 때문에 지역의 보건서비스의 수요를 충족시키기 어렵다.[54] 둘째, 수직적 프로그램은 여기에 참여하지 않는 사람들이나 이 프로그램이 목표로 하는 질병이 아닌 질병을 가진 사람들에 대해서는 부적절한 보건의료 서비스를 제공하여 부작용을 초래할 수 있다.[55] 셋째, 특정 질병에 대한 수직적 프로그램은 외부의 후원에 지나치게 의존하기 때문에 후원이 중단되거나 줄어들 경우 지속성을 보장하기 어렵다.[56] 넷째, 수직적 프로그램은 여러 이익단체가 관련되어 사적 이익을 우선시하고 공공재로서의 글로벌 보건 서비스로의 개혁을 거부할

53 Rifat A. Atun, Sara Bennett and Antonio Buran, *When Do Vertical(Stand-alone) Programmes Have a Place in Health Systems?*(Copenhagen, Denmark: WHO Regional Office for European, 2008), pp.6-7.

54 D.M. Eddy, "What Care Is Essential? What Services Are Basic?" *Journal of the American Medical Association*, Vol.265(1991), pp.786-788.

55 Thomas McKeown, *Role of Medicine: Dream Mirage or Nemesis?*(Oxford: Blackwell, 1979).

56 Theodore M. Brown, Marcos Mueto, Elizabeth Fee, "The World Health Organization and the Transition from "International" to "Global" Public Health," *American Journal of Public Health*, Vol.96, No.1(2006), pp.62-72.

가능성이 있다.[57] 다섯째, 수직적 프로그램은 기초보건의료가 추구하는 보건의 사회적 평등과 무차별성을 저해할 수 있으며, 따라서 보건의 국제개발에 부정적 영향을 미칠 수 있다.[58] 끝으로 수직적 프로그램은 기본적으로 국제적 주목을 받는 특정 질병에 초점을 맞추기 때문에 특히 저개발 국가에서 수요자 중심의 보건의료 서비스를 제공하기 어려우며, 취약 계층 수요자에 대한 지속적 진료를 보장하기 어렵다.[59]

2000년대 이후 수평적 접근과 수직적 접근에 대한 논의는 양측 논리의 결합을 모색하는 방향으로 발전했다. 이른바 '대각선' 접근으로 불리는 새로운 주장은 세계 규모에서 낙후된 보건체계를 개선하고, 이를 통해 특정 질병 처치에 대한 보다 가시적인 성과를 얻을 수 있다는 내용이다.[60] 대각선 접근을 주장하는 사람들은 이를 통해 에이즈, 당뇨, 심혈관 질환 등 다양한 만성질환을 처치하는 데 시너지 효과를 거둘 수 있다고 설명한다. 각각의 질병을 분리하여 접근하는 것보다는 상호 연관되는 질병의 예방, 통제, 치료, 연구, 교육을 통합 관리함으로써 시너지 효과를 높이고 재원의 중복 투자를 줄이며 효율성을 높일 수 있다는 것이다. 하지만 이러한 시너지 효과를 거두기 위해서는 기금 운용의 흐름, 보건관료체계, 의료진 교육 등에 있어서의 혁신이 이루어져야 하며, 무엇보다 후원금·기금 제공자의 이해관계가 우선시되는 기존 관행이 극복되어야 하는데, 이는 결코 쉬운 일이 아니다.[61]

57 Atun et al.(2008), p.7.

58 K. Sen, M. Koivusalo, "Health Care Reforms in Developing Countries," *International Journal of Health Planning and Management*, Vol.13, No.3(1998), pp.199-215.

59 Atun et al.(2008), p.8.

60 Gorik Ooms, Wim Van Damme, Brook K. Baker, Paul Zeitz, and Ted Schrecker, "The 'Diagonal' Approach to Global Fund Financing: A Cure for the Broader Malaise of Health System?" *Globalization and Health*, Vol.4. No.6(2008), pp.1-7.

61 Simon Lewin, John N. Lavis, Andrew D. Oxman, Gabriel Bastías, Mickey Chopra, Agustín Ciapponi, Signe Flottorp, Sebastian García Martí, Tomas Pantoja, Gabriel Rada, Nathan Souza, Shaun Treweek, Charles S. Wiysonge, Andy Haines, "Supporting the Delivery of Cost-effective Interventions in Primary Health-Care

2) 재정위기와 WHO 개혁

위와 같은 논란을 거치면서 WHO는 변화하는 환경에 적응하고 여러 행위자들과의 새로운 파트너십을 형성하기 위한 노력을 벌여야 했다. 하지만 이러한 노력을 성공시키기 위해 필요한 충분한 재정적 기반을 갖추지 못했다. 무엇보다도 1980년대 유엔의 재정 개혁이 실패하고 각국의 국내경제 여건이 악화됨에 따라 WHO도 정규예산기금[RBF]을 늘릴 수 없었다.[62] 이와 더불어 WHO를 포함한 여러 유엔 전문기구의 핵심 지원국가인 미국이 지불해야 할 분담금을 지불 연기하거나 중단함에 따라 심각한 재정위기가 발생했다. 1985년 미의회에서 유엔분담금 지출축소에 관한 캐서바움[Kassebaum] 수정안이 통과된 이후 유엔과 유엔전문기구에 대한 미국의 지원이 크게 줄어들었다. 미국뿐만 아니라 다른 나라들도 분담금 납부를 연체하는 경우가 빈번하게 증가하여 WHO 전체 회원국의 실제 분담금 납부실적은 책정된 예산의 90%를 넘는 경우가 드물었다.[63] WHO 재정에서 예산외 기금[EBF]이 차지하는 비중이 증가하는 것도 WHO 재정위기를 가속시켰다. EBF는 일부 선진국의 자발적 기부로 구성되며 이들 국가들은 자국이 선호하는 특정 프로그램에 기금이 사용될 것을 요구하고, 그러한 프로그램 대부분은 수직적 프로그램이다. 1992~93년에 10개 국가가 전체 EBF의 89%를 제공하였으며, 이러한 기금은 WHO 총회에서의 '1국가 1표' 원칙과 무관하게 사용될 수 있었다.[64] 이러한 재정위기는 결과적으로 글로벌 보건 거버넌스에서

Systems in Low-income and Middle-income Countries: An Overview of Systematic Reviews," *Lancet*, Vol.372, Iss. 9642(2008), pp.928-939.

62 시기별 유엔 개혁의 쟁점과 내용에 대해서는 조한승, "유엔 개혁의 주요 쟁점과 도전과제," 박흥순·조한승·정우탁 엮음, 『유엔과 세계평화』(서울: 도서출판 오름, 2013), pp.261-313을 참조하라.

63 예를 들어, 2012년도 분담금 납부실적은 87%로서 196개 회원국 및 준회원국 가운데 131개국이 분담금 전체 혹은 일부를 납부했다. 66차 세계보건총회(World Health Assembly) 문서 A66/30(Status of collection of assessed contributions, including Member States in arrears in the payment of their contributions to an extent that would justify invoking Article 7 of the Constitution), 5 April, 2013.

64 Lee and Fang(2013), pp.25-26.

WHO의 주도적 지위를 약화시켰으며, WHO의 효율성을 제고하기 위한 개혁의 필요성을 높였다.

재정문제뿐만 아니라 WHO의 운영에 대한 비판도 개혁의 논의를 가속화했다. 기구의 리더십과 운영에 대해 일부 회원국들은 지속적으로 문제를 제기했다. 실제로 1993년 나카지마 히로시(中島宏) 사무총장의 재선 과정에서 그가 공금을 유용하여 매표행위를 했으며, 불투명하게 업무를 처리하여 특정 국가 혹은 기업에 편의를 제공하였고, 사무총장의 인사권을 남용하여 직원들에게 공정하게 기회를 제공하지 않았다는 등의 의혹이 불거졌다.[65] 비록 그는 재선에 성공했지만 WHO 내에서 리더십에 대한 문제는 임기 내내 그를 괴롭혔다.

개혁에 대한 요구는 세계보건협력체제 내의 여러 행위자들이 증가하면서 더욱 커졌다. 1990년대 이후 보건 이슈에 관심을 갖고 사업을 벌이는 국제기구 및 단체가 급증하였다. 유엔체제 내에서도 세계은행, UNICEF, UNDP, FAO, WFP 등 여러 기구들이 보건관련 사업을 확대하였고, 유럽연합 등 지역단위의 기구들과 국가 간 쌍무적 보건 프로그램도 발전하였으며, 수많은 NGO들이 보건사업에 뛰어들었다. 이들 행위자를 포괄할 수 있는 종합적 전략이 부재한 상태에서 중구난방 사업이 이루어지면서 활동이 중첩되거나 충돌하는 일이 빈번하게 발생하였고, 그만큼 비용이 증가하여 효율성이 저하되었다. 이들 행위자들은 대부분 국가 혹은 기업 및 자선단체의 후원금에 의존하여 사업을 벌였기 때문에 행위자들 사이의 기금모금 경쟁도 치열하게 전개되었다.[66]

또한 경제개발과 금융안정을 추구하는 세계은행과 IMF의 영향력이 커지면서 자연스럽게 이들 기구가 가진 시장지향적 성격이 이들 기구의 경제지원 내용에 포함됨으로써 저개발 국가들의 보건정책 수립에 수직적(선별적)

---

65 Fiona Godlee, "WHO in Crisis," *BMJ* (British Medical Journal), Vol.309(November 26, 1994), pp.1424-28.

66 Nitsan Chorev, *The World Health Organization between North and South* (Ithaca and London: Cornell University Press, 2012), pp.147-159.

접근이 강조된 것도 WHO와 갈등을 빚었다.[67] 이러한 문제점들은 WHO를 포함한 글로벌 보건 거버넌스 전반에 대한 개혁 주장을 불러일으켰다.

WHO 변화의 필요성은 국제적인 정치·경제·사회적 변화로부터도 기인한다. 냉전이 종식되면서 무력분쟁의 양상이 변화했다. 기존의 국가 간 전쟁은 줄어든 반면, 국가 내부에서의 무력충돌이 크게 증가했다. 이념의 시대가 끝난 대신 그 빈 자리를 민족, 종교, 문화 등 새로운 이슈들이 채우게 되었고 이는 새로운 집단적 정체성을 만들었다. 서로 다른 정체성을 가진 집단들 사이의 경쟁은 결국 내전이라는 극단적 결과를 초래하였고, 세계 여러 지역에서 내전이 발생하여 수많은 사상자와 난민이 발생했다. 문제는 오랜 내전으로 주민들의 안전과 건강을 책임지는 정부가 붕괴하거나 기능을 상실함으로써 심각한 보건위기를 초래한다는 점이다. 국가의 보건체계가 파괴되고 식량과 식수의 공급이 제한되며 부상자와 감염자에 대한 처치가 마비되는 경우가 속출하였음에도 불구하고 WHO의 역할은 만족스럽지 못했다.[68]

이러한 개혁의 필요성에 대해 1992년 WHO 이사회[EB]는 글로벌 변화에 대한 WHO 실무그룹Working Group on the WHO Response to Global Change을 편성하고 "전 세계에서 이루어지는 근본적인 정치적·사회적 경제적 변화"에 WHO가 어떻게 대응해야 하는지에 관한 연구를 맡겼다.[69] 한편 WHO의 개혁에 대한 논의는 WHO 바깥에서도 논의되었다. 보건의학계 연구자들은 저명한 영국의학저널British Medical Journal: BMJ 등에서 WHO 개혁을 논의했고, 록펠러재단과 같이 보건사업을 벌이는 대규모 자선단체들도 WHO 개혁에 관한 회의를 개최하였으며, 이러한 외부의 논의들도 실무그룹의 보고서에 포함되었다.[70] 1993년 WHO 총회에서 채택된 실무그룹의 보고서는 1996년까지

67 Jennifer Prah Ruger, "Global Health Governance and the World Bank," *Lancet*, Vol.370, No.9597(2007), pp.1471-1474; Anne-Emanuelle Birn and Klaudia Dmitrienko, "The World Bank: Global Health or Global Harm?" *American Journal of Public Health*, Vol.95, No.7(2005), pp.1091-1092.

68 Lee and Fang(2003), pp.27-28.

69 WHO Executive Board, Resolution EB89/19(January 1989).

3단계의 개혁을 수행할 것을 권고하였다. 이에 따라 WHO 본부와 각 지역 사무소 직원들로 구성된 6개의 팀이 만들어져 신속하고 효율적으로 정책 및 임무를 수행하기 위한 관리방식을 개발하고, 재정문제 해결을 위한 계획을 수립하며, 정보체계를 개선하고, 홍보활동을 강화하며, WHO 국가사무소의 역할을 분명히 하고, 직원인사에 대한 정책을 발전시키는 임무를 맡았다.[71]

우선 WHO는 보다 수요자 친화적이고 전략적인 예산을 수립하고자 노력했다. 이를 위해 나카지마 사무총장의 주도로 WHO가 추구하는 '모든 사람의 건강Health for All' 전략의 재편성이 이루어졌다. 즉, 보건개발을 국제적인 아젠다로 설정하는 한편, 개별 국가들로 하여금 자국이 직면하고 있는 심각한 보건 문제에 더욱 적극적으로 대응할 것을 요구하였다. 이를 위해서 각국의 보건당국, 기술전문가, 정치인, NGO, 경영계, 노동계, 종교계, 일반인 등의 광범위한 의견을 수렴하여 새로운 글로벌 보건정책을 개발하고자 했다. 일부 국가들은 WHO 개혁에 대단히 적극적이었다.

1994년 영국, 호주, 노르웨이 등은 WHO의 개혁을 위한 연구를 후원하여 「오슬로 1Oslo I」이라 불리는 연구보고서를 발표했다. 이 보고서는 WHO가 전략적 지향점이 취약하다고 평가하고 전반적인 프로그램을 보다 일관적이고 전략적인 방향으로 재설정할 것을 권고했다. 이를 위해서는 WHO가 글로벌 보건 의제를 설정하는 데 주도적이어야 하며, 후원 국가들은 특정 용도로만 후원금을 쓸 수 있도록 제한하지 않아야 한다는 의견을 제시했다.[72] 뒤이어 캐나다, 이탈리아, 스웨덴 등이 이 연구에 동참하여 「오슬로 2Oslo II」

70 Chorev(2012), p.163.

71 WHO Executive Board, Doc. EB90/4, "Report of the Preparatory Group"(May 18, 1992).

72 J. Patrick Vaughan, Sigrun Mogedal, Stein-Erik Kruse, Kelly Lee, Gill Walt and Koen de Wilde, *Cooperation for Health Development: Extrabudgetary Funds in the World Health Organisation* (Oslo: Governments of Australia, Norway, and the United Kingdom, 1995).

보고서가 발간되었다. 이 보고서는 WHO 활동에 대한 논의를 기존의 규범적 활동과 기술적 활동으로 구분하는 것을 초월하여 WHO의 핵심 기능을 어떻게 수행할 것인가에 대한 논의로 옮겨가야 한다고 주장하는 한편, 개별 국가 단위에서의 활동과의 연계를 강조하였다.[73]

WHO 안팎에서 제시된 개혁안들에 대한 반응은 국가들마다 서로 달랐다. 예를 들어 1995년도 WHO 총회에서 일본은 WHO 본부와 지역사무소 사이의 보다 밀접한 협력관계를 촉진하고 보다 효과적인 상호작용을 이루기 위한 위원회를 구성하는 등 가시적인 조치를 이룰 것을 강조했다. 하지만 같은 자리에서 스웨덴은 개혁을 이루기 위해서는 WHO의 임무와 우선순위와 같은 근본적인 문제에 대한 논의가 선행되어야 하며, 이러한 논의가 없는 개혁은 실패할 수 있다고 주장했다.[74] 또한 WHO 개혁을 위한 조치들이 총회와 이사회와 같은 집행기구가 아닌 사무총장 중심의 사무국의 주도로 이루어지는 것에 대한 우려도 있었다.[75]

1998년 사무총장으로 선출된 노르웨이 출신의 할렘 브룬트란트[Harlem Brundtland]는 "수평적 구조, 커뮤니케이션, 투명성"을 추구하며 개혁을 주도했다. 그녀는 WHO의 여러 가지 사업들을 9개의 단위[cluster]로 분류하여 각각의 우선순위를 설정함으로써 효율성을 높이고 투명성을 제고했다. 아울러 인사문제에 있어서도 역할과 책임을 명확하게 규정하고, 직원의 관료화를 막기 위해 조직간 협력문화를 강조했다. 또한 업무수행 감시체계를 확립하고 성과기반 관리체계를 도입했다. 그녀의 재임기간 중 "시너지"와 "일관성"과 같은 용어가 특히 자주 사용되었으며, 전반적으로 WHO의 관리 및 조직체계가 발전하는 계기를 만들었다. 그녀의 재임기간 중인 2000년에 유엔에

---

73 Adetocunbo Lucas, Sigrun Mogedal, Gill Walt, Sissel Hodne Steen, Stein-Erik Kruse, Kelly Lee and Laura Hawken, *Cooperation for Health Development: The World Health Organisation's Support to Programmes at Country Level* (London: Governments of Australia, Canada, Italy, Norway, Sweden, and UK, 1997).

74 WHA, Doc. A48/VR/4(May 2, 1995).

75 Lee and Fang(2013), p.30.

서 합의된 새천년개발계획Millenium Development Goals: MDGs의 8가지 목표 가운데 3가지가 보건에 관련되고, 48개 지표 가운데 18개가 보건과 직접 관련된 것이었다. 이처럼 유엔 등 글로벌 거버넌스에서 보건 이슈가 주목받게 된 것은 브룬트란트 사무총장의 정치력과 리더십의 결과였다는 평가를 가져왔다.[76]

2003에 사무총장으로 선출된 한국의 이종욱 박사의 재임기간과 그의 갑작스런 사망으로 2007년에 사무총장으로 선출된 중국의 마가렛 찬Margaret Chan의 재임기간에도 WHO의 개혁은 지속되었다. 2002년 사스SARS가 창궐하자 백신 전문가인 이종욱 사무총장은 즉각적으로 WHO가 중심이 되어 사태를 해결하는 모습을 보여줌으로써 세계보건협력에서 WHO의 위상을 다시 중심에 세울 수 있었다. 마가렛 찬 사무총장 역시 WHO 개혁을 추진하였으나 신규 사업을 벌이기보다는 허리띠를 졸라 재정문제를 해결하는 접근을 선택했다. 2011년 그녀는 WHO의 예산에서 3억 달러를 줄이고 300명의 직원을 해직하였다. 그동안 WHO는 재정문제 해결을 위해 다국적 제약회사와의 제휴를 확대하여왔지만, 결과적으로 WHO가 민간기업의 손에 휘둘린다는 비판을 초래하였다. 이에 마가렛 찬 사무총장은 시민사회와의 연계를 강화하여 WHO가 글로벌 보건협력의 중심 역할을 되찾기 위한 노력을 벌였다.[77]

---

[76] Lee and Fang(2013), pp.31-32.
[77] Lee and Fang(2013), pp.33-34.

IV. 글로벌 보건 거버넌스와 한국

1. 글로벌 보건 거버넌스

글로벌리제이션 시대의 다양한 행위자의 이해관계 네트워크 속에서 보건 이슈는 다른 이슈들과 상호의존적으로 연결된다. 오늘날 보건 정책의 수립과 시행은 단순히 의료, 약품, 질병예방과 대응 등 전통적인 보건 분야에만 국한되지 않는다. 예를 들어 말라리아를 포함하여 각종 전염성 질병의 예방과 치료를 위해 사용되는 약품과 의료처치 가운데 상당 부분은 병사들의 전투력과 생존율을 높이기 위한 군의 요구에 따라 만들어진 것이다.[78] 글로벌리제이션의 도래 이후 유엔을 포함한 많은 국제기구의 역할과 기능은 보다 포괄적인 글로벌 거버넌스의 범주 내에서 논의된다.[79] 오늘날 세계보건 협력을 위한 WHO의 역할과 기능도 글로벌 보건 거버넌스와 매우 밀접하게 연결되어 있다.

글로벌 보건 거버넌스Global Health Governance란 "국가의 경계를 넘어 발생하는 보건관련 문제를 보다 효과적으로 다룰 수 있도록 국가, 정부간기구, 단체, 비정부 행위자 등이 사용하는 공식적 혹은 비공식적인 일련의 제도, 규칙, 과정을 의미한다."[80] 보다 구체적으로, 글로벌 보건 거버넌스는 국경선을 초월하여 질병의 발생과 확산을 차단하고 예방하며 주민들의 건강을 증진시키기 위한 여러 가지 정책을 개발 및 관리하는 기능을 수행하는 동시

---

[78] Christian F. Ockenhouse, Alan Magill, Dale Smith, Wil Milhous, "History of U.S. Military Contributions to the Study of Malaria," *Military Medicine*, Vol.170, No.4:12(2005), pp.12-16.

[79] 세계화 시대의 도래 이후 글로벌 거버넌스와 국제기구 사이의 상호관계에 대한 전반적인 이해를 위해서는 최동주·조동준·징우탁 엮음, 『국제기구의 과거·현재·미래』(서울: 도서출판 오름, 2013)을 참고하라.

[80] David P. Fidler, *The Challenges of Global Health Governance*, Council on Foreign Relations working paper (New York, May 2010), p.3.

에, 보건에 관한 기준과 지침을 설정하며 여러 가지 보건관련 자료들을 비교, 연구, 분석하는 글로벌 공공재 산출의 기능을 가진다. 아울러 글로벌 보건 거버넌스는 의료보건 분야에서의 기술협력과 기금조성 및 저개발국 주민들에 대한 보건지원 등의 보건에 관한 개발협력을 촉진하는 기능을 수행하며, 보건에 관한 다양한 행위자 사이의 상호작용을 위한 규칙과 우선순위를 설정하는 토론과 합의의 장을 제공하는 기능도 포함한다.

다시 말해, 글로벌 보건 거버넌스는 글로벌 보건 정책에 영향을 미치는 일련의 행위자들이 상호작용하는 복합적인 체계이며, 글로벌 보건 정책의 영역은 단순히 보건 분야에만 국한되는 것이 아니라, 환경, 안보, 이주, 무역 및 투자, 농업, 교육 등 다양한 정책 영역과도 연계되어 있다.[81]

<그림 3> 글로벌 보건 거버넌스

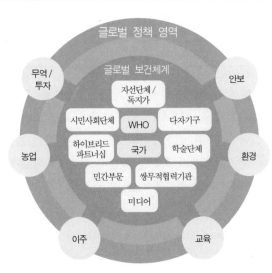

출처: An Interactive Graphic Depicting the Global Health System, *New England Journal of Medicine*, http://www.nejm.org/doi/full/10.1056/NEJMra1109339(검색일: 2014.1.30)

---

81 조한승, "글로벌 보건 거버넌스의 역할과 도전: 정치적 쟁점 사례를 중심으로," 『평화학연구』 15권 4호(2014), pp.7-34.

〈그림 3〉과 같이 글로벌 보건 거버넌스를 작동시키는 체계에는 다양한 행위자가 포함된다.[82] 세계화 시대에 국가의 기능과 역할이 상대적으로 축소되었다는 지적에도 불구하고 여전히 국가(혹은 정부)는 글로벌 보건 거버넌스에서 가장 핵심적인 행위자이다. 국가는 자국 시민들의 공중보건과 위생에 대해 1차적인 책임을 지며 가장 중요한 결정을 내린다. 대부분의 국가에는 보건을 담당하는 행정부서가 있으며, 이러한 글로벌 보건 거버넌스에서 각국의 보건 담당 부서는 국제보건체계와 쌍무적 혹은 다자적으로 연계되어 세계보건협력을 수행한다. 국제적인 보건 문제에 대해 국가들이 대응하는 방법은 다양하지만, 거의 대부분의 국가는 WHO와 정책적인 협력관계를 맺고 있다.

전술한 바와 같이 WHO는 대부분의 주권국가를 회원국으로 가지고 있는 보편적 회원제universal membership 국제기구이므로 글로벌 보건체계 내에서 중심적 위치를 차지한다. 보건관련 국제기능기구로서 WHO는 각국의 보건부, 보건 관련 NGO, 보건의학 전문가 단체, 제약업계 등과의 네트워크를 통해 글로벌 보건 거버넌스를 주도하는 역할을 수행한다. 하지만 WHO뿐만 아니라 UNICEF, 세계은행 등과 같은 여러 유엔전문기구들과 지역단위의 다자기구들도 글로벌 보건 거버넌스에서 중요한 역할과 기능을 수행한다. 그 밖에도 보건 문제에 관심을 가지고 적극적으로 행동하는 시민사회단체, 거대 제약회사와 같은 보건관련 다국적기업, 보건의료 전문지식을 가진 학자들의 학술단체 등도 글로벌 보건 거버넌스의 행위자들이다.[83]

최근에는 세계백신면역연합GAVI Allaince, 국제의약품구매기구UNITAID, 에이즈·결핵·말라리아 퇴치를 위한 글로벌 기금Global Fund to Fight AIDS, Tuberculosis,

---

82 여기서는 Julio Frenk and Suerie Moon, "Governance Challenges in Global Health," *New England Journal of Medicine*, Vol.368, No.10(2013), pp.936-942에서 사용된 글로벌 보건 거버넌스 행위자 분류를 따르기로 한다.

83 2013년 현재 WHO와 관련을 맺고 있는 NGO는 187개로 집계되었다. WHO 홈페이시, http://www.who.int/civilsociety/relations/NGOs-in-Official-Relations-with-WHO.pdf?ua=1(검색일: 2014.2.21).

_{and Malaria} 등과 같이 각국 정부와 국제기구, 민간단체, 제약회사, 자선기금 등이 공동으로 참여하는 복합적 파트너십의 영향력이 커지고 있다.[84] 현재 글로벌 보건협력을 위해 활동하는 행위자는 26개 유엔 기구와 20여 개의 글로벌 혹은 지역 단위의 기금, 90여 개의 글로벌 보건 계획^{initiatives}, 그리고 40여 개의 자선단체 등이 있는 것으로 알려져 있다.[85]

글로벌 보건체계 내에서 이처럼 다양한 행위자들의 활동은 안보, 환경, 교육, 이주, 농업, 통상 등 다양한 정책 영역과 상호 영향을 주고받는다.[86] 예를 들어, 20세기 후반 이후 국제적 보건 문제가 된 에이즈의 경우 대부분 성교행위를 통해 감염되는데, 글로벌 이주와 여행이 활발해지면서 에이즈의 전파도 함께 확대되고 있다. 특히 국제적인 인신매매와 성매매에 관련된 정책은 단순히 국제이주에 관한 것에 그치는 것이 아니라 세계적인 에이즈 확산에도 영향을 미친다. 또한 클린턴 재단^{William J. Clinton Foundation}의 에이즈 이니셔티브^{HIV/AIDS Initiative} 프로그램은 에이즈 치료제인 삼중조합 항레트로바이러스^{triple combination antiretroviral}를 생산하는 대규모 제약회사와 협정을 체결하여 에이즈 치료제의 가격을 낮추어 아프리카 저개발 국가들이 보다 저렴하게 에이즈 치료약을 주민들에게 보급할 수 있도록 만드는 정책을 개발하였다. 또한 1994년 WHO 회원국들은 강제실시권을 인정하는 무역관련 지적재산권에 관한 협정^{TRIPS}을 비준하여 에이즈 치료를 위한 복제약품생산에 대한 특허권 보호 면제를 제한적으로 인정하도록 만들었다.[87] 이러한 사례들은 글로벌 보건 거버넌스에는 국가, 민간단체, 기업, 저명인사 등 다양한 행위자가 서로 상호작용하며, 그들의 행위는 이주, 무역, 안보 등 다양한

---

84 Frenk와 Moon은 이러한 복합적 파트너십을 하이브리드 파트너십(hybrid Partner-ship)으로 표현했다. Frenk and Moon(2013), p.937.

85 Karen McColl, "Europe told to Deliver More Aid for Health," *Lancet*, Vol.371, Iss. 9630(21 June 2008), pp.2072-73.

86 글로벌 보건 행위자 사이의 이익과 가치에 따른 정치적 상호관계의 사례 분석을 위해서는 조한승(2014)을 참조하라.

87 페인(Richard J. Payne), 조한승 역, 『글로벌 이슈』(*Global Issues*, 4th ed. 2013)(서울: 시그마프레스, 2013), pp, 353-358.

강제실시권(compulsory licensing)

세계무역기구(WTO)의 무역관련 지적재산권에 관한 협정(TRIPS)의 제 31조에 명시된 권한으로서 특허권의 남용으로 인한 공공 피해를 막기 위해 지적재산권자의 허락 없이 국가가 강제로 특허를 사용할 수 있도록 하는 수단이다. 이에 따라 국가는 비상사태나 국방상 위급한 상황, 또는 공공의 비영리적인 목적을 위해 강제실시권을 행사할 수 있다. 에이즈 등 질병의 확산에 직면한 일부 국가에서 거대 다국적 제약회사의 배타적 특허권에 따른 치료약 보급 차질을 막기 위해 강제실시권을 발동하여 저렴하게 복제약품을 보급하는 것이 가능하다. 실제로 태국과 남아프리카공화국은 강제실시권을 발동하여 에이즈 치료약을 저렴하게 제조하여 보급하였다. 그러나 신약개발에 투자되는 비용과 노력에 대한 보상을 외면할 수 있기 때문에 결과적으로 더 나은 의약품 개발의 동기를 꺾을 수 있다는 비판도 적지 않다. 또한 강제실시권에 대응하여 거대 제약회사들은 지적재산권 보호를 보다 강화하는 내용의 TRIPS-plus를 관철시키기 위해 WTO에 로비를 벌이고 각국 정부에 압력을 가하고 있다.

분야에서 복합적으로 이루어짐을 잘 보여준다.

글로벌 보건 거버넌스의 기능과 역할, 그리고 그 중요성이 커지고 있음에도 불구하고 글로벌 보건 거버넌스가 항상 원활하고 바람직스럽게 작동하는 것은 아니다. 그것의 효과, 행위자 간 상호관계, 효율적 운영, 정책결정과정에서의 정당성과 투명성 등에서 비판이 제기되고 있다. 특히 글로벌 체계의 구조적 특징에 따른 한계를 무시할 수 없다. 특히 비국가 행위자와 국가주권 사이의 충돌, 보건 이외의 다양한 정책과의 상호 작용에 따른 우선순위 설정에서의 불협화음, 비공식적 관계를 포함하면서 발생하는 정책의 신뢰성 문제 등이 논란거리이다.[88]

주권문제는 보건을 포함한 거의 모든 분야에서의 글로벌 거버넌스가 직

---

88 Frank and Moon(2013), p.939.

면하고 있는 고민거리이다. 비록 글로벌리제이션이 빠른 속도로 진행되고 있다고 하더라도 세계정부가 부재한 상황에서 여전히 국가는 가장 강력한 영향력을 발휘하고 있다.[89] 갑작스런 대규모 전염병이 국경선을 넘어 발병하는 경우 국가 간 협조와 정책 조율은 필수적이지만 여러 가지 이유로 국가가 협조 혹은 참여를 거부하는 경우가 종종 발생한다. 앞에서 설명한 바와 같이 2002년 사스SARS가 중국 남부를 중심으로 확산되었을 때 중국 정부가 주권문제를 이유로 WHO의 세계유행경보 및 대응네트워크에 대만을 포함시키기를 거부함으로써 사태를 악화시켰던 사례는 글로벌 보건 거버넌스에 미치는 국가 주권의 영향력을 잘 보여준다.

정책 영역들 사이의 충돌 역시 문제가 된다. 글로벌리제이션으로 정책 영역간 상호의존이 심화되면서 다양한 영역에서 활동하는 행위자들의 합의를 이끌어내는 것이 더욱 어려워지고 있다. 전술한 바와 같이 보다 빨리 에이즈 치료제를 저렴하게 보급하고 복제약을 제조할 수 있었다면 오늘날과 같은 에이즈의 대규모 확산을 막을 수 있었을지 모른다. 하지만 무역 부문에서의 특허권 보호 원칙을 부분적으로 제한할 수 있다는 합의가 만들어지기까지 많은 시간이 소요되었다.

글로벌 보건 거버넌스에 다양한 행위자가 포함되면서 이른바 "조직화되지 못한 다원주의unstructured plurality" 현상이 만들어졌다.[90] 조직화가 어려운 이유를 프렝크Julio Frenk와 문수리Suerie Moon는 두 가지 측면에서 설명한다. 하나는 비국가 행위자의 참여와 역할이 확대되는 반면, 국제 보건 거버넌스 내에서 WHO 등 정부간기구IGO의 정당성legitimacy은 확고하지 못하다는 점이다. 정부간기구인 WHO는 국가의 정부와 관계를 맺을 뿐 주민들의 의사와 요구를 수용하기 어렵다. 특히 비민주 국가의 주민들의 보건 및 인권에

---

89 James Ricci, "Global Health Governance and the State: Premature Claims of a Post-International Framework," *Global Health Governance*, Vol.3, No.1(Fall 2009).

90 David P. Fidler, "Architecture amidst Anarchy: Global Health's Quest for Governance," *Global Health Governance*, Vol.1, No.1(2007).

관한 요구와 수요가 무시되거나 심지어 그들에게 해를 끼치는 정책을 만들기도 한다. 다른 하나는 비국가 행위자의 증가에 따른 책임accountability의 불투명성이다. 정부간기구와 국가와의 관계는 공식적이며 명확한 데 비해 기업, 시민사회단체, 각종 재단, 언론 등 비국가 행위자들은 각자 자신들의 관점과 이익에서 보건관련 이슈를 해석하고 대안을 제시하고자 한다. 따라서 이들 사이의 의견조율이 대단히 어려우며 글로벌 보건 거버넌스의 효율성을 저해하는 경우도 적지 않다.[91]

이러한 문제점들에도 불구하고 세계보건협력에서 글로벌 보건 거버넌스의 역할은 더욱 확대되고 있으며, 그 중요성이 커지고 있다. 글로벌 차원에서 보건 및 질병에 대한 관심은 계속 높아지고 있으며 더 많은 성과들이 이루어지고 있다. 대만의 WHO 옵서버 자격 획득, 에이즈 치료제 복제약품의 제조, 각종 자선단체와 의료보건단체의 후원과 참여 확대, 신종 전염병에 대한 신속한 대응, (암, 당뇨, 비만 등) 비전염성 질환NCDs에 대한 인식 제고 등은 모두 글로벌 보건 거버넌스의 발전의 성과들이다. 이에 따라 누구를 위해 무슨 목적으로 만들어졌든 새로운 약품과 치료법은 인류 모두를 위해 사용되는 공공재가 된다는 주장이 힘을 얻고 있다.[92]

즉, 다양한 행위자가 참여하고 활동하는 글로벌 보건 거버넌스 하에서 글로벌 공공재로서의 보건의 파급효과는 국가(정부)에서 민간으로 혹은 선진국에서 후진국으로 전해지는 이른바 낙수효과만으로 나타나는 것이 아니라 보건협력의 상호의존 네트워크를 통해 모든 행위자에게 도움이 되는 결과를 가져올 것이며, WHO가 그러한 과정의 중추적인 역할을 담당할 것이라 기대한다.

91 Frenk and Moon(2013), p.939.

92 Surie Moon, "Medicines as Global Public Goods: The Governance of Technological Innovation in the New Era of Global Health," *Global Health Governance*, Vol.2, No.2(Fall 2008/Spring 2009).

2. 한국의 글로벌 보건 협력 활동

한국은 1949년 WHO 가입을 시작으로 국제보건협력에 참여하였다. 1965년 WHO 한국 사무소가 개소되어 한국은 수원국으로서 세계보건협력의 혜택을 받았다. 한국에서 WHO는 각종 질병 퇴치와 보건의료체계 개선에 많은 역할을 담당했다. WHO는 한국 정부의 기생충 박멸사업, 결핵 퇴치사업, 한센병 퇴치사업에 많은 도움을 주었고, 천연두와 홍역 예방을 위한 백신을 개발을 위한 지원을 제공했다. 또한 한국 학생들에게 해외 유학을 지원하였으며, 김화중 전 보건부 장관을 포함한 WHO 장학생 출신들은 한국의 보건 환경 개선에 큰 역할을 하였다.

또한 한국은 1960~1963년, 1984년~1987년, 1995년~1998년, 2001년~2004년, 2007년~2010년에 WHO 이사국으로 활동하였으며, 한국 출신의 이종욱 박사가 제6대 WHO 사무총장에 선출되어 한국인으로서는 최초로 유엔 산하 전문기구의 수장이 되었다. 그러나 이종욱 사무총장은 임기 중인 2006년 갑작스럽게 사망하여 많은 한국인들이 안타까워했다.[93] 한편 2014년 현재 WHO 서태평양 지역사무소 사무처장은 한국 출신의 신영수 박사로서 2009년에 지역 사무처장에 선출되었고, 2013년에 연임되었다.

한국은 꾸준한 경제성장으로 1990년대 말 OECD에 가입하였고, 이를 계기로 1999년부터 순수한 원조 공여국으로 탈바꿈하였다. 이에 따라 WHO는 그동안 한국에 보건협력 지원사업을 제공한 WHO 한국 사무소를 연락사무소로 축소하였고, 2004년에는 연락업무를 담당했던 외국인 직원까지 철수시켰으며, 2012년에는 한국 사무소를 폐쇄하였다. 이와 같은 WHO와 한국의 관계는 세계보건협력의 성공 사례로 손꼽히고 있다.

글로벌 보건 거버넌스에서 한국은 WHO뿐만 아니라 UNDP, UNICEF 등

---

[93] 이종욱 사무총장의 업적에 대해서는 에버리(Desmond Avery), 이한중 역, 『이종욱 평전』(*Lee Jong-wook: A Life in Health and Politics*, 2012)(서울: 나무와숲, 2013)을 참조하라.

다른 보건관련 기구들과도 긴밀한 협력관계를 맺고 있으며, 보건 관련 기구를 유치하는 등 적극적으로 세계보건협력에 나서고 있다. 예를 들어, 1997년 한국은 UNDP의 주도 하에 서울대학교 내에 국제백신연구소[IVI]를 설립하였다. IVI는 특히 개발도상국 어린이들의 건강을 위한 백신을 개발하고 보급하는 역할을 담당하고 있으며, 특히 한국에 본부를 둔 최초의 국제기구라는 의미도 가지고 있다. 현재 32개 국가들과 WHO가 IVI 설립협정에 참여하고 있으며, 빌&멜린다 게이츠 재단으로부터 재정적 지원을 받고 있고, 콜레라, 댕기열 등을 예방하는 백신을 개발하여 보다 저렴하게 개발도상국 어린이들이 백신을 접종받을 수 있도록 하였다.[94]

또한 한국 정부는 2004년 세계보건협력을 전문적으로 담당하는 한국국제보건의료재단[KOFIH]을 설립하여 개발도상국가와 북한 및 재외동포 등에 대한 보건의료지원사업을 수행하도록 하였다. 이 기관은 개도국 보건의료 진료사업, 북한 보건의료 지원사업, 국내 외국인 근로자 및 해외 한국 동포 보건의료 지원사업, 해외재난 긴급구호사업, 의료기기 지원사업 등 국제협력 증진과 인도주의의 실현에 기여하고 있으며, 아울러 고(故) 이종욱 WHO 사무총장 기념사업을 통해 이종욱 사무총장의 업적을 기리고 세계보건협력에서의 한국의 역할 확대를 모색하고 있다. 또한 글로벌 보건 거버넌스에서 활동하는 여러 NGO들과의 연계된 국제의료봉사단을 조직하여 각종 의약품과 의료기기를 지원하고 있다.[95]

보건의료 관련 NGO들 가운데 한국에 널리 알려져 있거나 한국인들이 주도하는 것으로서 국경없는 의사회, 메디피스, 글로벌케어 등이 대표적이다. 국경없는 의사회는 국제 인도주의 의료구호 NGO로서 전 세계 70여 국가에서 3만 명이 분쟁, 질병, 영양실조, 자연재해 등으로 고통받는 사람들과 의료혜택을 받지 못하는 주민들을 지원하기 위해 활동하고 있다.[96] 메디피

---

94 IVI 홈페이지 참조. http://www.ivi.int/web/www/home(검색일: 2014.2.25).
95 한국국제보건의료재단 홈페이지 참조. http://kofih.org/(검색일: 2014.2.27).
96 국경없는 의사회 한국 홈페이지 참조. http://www.msf.or.kr/(검색일: 2014.2.27).

스는 한국에 본부를 두고 있는 세계보건의료개발 단체로서 보건의료활동을 통해 세계 평화에 기여하기 위한 목적을 두고 있다. 특히 고려인으로 불리는 한국계 주민들이 많이 거주하는 중앙아시아, 러시아 연해주 등에서 보건의료지원을 통해 한국을 알리는 민간외교의 역할도 수행하고 있으며, 최근에는 아프리카, 동남아시아 등으로 활동의 범위를 확대하고 있다.[97] 글로벌 케어 역시 한국에서 비롯된 국제의료구호기관으로서 기독교 의료인들이 중심이 되어 설립되었다. 긴급구호 성격이 강한 국경없는 의사회와 달리 글로벌케어는 장단기적 원조 프로그램을 통해 저개발국에 대한 의료지원을 벌이고 있으며, 특히 빈곤국에서의 수술사업을 적극적으로 벌이고 있다.[98]

글로벌 보건 거버넌스에서 정부와 민간을 포함한 한국의 활동이 꾸준히 증가하고 있으며, 그 위상도 커지고 있으나, 아직까지는 WHO 등 보건관련 국제기구에서의 활동을 제외하고는 다른 선진국들의 활동에 비해 활동의 범위와 내용이 빈약하다. 특히 보건의료분야에서의 국제협력과 글로벌 거버넌스의 운영과 활동을 위해서는 '빌&멜린다 게이츠 재단'이나 인도네시아 재벌 타히르가 설립한 '타히르 재단'과 같은 대규모 보건의료관련 재단의 후원이 확대되어야 하다. 그러나 아직까지 한국에는 세계보건협력을 지원하는 대규모 민간 혹은 기업의 참여가 취약한 실정이다. 또한 글로벌 보건 거버넌스에서 큰 역할을 담당하고 있는 의료기기, 제약산업의 측면에서도 한국은 더 발전해야 한다. 그리고 무엇보다 보건 이슈는 단순히 보건/의학 영역에 그치는 것이 아니라 정치, 경제, 안보, 외교 등 우리 사회의 다양한 부문과 밀접하게 연결되어 있으며 모든 시민 개개인의 삶에 직접적인 영향을 미친다는 점에서 시민의 관심과 참여가 뒷받침되어야 한다.

---

97 메디피스 홈페이지 참조. http://www.medipeace.org/(검색일: 2014.2.27).
98 글로벌케어 홈페이지 참조. http://globalcare.or.kr/(검색일:2014.2.27).

V. 결론

WHO는 1948년 수립된 이후 인류의 건강 증진을 위해 많은 활동을 벌여왔다. WHO는 국제기능기구로서 보건의학에 관련된 규범과 규칙을 제정하고, 다양한 질병 정보를 수집 및 관리하며, 보건의료 전문가 양성을 위한 교육 및 훈련을 지원하고, 질병과 사망원인을 분류 및 분석하는 등 보건에 관한 규범적 활동을 수행하고 있다. 또한 WHO는 저개발 국가의 보건의료체계를 개선하고, 전 세계적 규모에서 전염병을 통제 및 예방하며, 각국에 의료진과 보건 전문가 혹은 의료 물자를 제공하고, 보건체계 개선과 교육을 위한 재원을 모금하는 등 실질적인 기술협력 활동을 벌이고 있다.

오늘날 인류를 괴롭혀왔던 여러 질병들이 예방되고 통제될 수 있었던 배경에는 이러한 WHO의 노력이 있었다. 실제로 전 세계적 규모에서 말라리아, 천연두, 에이즈 등 치명적인 질병들이 퇴치되거나 통제 및 예방될 수 있었던 것은 WHO의 헌신적인 노력이 있었기 때문이다. 또한 WHO가 전개했던 기초보건의료 사업을 통해 저개발 국가 혹은 오지에 거주하는 주민들에게까지 기초 의료 서비스가 제공됨으로써 많은 사람들이 혜택을 받게 되었던 것도 WHO의 과업이다.

그럼에도 불구하고 WHO 사업을 둘러싼 각국의 이해관계에 따른 갈등은 국제기구로서의 WHO의 한계를 잘 보여준다. WHO 설립 초기 보건사업에 대한 이데올로기적 해석으로 여러 사업들이 지연되었으며, 1980년대 이후에는 보건사업의 우선순위를 둘러싸고 평등성을 강조하는 접근과 효율성을 강조하는 접근 사이에 치열한 논쟁이 벌어졌다. 최근에는 WHO 재정문제와 글로벌 보건 거버넌스 내에서의 WHO 위상 약화 등으로 WHO 개혁에 대한 목소리가 더욱 높아지고 있다. 이에 따라 한국 출신 고(故) 이종욱 WHO 사무총장을 비롯한 역대 사무총장들의 과제에 인류의 치유뿐만 아니라 WHO 스스로의 치유도 포함되었다.

특히 세계화가 이루어지면서 새로운 질병이 등장하고 전염병의 전파 속도도 굉장히 빨라졌다. 이에 따라 더 많은 행위자들이 보건 문제에 관심을 가지게 되었으며 글로벌 수준에서의 보건 거버넌스가 만들어지고 있다. WHO는 글로벌 보건 거버넌스에서 중심적인 역할을 하고 있으며, 세계보건 협력을 주도하는 기능을 수행하고 있다. 그러나 보건 문제에 관한 행위자가 증가하고 각각의 행위자들이 추구하는 목표가 상충되거나 중첩되는 현상이 더욱 많아지면서 글로벌 보건 거버넌스 내에서의 조율과 조정이 시급한 문제가 되었다. 이러한 문제점을 WHO가 어떻게 풀어낼 것인가 역시 WHO가 해결해야 할 과제가 되고 있다.

예를 들어, 2014년 에볼라 바이러스의 확산에 대해 에볼라 치료약 개발을 둘러싸고 글로벌 보건 거버넌스 내에서 공중보건과 이윤추구 사이의 우선순위에 대한 논란이 불거졌다. 에볼라 바이러스는 이미 1976년과 1995년에

에볼라 바이러스(Ebola Virus)

에볼라 바이러스는 치사율이 매우 높은 급성 출혈열을 일으킨다. 체액 등 신체접촉으로 전염된다고 알려져 있지만, 아직까지 발병의 원인이 뚜렷하게 밝혀지지 않은 상태이다. 콩고민주공화국 에볼라 강에서 처음 발견되어 강이름을 따서 명명되었다. 1976년 콩고민주공화국(자이레)에서 발병자의 280여 명이 사망하였고, 생존자는 38명에 불과하였다. 1995년에도 콩고민주공화국에서 315명이 감염되었고, 254명이 사망하였으며, 2002년 콩고공화국에서 발병자 143명 가운데 128명이 사망하여 90%의 치사율을 보였다. 2014년 3월 기니에서 발병사례가 보고된 후 인근 라이베리아, 시에라리온 등으로 확산되어 2014년 7월 31일까지 1400여 명이 발병했고 이 가운데 826명이 사망하였다. 이에 WHO는 8월 8일 국제적 공중비상사태를 선포하였다. 한편 2014년 서아프리카에서 봉사활동을 벌이던 미국인 2명이 감염되자 미국 정부는 이들을 송환하여 미승인 약품 지맵(ZMapp)을 투여하여 치료 효과를 봤지만, 2014년 말 현재 인체에 대한 임상시험이 완료되지는 않았다.

높은 치사율을 보이며 서아프리카에 창궐한 바 있었다. 따라서 그 위험성과 치료약 개발의 필요성이 충분히 인식되어왔음에도 불구하고 상대적으로 다른 질병들에 비해 치료약 개발이 늦어지는 이유가 이 질병이 주로 가난한 아프리카 국가들에서 발병하기 때문에 치료약을 개발하더라도 수익성이 높지 않을 것이라는 제약회사의 판단 때문이라는 지적이 제기되었다.[99] 미국인 감염자가 발생하고 WHO가 비상사태를 선포하면서 거대 제약회사들이 치료약 개발을 서두르기 시작했지만, 이 사건은 글로벌 보건 거버넌스가 모든 사람의 건강을 추구한다는 공통의 목표를 가졌음에도 불구하고 그 안에서의 행위자 사이의 이해관계가 여전히 행동의 중요한 동기가 되고 있음을 보여준다. 아울러 이 사태를 통해 과연 WHO가 이러한 행위자 간 이해관계를 어떻게 조율하여 인류의 건강을 여하히 증진시킬 것인가에 관심이 집중되고 있다.

해방과 6.25전쟁을 겪은 한국에게 WHO는 여러 가지 보건의료 서비스를 제공해왔다. 특히 1965년 WHO 한국 사무소가 개소되어 다양한 형태의 보건관련 개발지원이 이루어졌고, 이는 한국의 보건환경을 획기적으로 개선하는 계기가 되었다. 이러한 보건환경의 개선은 건강한 노동력을 안정적으로 공급할 수 있게 함으로써 결과적으로 한국이 고도경제성장을 이루는 데 커다란 기여를 하였다. 이러한 경험을 바탕으로 한국은 WHO의 세계보건협력에 적극적으로 참여하였으며, WHO 사무총장과 서태평양 지역사무소 사무처장을 배출하기도 했다.

글로벌 보건 거버넌스에서 한국은 다양한 형태로 적극적인 활동을 벌이고 있으며, 최근에는 민간부문에서의 참여와 협력이 확대되고 있다. 그러나 다른 선진국들에 비해 한국의 보건협력 수준은 아직 미약하며, 특히 글로벌 보건협력사업 지원을 체계화하고 의료기기 및 제약산업을 통해 글로벌 보건 거버넌스 내에서의 영향력을 확대하는 노력이 더욱 필요하다. 또한 장차

---

99 Bob Rigg, "Ebola: between Public Health and Private Profit," *Scoop Independent News* (August 12, 2014).

통일 한국을 대비하는 차원에서 한국은 WHO가 북한 주민들에 대한 보건의료 서비스를 제공하고 있다는 사실에 대해서도 더 많은 관심을 가져야 할 것이다.

✛ 데스몬드 에버리. 이한중 역. 『이종욱 평전: WHO 사무총장 백신의 황제』. 서울: 나무와 숲, 2013.

이종욱 WHO 사무총장의 연설문 작성에 참여했었던 영국인 저자가 집필한 제6대 WHO 사무총장 이종욱의 일대기이다. 이종욱의 성장과 정과 남태평양에서의 의료봉사경험이 어떻게 그를 WHO 사무총장으로 이끌었으며, WHO 사무총장으로서 그가 무엇을 이루었고 어떤 세상을 추구했는지를 보여준다.

✛ Chorev, Nitsan. *The World Health Organization between North and South*. Ithaca: Cornell University Press, 2012.

이 책은 WHO 안에서 벌어지는 국가들 사이의 상호관계와 이를 조정하면서 국제기구로서의 이익을 달성해가는 WHO 관료들의 역할에 초점을 맞추고 있다. 특히 1970년대 개발도상국들의 신국제경제질서 요구와 1990년대 미국 등 선진국의 신자유주의 주장과 같은 국가들의 입장 차이가 어떻게 WHO의 위기를 초래하였는지를 분석하였으며, 국제적인 보건의 증진이라는 인류 공동의 목표를 지향하는 WHO의 역할과 한계를 설명하였다.

✛ Fidler, David P. "Architecture amidst Anarchy: Global Health's Quest for Governance." *Global Health Governance*, Vol.1, No.1 (2007).

글로벌 보건 거버넌스를 전문적으로 다루는 학술지 *Global Health Governance* 창간호에 게재된 논문으로서 미국 인디애나 대학 로스쿨 석좌교수인 저자는 글로벌 보건협력에 대해 국제법과 국제정치학적 해서을 제시하고 있다. 특히 글로벌 보건 거버넌스를 아나키적 국제관계를 극복하는 새로운 시도로 평가하고 있으며, 이에 대한 국가의 대응을 흥미롭게 설명하고 있다.

✛ Lee, Kelly. *The World Health Organization (WHO)*. Abingdon, UK: Routledge, 2009.

국제기구연구의 전문가인 Thomas G. Weiss와 Rorden Wilkinson이 편집한 Routledge Global Institutions 시리즈 가운데 세계보건기구 (WHO)를 다룬 단행본이다. 저자는 20년 가까이 WHO에서 활동하고 WHO를 연구한 전문가로서 WHO의 배경과 구조 및 기능, 그리고 국제보건사업의 쟁점과 나아갈 방향을 매우 이해하기 쉽게 풀어서 설명하고 있다.

✛ Lee, Kelly, and Jennifer Fang. *Historial Dictionary of the World Health Organization*. 2nd ed. Lanham: Scarecrow Press, 2013.

WHO의 모든 것을 집대성한 WHO 전문서적으로서 WHO와 연관된 모든 사항을 사전 형태로 편찬하였다. 특히 서론 부분은 WHO의 발전 과정을 이해하기 쉽게 설명하고 있으며, 부록으로 WHO의 헌장, 구조, 회원국, 예산, 알마아타 선언, 보건관련 NGO 명단 등을 수록하였고, 방대한 양의 참고문헌을 분야별로 정리하여 WHO를 연구하고 이해하는 사람들에게 편의를 제공하고 있다.

제 4 장

유엔인구기금 (UNFPA)

조영태

I. 서론

산업혁명 이후 대규모 인구가 도시로 집중되고, 상하수도 시설이 개발되어 전반적인 위생상태가 개선되고, 음식물의 이동과 저장이 용이해지면서 유럽을 중심으로 인구가 폭발적으로 증가하기 시작하였다. 이후 의료기술이 발달하고 전염성 질환에 대한 백신이 개발되어 저개발 국가로 보급되기 시작하면서 인구의 증가는 유럽에서 아프리카, 아시아, 남미 등 저개발 국가로 넘어가게 되었다. 특히 출산율이 높은 지역의 영유아 사망률이 획기적으로 감소하면서 인구는 더욱 빨리 증가하였다. 20세기 초반 전 세계 인구는 20억 명도 되지 않았는데, 20세기 말 60억 명으로, 다시 2012년에 70억 명으로 증가하였다. 인구는 단순히 지구에 살고 있는 사람의 수만을 의미하지 않는다. 인구의 생존을 위한 자원이 어떻게 분배되는지는 결국 빈곤과 개발 등과 관련이 있고, 이 자원의 분배는 국제정치역학과 밀접하게 연관된다. 또 어느 한 지역의 과잉 인구는 다른 지역으로의 대규모 이주를 촉발하게 되고, 이는 국경문제, 인종 간 분쟁 등 다양한 정치적 문화적 파급 효과를 수반한다. 이처럼 인구의 기하급수적 증가로 인해 촉발된 다양한 문제들이 본질적으로 지니고 있는 국제정치 역학에서의 특성들은 인구 문제를 국제적인 관점에서 다룰 수밖에 없게 만들었고, 국제 사회에서는 인구와 관련한 다양한 문제들을 조율하고 관련 자원들의 분배를 관장하는 초국가적 기구를 요구하게 되었다. 우리말로 유엔인구기금이라 불리는 UNFPA United Nations Population Fund1는 바로 이와 같은 인구 문제에 대한 국제사회의 정치적이며 인도적인 이해관계의 조율을 위해 조직된 국제기구이다. 물론 국제 사회에서 인구와 관련된 현안 문제에 대해 다수의 국가가 참여하는 국제기구는 UNFPA만 있는 것이 아니다. 하지만 UNFPA는 전지구적인 인구 문제를 아우르는 대표적인 국제기구로서, 실제 인구와 관련된 문제들을 발굴하고 이를 해결하기 위한 각종 프로그램을 개발하고 운영하는 역할을 수행하고 있다.

1969년에 처음 창설된 UNFPA는 지난 40여 년간 전지구적 수준에서 정치적 역학관계로부터 자유롭지 못한 유엔이 직접 논의하기 어려운 인구 현안들을 활동의 대상으로 삼아왔다. 특히 우리나라의 출산력 변천에도 크게 기여한 바와 같이 주로 가족계획과 관련된 국제적인 논의를 이끌어 왔는데, 가족계획은 인구의 증가를 억제하기 위한 수단이었을 뿐만 아니라 출산이라는 가장 근본적인 인간의 본성과 관련이 있기 때문에 국가, 종교, 인종, 문화 등으로 매우 복잡한 주제들이 여기에 포함되어 왔다. 1980년대 중반 이후 아프리카를 시작으로 HIV/AIDS가 매우 중요한 사망의 주요원인으로 등장하면서 여기에 대한 논의도 UNFPA의 중심 의제 가운데 하나가 되었다. 21세기에 들어서면서 유엔은 '새천년개발계획'을 발표하였는데, 8가지의 개발목표2들 가운데 네 가지 목표(3~6)가 UNFPA의 활동대상과 밀접하게 연관되어 있어 초기 가족계획 중심의 사업 대상이 HIV/AIDS는 물론 젠더평등

---

1 UNFPA는 United Nations Fund for Population Activities의 약칭이다. UNFPA의 기능이 확대되면서 1987년 UN은 이 조직의 공식 명칭을 United Nations Population Fund로 바꾸었다. 하지만 약칭은 원래대로 UNFPA를 사용하기로 결정하였기 때문에, 실제 이름과 약칭이 다른 상태로 지금에 이르고 있다.

2 새천년개발계획(Millenium Development Goals): 1. Eradicate extreme poverty and hunger, 2. Achieve universal primary education, 3. Promote gender equality and empower women, 4. Reduce child mortality, 5. Improve maternal health, 6. Combat HIV/AIDS, Malaria and other diseases, 7. Ensure environmental sustainability, 8. Global partnership and development.

및 여성의 역량강화, 영유아 및 모성사망감소에까지 확장되었다.

이와 같이 UNFPA는 전지구적 인구관련 현안들의 해결과 접근에 매우 중요한 역할과 기능을 수행해 왔다. 또한 1970년대 정부가 앞장서서 추진했던 우리나라의 가족계획 사업에도 많은 영향을 끼친 바 있다. 그럼에도 불구하고 유엔인구기금에 대한 우리나라의 학술적 정책적 관심은 그리 높은 편이 아니었다. 이와 같은 배경에서 본 연구는 UNFPA의 조직과 주된 활동을 소개하고, 인구와 관련된 전지구적 이해관계 속에서 UNFPA는 어떠한 위치를 차지하고 있는지를 고찰해 보고자 한다. 나아가 이제는 초저출산국의 하나가 된 우리나라와 UNFPA와의 관계는 어떠한지 분석하고, 그 관계에 있어 혹은 UNFPA 내부의 역학관계에 우리나라가 어떻게 영향을 주는 것이 국제원조 공여국의 지위를 지니고 있는 우리나라의 입장에서 필요한 것인지를 제안하고자 한다.

II. 성립배경, 성립과정 및 구조

1. 인구조절의 중요성

UNFPA가 조직된 이유, 기능, 그리고 다양한 활동에 대한 논의는 인구현상이 도대체 한 국가와 사회에서뿐만 아니라 전지구적으로 왜 중요한지에 대한 이해를 통해 더욱 잘 알 수 있다. 기본적으로 인구현상은 출산, 사망, 인구이동과 관련된 모든 현상을 포함한다. 그러므로 인구의 크기 혹은 구성에 있어서 발생하는 모든 변화 역시 이 세 가지 요소에 의해 결정된다.

지구에 인류가 등장하면서부터 18세기까지 인구가 한 사회는 물론 전지구적으로 문제로 인식된 바는 거의 없다. 물론 우리가 잘 알고 있는 로마제국의 멸망이 당시의 저출산 현상으로 인해 시민계급의 크기가 급속하게 줄어드는 반면 노예와 용병의 수는 상대적으로 빨리 증가한 데에서 간접적으로 기인했다는 사실도 있지만, 인구의 수가 급속하게 변화하여 그 사회의 지속가능성이 위협이 된 경우는 거의 없었다. 하지만 르네상스 이후 시작된 과학혁명과 산업혁명으로 인해 한 사회의 주된 산업이 농업에서 공업으로 바뀌면서부터 대규모의 인구가 농촌에서 도시로 이주하게 되었다. 또한 19세기를 지나면서 식량의 생산이 늘고 저장 및 이동 방법 등이 이전에 비해 크게 발전하고, 전반적인 개인 및 사회적인 위생상태가 개선되었고, 동시에 의료기술이 발전하면서 인구의 크기를 조절하는 주요 요소인 사망률이 크게 감소하기 시작하였다. 반면 출산율은 그다지 빠르게 줄지 않았는데, 출산아 수는 여전히 높고 사망자의 수가 감소하는 것은 당연히 인구의 급속한 증가를 의미하였다. 이후 출산율도 감소하게 되었지만 사망률의 감소에 비해 출산율의 감소는 상대적으로 더디게 진행되어 인구의 크기는 지속적으로 증가하여 왔다.

인구수의 급속한 증가는 한 사회의 자원이 제한되어 있는 경우 그 사회의 지속가능성을 크게 위협한다. 특히 자원의 크기가 증가하지 않거나 매우 적은 양과 속도로만 증가하는 반면 이를 사용해야 할 인구의 크기가 매우 빠르게 증가하게 될 때, 전쟁, 빈곤, 대규모 이주 등과 같은 현상으로 그 사회의 지속가능성은 매우 열악해지게 된다. 우리가 '식량생산은 산술급수적으로 증가하는데 인구는 기하급수적으로 증가한다'는 명제로 잘 알고 있는 영국의 사회과학자 맬더스의 기본적인 주장이 바로 이것이다. 인구가 크게 증가하면 그 사회는 기본적으로 빈곤해질 수밖에 없기 때문에 인구수의 조절은 빈곤의 근본적인 원인을 제거하는 일이 된다. 이와 같은 주장은 빈곤 혹은 사회의 지속가능성에 대한 인구 결정론자의 기본적인 논리인데, 놀랍게도 우리나라는 물론 전 세계의 많은 나라에서 이러한 논리를 바탕으로 인구정책을 마련하여 시행하여 왔다.[3] 예컨대 우리나라가 지난 1960년대부

---

3 Deborah Barrett and David John Frank, "Population Control for National Development: From World Discourse to National Policies," in John Boli and George

터 1990년대 중반까지 강력한 가족계획 정책을 시행해 온 것, 그리고 최근 저출산 현상을 극복하고자 마련하고 있는 다양한 가족친화 정책들이 모두 이와 같은 논리에 기반하고 있는 것이다.

그런데 인구의 크기를 결정하는 세 가지 요소인 출산, 이동, 사망 가운데 우리나라는 물론 거의 대부분의 국가들이 출산에 주목하여 왔다. 그 이유는 사망과 인구이동은 한 국가 혹은 사회가 정책적으로 키우거나 줄이는 것이 거의 불가능한 반면, 출산은 상대적으로 정책을 통한 조절이 더욱 수월하기 때문이다. 물론 출산이 남녀 간의 성적인 접촉을 통해서 가능한 것이 일반적이기 때문에 성관계라는 매우 개인적인 일에 국가나 사회가 개입을 하는 것이 옳지 않다는 주장도 있다.[4] 하지만 최소한 다른 두 가지 요소들에 비해 자녀의 출산과 관련한 요소들(예컨대 피임방법이나 이상 자녀의 수에 대한 교육 등)에 대한 개입이 상대적으로 수월하기 때문에 한 국가는 물론 전 세계적인 인구정책은 주로 출산을 중심으로 전개되어 왔다.

이와 같은 배경 속에서, 두 차례의 세계대전 이후에 주로 아프리카, 아시아, 중남미 등 식민지였던 지역을 중심으로 인구가 매우 빠른 속도로 증가하는 것이 전지구적 지속가능성에 큰 위협이 될 수 있다는 인식이 확산되기 시작하였다. 동시에 출산을 조절함으로써 인구 문제의 해결이 가능하다는 맬더스식 정책이 한 국가는 물론 전 세계적인 인구정책으로 어렵지 않게 채택되어 온 것이다. 이와 같은 접근은 출산을 통해서 인구를 조절할 수 있고, 이를 통해 다시 다양한 자원의 지속성을 담보할 것이라는 다분히 인구결정론적인 접근 방법인데, 바로 유엔의 인구에 대한 주요 담론이 되었고 UNFPA는 이를 실제 각 국가의 정책으로 접목시키기 위한 방법론적인 도움과 필요한 환경의 조성을 보다 수월하게 하기 위해 결성되었다고 볼 수 있다. 아래에도 기술이 되어 있지만, UNFPA의 주요 활동은 1969년 최초 결

Thomas (eds.), *Constructing World Culture* (Stanford, CA: Stanford University Press, 1999), pp.198-221.

4 Ronald Freedman, "Do Family Planning Programs Affect Fertility Preferences? A Literature Review," *Studies in Family Planning* 28-1(1997), pp.1-13.

성된 이후부터 지금까지 실제로 가족계획프로그램, 모자보건, 여성의 교육 등 출산과 관련한 분야에 집중되어 왔다.

2. UNFPA의 태동

UNFPA는 1969년 필리핀 출신 Rafael M. Salas와 파키스탄 출신 Dr. Nafis Sadik에 의해 최초로 유엔 내부의 조직으로 출범하였고, 1973년 유엔 경제사회위원회ECOSOC 소속으로 그 조직과 활동을 위한 규정들이 정비되었다. 1960년대는 전쟁 이후 거의 대부분의 비유럽권 국가에서 인구 성장률이 2%에 육박하던 시기였는데, 이는 인류의 역사상 가장 높은 인구 성장률이었다. 이처럼 빠른 인구 성장률은 국제사회의 미래에 심각한 도전과 위기를 가져올 것이라는 정서를 빠르게 확산시켰는데, 특히 국제인구학회인 IUSSP의 International Population Conference에서 이에 관한 수많은 연구들이 소개되고 있었다. 1965년 유엔의 Population Division은 'Conditions and Trends of Fertility in the World'라는 보고서를 발표하였는데, 여기에서 출산율이 하락하기 위해서 필요한 국가적 수준의 사회경제적인 지표를 보고하였다.[5] 이에 따르면 당시의 거의 모든 국가들이 출산율의 자연스럽게 하락할 것이라는 것은 상상하기도 힘든 일이었고 동시에 사망률이 하락하여 기대수명이 증가하면서 이전에 예측한 것보다도 빠르게 인구가 증가하게 될 것이라는 우려가 크게 확산되는 계기가 되었다. 이러한 국제사회의 인구에 대한 우려는 유엔이 적극적으로 나서서 가족계획 사업이 확대될 수 있도록 기능해야 한다는 여론을 형성하게 되었고, 1969년 약 10만 불의 예산으로 UNFPA를 출범시키는 계기가 되었다. 인구 문제의 해결을 위한 기금의 성

---

5 John C. Caldwell, "Thirty Years of Global Population Changes," in Nafis Sadik (ed.), *An Agenda for People: The UNFPA through Three Decades* (New York City, N. Y.: New York University Press, 2002), pp.2-23.

격인 UNFPA의 예산은 그 후 1973년 유엔경제사회위원회에 의해 약 4천만 불로 크게 증가하게 되었다. 이후 UNFPA의 예산은 계속 증가하기 시작하여 1999년에 누적으로 약 5억 불까지 증가하였고, MDG가 시작된 2000년 이후 매년 예산이 다시 증가하여 2010년 약 8억 4천7백만 불의 규모로 성장하였다.[6]

　　1970년대를 지나면서 UNFPA의 예산이 성장하고 1974년을 세계인구의 해World Population Year: WPY 로 지정하면서 UNFPA의 유엔 내부에서의 위상이 성장하였음에는 틀림없었다. 하지만 여전히 당시 한국 등 아시아 국가들을 제외한 거의 모든 국가들의 출산율은 하락하지 않고 있었기 때문에 UNFPA를 이끌었던 Salas는 UNFPA가 World Bank나 IMF와 같은 유엔 시스템 내부의 특별한 지위를 얻게 되는 Administrative Committee on Coordination(ACC)에 포함되어야 할 것을 강력하게 주장하는 계기가 되었다. ACC에 포함되는 경우 기존의 유엔 전체 기구들의 하부조직의 하나로부터 독립된 기구로 UNFPA가 성장하는 것을 의미했는데, 이 경우 유엔사무총장과 인구 문제에 관해 일 년에 1회 2~3일간의 특별 세미나를 정례적으로 가질 수 있는 권한을 갖게 되는 사무총장 직할 기구로 그 위상이 격상되는 것이었다. 1979 UNFPA는 ACC의 회원 자격을 부여받았는데, 이 이후부터 UNFPA의 사무총장Executive director 은 유엔사무총장은 물론 IMF나 Work Bank같은 다른 ACC 회원 조직의 수장들과 직접 대면하여 인구관련 현안에 대해 논의할 수 있는 기회를 얻게 되었고, UNDPDevelopment Programme 로부터 독립되어 활동할 수 있게 되었다.

---

6 Executive Board of the United Nations Development Programme, United Nations Population Fund: Integrated Budget Estimates, 2014-2017(2013).

III. UNFPA의 성과와 쟁점

1. UNFPA의 성과[7]

1) 1970년대의 활동들

UNFPA가 1969년 창설된 이후 가장 먼저 실시한 활동은 1970년 8월에 파키스탄 정부와 맺은 다년간의 가족계획 사업에 대한 상호동의였다. 이후 많은 국가들과 상호동의를 체결하는데 우리나라는 1974년에 체결하였다. 각 국가들과 맺은 동의안의 내용은 주로 각 국가의 가족계획 사업의 실시를 위한 기술지원과 실제 사업의 실시였는데, 이때 각국이 처한 문화적 정치적 사회적 상황들을 반영하고 그들의 인력이 스스로 가족계획 사업을 진행할 수 있는 역량강화empowerment도 포함되어 있었다.

UNFPA의 활동이 국제적인 주목을 받고 또 유엔 내부에서도 그 위상에 대한 새로운 정립이 필요하다고 판단되었던 계기는 1974년이었다. 이미 언급한 바와 같이 UNFPA는 유엔경제사회위원회와 함께 1974년을 세계인구의 해로 지정하였는데, 이를 기념하기 위해 전 세계의 64개 국가들은 인구관련 위원회를 설립하고 학술활동을 벌였으며 여성, 어린이와 청소년을 대상으로 하는 다양한 활동들을 수행하게 되었다. 동시에 UNFPA는 이들 국가로부터 가족계획과 모성 및 영유아 건강Maternal and Child Health: MCH에 대한 프로젝트를 수행해 줄 것을 요청받게 되는데, 이는 이전에 인구학적 연구와 교육을 진행하는 것에서 벗어난 것으로 국제 인구관련 조직들 가운데

---

7 이 부분은 Rachel Sullivan Robinson, "UNFPA in Context: An Institutional History," Background paper prepared for the Center for Global Development Working Group on UNFPA's Leadership Transition(2010)과 Stafford Mousky, "UNFPA's Role in the Population Field," in Nafis Sadik (ed.), *An Agenda for People: The UNFPA through Three Decades*(New York: New York University Press, 2002), pp.211-247을 참고하여 재구성한 것이다.

UNFPA의 정체성을 확립하는 데 매우 중요한 계기로 작용하였다. 뿐만 아니라 이렇게 개별적으로 진행된 활동들을 한 곳에 모을 수 있는 기회를 만들었는데, 1954년 이래 매 10년에 한 번씩 개최되어 오던 World Population Conference가 1974년 루마니아의 부카레스트에서 개최되었고, 여기서 UNFPA는 회의 예산의 절반을 대는 등 많은 기여를 하였다. 여기에는 전 세계 135개국에서 인구는 물론 경제, 사회, 문화, 개발과 관련한 학자와 정치가 그리고 행정가가 참여하였는데, 109절에 달하는 World Population Plan of Action을 채택하는 데 크게 기여하면서 인구관련 중심 국제기구로서의 위상을 정립하게 되었다.

1974년 세계인구의 해와 관련한 활동들 그리고 World Population Conference에서의 기여 이후 출산율을 낮추기 위한 개발도상국가들의 가족계획 사업 지원 요청이 크게 증가하였고, 동시에 유엔으로부터 기본적으로 전입되는 예산 이외에도 다양한 형태의 후원금 형태의 예산들이 추가로 UNFPA로 지원되었다(1974년 US 5천만 불에서 1979년 US 1억 1천2백만 불로 증가). 하지만 UNFPA가 기금으로 지출할 수 있는 예산보다 개발도상국가들로부터 요청들어온 직접 원조 혹은 가족계획 프로그램 개발에 대한 예산이 더욱 컸기 때문에 UNFPA는 1977년부터 경제지표와 인구지표를 이용하여 기금지원의 우선순위를 선정하기 시작하였다.

UNFPA의 활동은 1970년대 후반을 지나면서 더욱 커지고 다양화되기 시작하였다. 먼저 UNFPA는 1980년대와 90년대에 큰 주목을 받은 「세계인구현황연간보고서 State of World Population: SWOP」를 매년 제작하여 공개하였다. 이 보고서는 인구변동 추세와 개발에 대한 정보는 물론 인구와 사회개발과 관련한 다양한 지표들을 세계, 지역, 그리고 국가별로 나누어 정리하여 보고하였는데, 여기에는 여성 및 젠더평등 현황, 청소년, 인구고령화, 이주, 피임 등 다양한 정보가 포함되어 있다. UNFPA가 이 SWOP을 작성하기 시작한 이유는 전 세계 인구와 개발에 대한 통계지표를 정리하여 각 국가의 정책과 학계의 인구관련 연구에 도움을 주기 위함도 있지만, 궁극석으로는 인구 문제에 대한 경각심을 국제사회에 일깨워 유엔은 물론 다양한 원조기구 및 국가로부터 전입되는 예산의 크기를 키우기 위함이었다.

SWOP와 관련한 UNFPA의 활동은 국제적인 인구관련 데이터의 수집으로 연결된다. 먼저 1970년대 이후 지금까지 사하라이남 지역의 대부분의 국가들은 물론 다른 지역의 저개발 국가들의 매우 열악한 출산관련 현황을 파악하기 위한 가장 대표적인 통계로 인식되어 온 World Fertility Survey WFS가 바로 UNFPA의 지원으로 시작되고 운영되어 왔다. 1972년부터 1984년까지 지속된 WFS에 UNFPA는 약 1천5백만 불을 지원했는데, 이로 인해 출산기록이 거의 전무하다시피 한 수많은 개발도상국들의 출산력 수준을 파악할 수 있는 기초 자료가 생산되었다. 1985년부터 WFS는 Development and Health Survey DHS로 이름이 변경되었고, 이때부터 UNFPA뿐만 아니라 USAID 등 국제원조 기구들의 지원도 함께 이루어져 왔다. 우리나라의 경우 1974년 한차례 WFS가 조사된 바 있다.

인구 데이터 수집과 관련한 또 다른 UNFPA의 대표적인 활동은 아프리카 센서스 프로그램 African census programmes 이다. 이 프로그램은 1970년부터 1977년까지 아프리카의 22개국을 대상으로 실시되었는데, 이전까지 한 번도 인구의 수가 측정되어보지 않은 국가들이 여기에 포함되었다. 현재 거의 모든 국가들이 수행하고 있는 인구센서스는 인구의 크기를 아는 데에만 사용되는 것이 아니고 한 국가의 자원과 재원의 분배를 위해 필수적인 정보를 제공한다. 그러므로 UNFPA의 센서스 지원 프로그램은 대상 국가들의 사회경제적인 개발과 발전에 큰 기여를 한 것으로 평가되고 있다.

2) 1980년대의 활동들

1980년대 UNFPA의 활동은 1989년 암스테르담 포럼 선언으로 정리가 가능하다. 인구와 관련한 대표적인 유엔기구인 UNDP와 UNFPA는 1989년 1980년대를 정리하고 1990년대를 준비하기 위한 포럼을 암스테르담에서 개최하였는데, 여기에는 79개 국가들이 참여하였고, 1990년대 기간 동안 인구기금의 규모를 두 배 이상으로 확대하고 2000년 이전까지 전 세계의 피임사용을 50% 이상 증가시키자는 데 동의하였다.

1980년대에 있었던 대표적인 UNFPA의 활동은 정례적인 가족계획지원 사업 이외에 세 가지를 들 수 있다. 1981년에 유엔인구상^{UN Population Award}을 만들어 매년 수여하기 시작한 것과, 1984년에 멕시코시티에서 10년 전에 개최되었던 World Population Conference를 계승하는 International Conference on Population^{ICP}를 개최한 것, 그리고 1987년 7월 전 세계 인구가 5억 명을 돌파한 것을 계기로 세계인구의 날^{World Population Day, 7월 11일}8을 제정한 것이 바로 그것이다. 이 중 특히 1984년 멕시코시티에서 개최된 ICP가 주목할 만한데, 출산과 관련하여 건강, 웰빙, 고용, 교육 등이 매우 중요한 요소들인데 이들은 모두 개인과 가족의 기본적인 권리임을 확인하였다. 그리고 인구관련 사업과 프로그램들이 더욱 효과적이고 효율적으로 전달되어야 한다는 것도 강조되었다.

그런데 1980년대에는 UNFPA의 활동과 예산에 매우 큰 변화가 있었다. 바로 가장 큰 자발적 공여국이었던 미국이 UNFPA와 이를 통해 실질적으로 가족계획 사업을 수행하던 국제가족계획연맹^{IPPF}에 지원되던 예산을 각각 1986년과 1984년에 전액 삭감한 것이 그것이다. 그 이유는 당시 냉전체제가 지속되고 있었는데, 중국이 한자녀정책을 마련하여 가족계획 사업을 실시하기 시작하면서 UNFPA와 IPPF가 기술적 지원은 물론 프로그램에 대한 직접 지원을 하게 된 것이 계기가 되었다. 물론 미국이 예산지원을 중단하면서 겉으로 내세운 이유는 정부가 강압적으로 개인의 권리를 억압하기 때문이라는 것이었지만, 실질적으로는 냉전체제에서 미국이 자금을 대어 중국의 인구정책을 도와주는 것을 방지하기 위함이었다. 당시 UNFPA는 공여국과 수원국 사이의 양자 간 예산지원이라는 방식으로 프로그램을 운영하고 있어서 미국이 USAID를 통해 공여한 자금과 중국의 한자녀정책과는 최소한 명목상으로 관련이 없었음에도 불구하고, UNFPA가 중국의 한자녀정책에 개입하고 있다는 사실 자체가 미국의 예산삭감 결정을 만들어내는 계기

---

8 우리나라는 출산율이 초저출산 수준으로 떨어진 이후에 인구에 대한 사회적·국가적 관심이 커졌고, 2012년에 보건복지부가 7월 11일을 인구의 날, 국경일로 선포하였다.

가 된 것이다.

　1987년 3월 UNFPA가 창설되는 데 가장 크게 기여하고, 실제로 1969년 창설이후부터 사무총장으로서 봉직했던 Salas가 심장마비로 갑자기 사망하고, 그 후임으로 Salas와 함께 UNFPA의 기틀을 다져왔던 Dr. Sadik이 사무총장에 임명되었다. 여성이면서 보건학 박사였던 Dr. Sadik이 UNFPA의 수장이 되면서 인구관련 문제를 바라보는 시각에서 여성의 중요성과 근거의 중요성이 부각되기 시작하였다. 이때부터 UNFPA의 거의 모든 활동들에 모성건강, 여성의 역량강화, 젠더평등의 개념들이 포함되기 시작하였고 동시에 정확한 통계의 중요성도 함께 고려되기 시작하였다.

3) 1990년대의 활동들

　UNFPA에게 1990년대는 매우 성공적인 시기로 평가되고 있는데[Mousky 2002], 특히 이전 시대까지 가족계획 프로그램으로부터 소외되어 온 여성과 청소년들에게 필요한 정보와 서비스를 적절하게 전달할 수 있는 기반을 조성한 것이 좋은 평가를 받게 된 계기였다. 이러한 기반이 조성된 배경에는 1994년 이집트 카이로에서 개최된 국제 인구 및 개발 회의[International Conference on Population and Development: ICPD]와 인구사업에 대한 자발적 공여 예산의 획기적인 증대가 자리잡고 있었다. 물론 그 외에도 이 기간 동안에 8개 지역에 Country Support Team[CST]가 마련된 것, 이를 통해 실제 필드에서의 인구사업에 무게의 중심이 더욱 실리게 된 것, 그리고 UNFPA의 사업과 가족계획 프로그램을 홍보하는 애드보커시[advocacy] 기능이 크게 확대된 것 등도 이 시기가 이전 어느 때보다도 UNFPA의 활동이 성공적이었다는 평가를 듣게 하는 데 공헌했다. 실제로 이렇게 성공적인 활동의 결과는 전 세계적으로 여성 1인당 자녀의 수가 1985년 3.3명에서 1998년 2.8명으로 줄어든 것, 기대수명의 증가에도 불구하고 전 세계 인구성장률이 1990년 1.7%에서 이후 1.3%로 하락한 것, 그리고 개발도상국에서 근대적 방법의 피임방법의 보급률이 1990년대 동안 약 10% 포인트가량 증가한 것 등에서 확인할 수 있다.[9]

전 세계 가족계획 사업 혹은 프로젝트와 관련된 기본 철학과 내용에 있어서 가장 중요한 이벤트는 1994년 카이로에서 개최된 인구총회이다. 앞서 소개한 바와 같이 세계인구총회는 매 10년마다 한 번씩 개최되는데, 1984년 멕시코에서 개최된 인구총회는 International Conference on Population으로서 UNFPA가 총회 개최의 당사자가 되었다. 1994년의 인구총회는 이름에 개발development이 추가되어 ICPD로 명명되었는데, UNFPA는 이 총회의 개최를 위해 1990년부터 주도적인 준비를 시작하였고, 특히 이 총회에서 열리게 될 아젠다를 발굴하고 관련 이해당사자 혹은 조직을 조율하여 준비된 아젠다가 향후 인구사업에서 적극적으로 반영될 수 있도록 환경을 마련하는 작업을 실시하였다. 그 결과 전 세계 180여 국가가 이 인구 및 개발총회에 참석하였고 UNFPA가 관장하는 인구관련 사업들이 유엔 내부의 다른 조직들과 연동 혹은 협력되어 고려되는 계기가 되었다. 특히 제목에서부터 알 수 있듯이 인구와 개발이 서로 밀접한 연관이 있는 공동의 대상이 되었다는 것이 이전과 비교하여 크게 주목할 만한 변화였다.

그런데, 이 ICPD에서 개발이 인구와 함께 고려되는 중요한 요소로 등장되었지만, 개발을 위해서 인구가 희생되어야 한다는 식의 담론이 형성된 것은 아니었다. 물론 이 회의에서 인구는 기본적으로 개발의 이슈이며 지역이나 국가의 개발 절차의 논의에서 빠져서는 안 되는 가장 중요한 요소라는 것을 재확인한 자리였다. 하지만 이전까지 유엔이나 국제사회에서 통용되고 있던 인구성장에 대한 인식이 새롭게 규정되었는데, 바로 인구성장이 개발의 장애요소이며 빈곤의 원인이라는 인식에서 탈피하여, 빈곤과 개발은 인구가 아닌 다른 사회 구조적 요소들에 의한 결과이며 인구의 성장을 줄이는 것이 아니라 인구의 질과 삶의 질을 높이는 것이 개발을 앞당기고 빈곤을 줄이는 길이라는 인식으로 전환한 것이다.[10] 그리고 인구의 질과 삶의 질을

9 United Nations, *Review and Appraisal of the Progress Made in Achieving the Goals and Objectives of the Programme of Action of the ICPD* (New York: Population Division, 1999).

10 Noeleen Heyzer, "Women Are the Key to Development," in Nafis Sadik (ed.),

높이기 위한 가장 중요한 필요조건으로 모성건강과 여성의 권리 및 역량강화에 초점을 맞추었다.[11]

이처럼 UNFPA가 주관한 회의에서 국제 사회가 인구를 바라보는 관점이 크게 전환되었다는 것은 앞으로의 UNFPA 활동의 기본적인 철학적인 배경이 변화됨을 의미하였고, 실제 UNFPA가 지역과 개별 국가들에서 수행하는 다양한 프로그램의 내용과 방법에 큰 변화가 생기기 시작하였다.[12] 가장 큰 변화는 무엇보다도 인구사업과 가족계획 프로그램에 있어서 여성이 중점적으로 고려되었다는 것이다. 즉 이전까지는 성장과 개발을 위해서 인구가 기하급수적으로 증가되어서는 안 되고, 이를 위해서 피임 실천율을 높이는 것이 가장 중요한 인구사업의 내용이었다. 여기에 실제 임신과 출산을 담당하고 양육과 보육의 가장 중요한 역할을 수행하는 여성에 대한 고려는 거의 전무하다시피 하였었다. 하지만 ICPD를 통해 가족계획 사업에서 여성의 중요성이 반드시 고려되어야 하고, 이는 사회의 개발이나 성장을 위한 필수요소가 되어야 한다는 내용이 UNFPA가 수행하는 사업의 기본적인 개념으로 자리 잡게 된 것이다.

국가와 사회는 문화, 종교, 발전 단계, 교육수준 등 다양한 측면에서 각기 매우 다르기 때문에 여성과 남성이 서로 처한 환경과 사회적 맥락이 매우 다르다. 만일 이 사회가 경제적으로 성장하거나 발전을 경험한다면 그 발전의 혜택도 남성과 여성에게 다르게 돌아가게 될 가능성이 매우 크다. 그러므로 UNFPA는 사회개발의 중심 요소 중 하나인 인구가 개발을 위해 제대로 작동하기 위해서는 이 개발의 혜택이 남성은 물론 여성에게도 동일하게 전달되어야 한다고 보았고, 이를 위한 방법으로 여성에 대한 교육과 역량을 강화하고, 젠더평등이 가능한 사회적 제도가 마련되어져야 한다는 것으로

An Agenda for People: The UNFPA through Three Decades (New York: New York University Press, 2002), pp.81-94.

11 Stephen Chee, "ICPD: Cairo and After: Implications for the Pacific," *Pacific Health Dialog* 2-1(1995), pp.133-137.

12 Fred T. Sai. 앞의 책.

인구사업의 내용이 이전에 비해 크게 변화를 경험하게 되었다. 이러한 기본 패러다임의 변화는 이전에 UNFPA가 성공적으로 수행했다고 판단하였던 가족계획 사업들에 대한 재평가가 내려지게 되는 계기가 되었다.[13][14]

1994년의 ICPD 이후 UNFPA는 인구와 개발에 대해 이처럼 변화된 철학과 패러다임이 본인들이 실제 지역과 국가들에서 수행하는 프로그램에 투영될 수 있도록 많은 노력을 경주하였다. 특히 세 개의 중심 사업 영역을 정립하였는데, 첫째는 가족계획과 성건강을 포함한 모성건강에 대한 접근성을 향상하는 것, 둘째는 각 국가에서 인구정책을 펼치는 데 있어 역량강화를 할 수 있는 인구 및 개발 전략을 수립하는 데 기여하는 것, 마지막으로 인구와 개발에 관한 국제사회의 관심을 유발하고 필요한 정치적 수단과 자원의 동원이 가능하게 하는 애드보커시를 강화하는 것이었다. 이와 같은 내용은 UNFPA가 1997년에 공식적으로 발표한 조직의 강령Mission Statement 에 명시되어 있다.[15] 이 강령은 2003년 개정되었지만 기본적으로 지금까지 UNFPA 활동의 기본적인 철학적 배경을 제공하고 있다.

4) 2000년대의 활동들

UNFPA의 2000년대 활동은 기본적으로 1994년 ICPD의 정신을 계승하

---

13 Mattew Connelly, *Fatal Misconception: The Struggle to Control World Population* (Boston, M.A.: Harvard University Press, 2008).

14 우리나라의 가족계획 사업에 대한 평가도 카이로 ICPD 이후에 변화하였다. 우리나라는 1960년 합계출산율 6.0에서 시작하여 강력한 가족계획 사업을 통해 1983년 인구재생산 수준인 2.0까지 떨어졌고, 그 이후 계속 감소하였다. 인구의 조절을 강조한 이전 관점에서 보면 우리나라의 가족계획 사업은 가장 모범적인 성공사례였다. 하지만 인구조절이 아닌 여성의 권리와 건강을 중시하는 ICPD 이후의 관점에서 보면 우리나라의 가족계획 사업은 실패였다. 왜냐하면 우리나라의 가족계획 사업에 모성건강과 모자보건의 관점은 아주 미약한 수준에 머물렀기 때문이었다. 실제로 우리나라 가족계획 사업에서 제시한 피임의 방법이 초기 콘돔의 사용에서 여성의 호르몬을 조절하는 약으로 바뀌게 되었는데, 남성의 콘돔 사용에 대한 반감이 매우 컸기 때문에 여성의 몸을 통한 출산조절 방법을 택한 것이었고, 이는 여성의 몸에 대한 보건학적 고려가 전혀 없었던 결과였다.

15 UNFPA, *Annual Report* (1997).

는 동시에 다음 두 가지 사항을 중심으로 이루어졌다. 첫 번째는 HIV/AIDS 이슈이고 다른 하나는 앞서 소개한 새천년개발계획[MDG]과의 활동 공조이다. 물론 UNFPA의 기본 활동 대상이 가족계획이고 특히 1994년 이후에 여성을 중심으로 한 활동들이기 때문에 HIV/AIDS 혹은 MDG와의 연계에는 유엔을 통한 공여국들의 요구가 컸고, 이를 UNFPA가 수용한 점이 크다. 하지만 1990년대와 2000년대 주로 UNFPA 활동의 대상인 아프리카 지역에서 가장 큰 보건 이슈가 HIV/AIDS였고, 이는 주로 여성과 아동의 건강은 물론 사회적 기회를 앗아가는 매우 중요한 원인이었기 때문에 여성의 역량강화 및 모성건강을 기반으로 원하는 수의 자녀를 안전하게 낳게 하고자 수행되는 UNFPA의 가족계획 프로그램들과의 관련성이 매우 높았다. MDG의 경우에도 이미 소개한 바와 같이 개발목표 3~6번[3. Promote gender equality and empower women, 4. Reduce child mortality, 5. Improve maternal health, 6. Combat HIV/AIDS, Malaria and other diseases]이 UNFPA의 활동들의 영역과 크게 다르지 않았기 때문에 2000년대 UNFPA의 활동들은 MDG와의 연계속에서 진행되어 왔다. 그런데 전지구적인 관심사인 이 두 가지 이슈에 UNFPA의 활동들이 접목된 것은 이전에 비해 UNFPA의 고유 사업 영역이 상대적으로 축소되거나 부각되지 않는 결과를 낳았다.

사실 HIV/AIDS가 1980년대 초에 매우 중요한 전염성 질환으로 보건분야에서 큰 주목을 끌었을 때, UNFPA는 이 문제를 크게 다루지 않았었다. 왜냐하면 HIV/AIDS는 기본적으로 보건의 영역으로 여겨졌고, 이에 대응하기 위한 국제적 노력으로 WHO 내부에 Global Program on AIDS[GPA]를 1988에 조직했고, 이 조직이 HIV/AIDS 문제를 중점적으로 다루었기 때문이었다.[16] 하지만 곧 GPA가 HIV/AIDS를 너무 생물학 혹은 의학적으로만 접근하고 각 국가와 사회가 처한 사정에 대한 고려를 거의 하지 못하였다는 비판이 제기되면서 유엔은 1992년에 UNAIDS를 설립하여 GPA의 활동을 대체하기 시작하였다[Knight 2008]. 이때 UNFPA를 비롯한 유엔 내부의 많은

---

16 이 책의 제3장 참조.

조직들이 GPA의 조직위원 단체였기 때문에 자동적으로 UNAIDS와 협력체계를 구축하게 되었다. 하지만 HIV에 대한 국제적 관심이 매우 커지고 이를 위한 원조 자금이 커지기 시작하면서 여러 조직들이 HIV/AIDS를 활동의 대상으로 포함하기 시작하였고, 실제 이를 둘러싼 조직 간의 갈등이 유엔 내부에서 보고되기도 하였다.[17] UNFPA는 이 과정에서 HIV/AIDS를 주요한 활동의 대상으로 여기지 않았고, 2000년대에 들어와서야 AIDS를 모성건강의 주요 영역의 하나로 보며 안전한 성관계와 콘돔의 사용이 AIDS의 확산에 기여하여 왔다고 그 홈페이지에 중요하게 명시하고 있다. 하지만 HIV/AIDS에 대한 국제사회의 관심은 이를 UNFPA의 가족계획 사업의 일환으로 보기보다는 UNAIDS의 활동으로 기본 활동으로 보고 있으며 UNFPA의 활동에 대한 관심 자체가 축소되는 계기가 되었다. 이는 예산에서 명확하게 알 수 있는데, 2007년 HIV/AIDS에 대응하기 위한 국제적 예산의 규모는 76억 불에 달했던 반면, 같은 해 UNFPA의 가족계획 사업을 위한 예산은 5억 불에 지나지 않았다.[18]

MDG는 2001년에 Millennium Summit이 2000년 개최된 이후 발표되었다. 앞서 소개한 바와 같이 MDG는 2015년까지 8개 분야의 개발 목표를 설정하고 이를 달성하기 위한 로드맵을 제시한 것인데 MDG를 형성하는 과정에서 UNFPA는 그리 큰 입지를 다지지 못한 것으로 평가되고 있고, 이는 전 세계의 국제원조와 관련한 거의 대부분의 사업들이 MDG를 중심으로 자원의 분배가 이루어지고 활동이 마련되는 과정에서 UNFPA의 입지를 축소시키는 결과를 낳았다.[19] UNFPA의 활동이 MDG 형성 과정에서 얼마나 미미했던가를 보여주는 예가 바로 모성건강(MDG의 다섯 번째 목표)이다. 초기에 모성건강은 MDG에 포함되지 못했었다. 그 이유로 인공임신중절과 관련된 이슈가 지난 1994년의 ICPD에서 너무나 첨예한 대립을 야기했던

---

17 Lindsay Knight, *UNAIDS: The First 10 Years, 1996-2006* (Switzerland, 2008).

18 UNFPA, *Financial Resource Flows for Population Activities in 2007* (2009).

19 Rachel Sullivan Robinson 앞의 글.

사안이어서 유엔에서 이를 기피했고, MDG는 기본적으로 국가 단위의 원조 사업에 관한 내용인 데 반해 모성건강에 대한 사안은 시민사회단체들이 많이 관여하고 있었고, MDG 형성기에 미국과 UNFPA의 리더십에서의 변화가 생기는 바람에 참여를 적극적으로 할 수 없었다는 것 등이 제기된 바 있다.[20] 이후 MDG의 예산에 적극적으로 개입한 미국의 경제학자 Jeffrey Sachs의 요구로 모성건강이 MDG의 다섯 번째 목표로 추가되었다.[21] 이와 같은 과정에서 UNFPA의 가족계획 사업들이 MDG와 밀접한 관계를 갖고 진행되고 있지만, 궁극적으로 국제원조 개발사업에서 UNFPA의 전반적인 입지가 크게 축소되는 결과를 낳았다.

한편 UNFPA는 이렇게 위기적인 상황에 대처하기 위해 2010년 나이지리아의 National AIDS Control Agency를 이끌었던 Dr. Babatunde Osotimehin을 새로운 사무총장으로 초대하였고, 이후 HIV/AIDS와 MDG에 적극 개입하려 시도하고 있다. 실제로 UNFPA는 2014~2017년의 전략계획을 수립하면서 MDG 3-6에 해당되는 청소년건강, 모성건강, HIV이슈에 전체 사업 예산의 약 60%를 할애할 것으로 보고하였다.[22]

5) UNFPA의 현재 활동들

이상과 같은 역사적 배경을 가진 UNFPA는 2012년 현재 전 세계 156개국에서 가족계획 사업을 진행하고 있다. 현재 이 기구가 진행하고 있는 사업들은 UNFPA가 발행한 2012년 보고서를 보면 크게 7개 영역으로 구분이 된다.[23] 첫 번째는, 모성 및 영아 건강의 향상이다. 출산율이 높은 사회는

20 Barbara Crossette, "Reproductive health and the Millennium Development Goals: The Missing Link," *Commissioned by the Population Program of the William and Flora Hewlett Foundation* (2004).

21 John F. Kantner and Andrew Kantner, *International Discord on Population and Development* (New York: Palgrave Macmillan, 2006).

22 UNFPA, *The UNFPA Strategic Plan, 2014-2017* (Report of the Executive Director, 2013).

23 UNFPA, *Annual Report: Promises to Keep, 2012* (2014).

어디나 높은 영아사망률과 모성사망비를 보여왔다. UNFPA는 가족계획 사업을 통해 출산율을 낮추는 것을 목표로 하지만 동시에 이는 여성과 영아의 건강을 증진시키는 효과를 낳아왔다. 지난 20여 년간의 전 세계의 모성사망은 년간 약 543,000건의 수준에서 약 287,000건의 수준까지 낮아졌다. UNFPA는 여기에 대한 기여를 계속 진행해 가고 있다.

두 번째는, 자발적인 피임에 대한 접근성 향상이다. 여성들이 원치 않는 임신을 하지 않도록 하기 위해서 필요한 것이 바로 피임에 대한 접근성을 향상시키는 일이다. 각 사회가 지닌 문화적 맥락이 다르기 때문에 피임방법도 다를 수 있다. 하지만 기본적으로 HIV/AIDS와 같은 성적 접촉을 통해 전염되는 질병이 확산되면서 다른 피임방법들보다 콘돔의 사용에 대한 국제사회의 인식이 크게 확산되었다. 하지만 여전히 저개발 국가에서 콘돔은 경제적으로 문화적으로 특히 여성의 접근성에 큰 제한이 존재한다. 그러므로 UNFPA의 주요한 사업들 가운데 하나가 바로 여성이 스스로 피임방법은 물론 자녀의 수와 터울까지 선택할 수 있도록 환경을 조성하는 작업을 포함한다.

세 번째는, HIV와 성적 접촉을 통해 전파되는 질병과 관련한 보건환경을 개선하는 작업이다. UNFPA의 2012년 보고서에 따르면 매일 2,400명의 젊은이들이 HIV에 감염되고 있는데 이는 전체 감염자의 40%에 달하는 수치이다. HIV/AIDS는 앞서 제시한 바와 같이 MDG의 목표들 가운데 하나이기도 하다. 그러므로 UNFPA는 이 사안에 대해 WHO, UNICEF, UNAIDS 등 다양한 국제기구들과 협력체계를 구축하여 왔는데, 2012년에 WHO와 UNICEF와 함께 HIV와 관련한 카운슬링, 돌봄, 테스트 등에 대한 가이드라인을 작성하여 보급하기 시작하였다. 그리고 특히 여성들이 스스로 콘돔을 사용할 수 있도록 'Condomize!'라는 명칭의 캠페인도 USAIDS와 함께 더욱 강화하고 있다. 위에서 이미 언급한 바와 같이 UNAIDS가 HIV/AIDS와 관련한 국제 사업에서 주도권을 쥐고 있고, UNFPA는 HIV를 사업의 대상으로 선정한 것이 얼마 되지 않기 때문에 UNFPA는 주로 모성건강 혹은 생식건강의 차원에서 HIV를 접근하고 있다.

네 번째는, 여성의 모성권과 젠더평등에 대한 애드보커시를 강화하는 것이다. 여성이 원치 않는 임신을 하게 되는 원인들 가운데 하나는 바로 그 여성이 속해 있는 사회의 문화가 남성 중심의 성격을 강하게 띠고 있다는 것이다. 우리나라의 경우도 마찬가지였는데, 1970년대 초반까지 가족계획 사업을 하면서 남성이 콘돔을 착용하도록 유도했던 프로그램들이 모두 실패하고 결국 여성들의 호르몬을 조절하는 경구용 피임약으로 가족계획 사업의 방향을 틀어야만 했었다. 바로 성관계에 있어서 여성에 비해 남성의 지위와 권리가 더욱 컸기 때문에 콘돔착용을 꺼려하는 남성이 피임의 책임을 갖게 되는 것이 아니라 여성이 스스로 피임을 챙겨야만 했고, 원치 않는 임신을 했을 때 그 책임 역시 여성에게 전적으로 돌아가는 것이 우리나라를 비롯한 남성 중심의 문화를 가진 사회의 일반적인 특징이었다. 그러므로 여성의 모성권과 젠더평등이 가족계획 사업에 있어서 매우 중요한 요소임을 알리고, 이를 위한 사회적 혹은 제도적으로 장치와 환경을 조성하는 것을 유도하는 일이 UNFPA가 추진하고 있는 중요한 사업들 가운데 하나이다.

다섯 번째는, 청소년들의 서비스에 대한 접근성 향상이다. 우리나라를 비롯한 선진국들의 인구는 청소년층이 빠르게 줄어드는 반면 고령자의 비중이 매우 높다. 하지만 전 세계적으로 보면 여전히 인구는 젊고, 특히 저개발 국가일수록 젊은층 혹은 청소년의 비중이 매우 높다. UNFPA는 미국의 인구관련 주요 NGO인 Population Council과 각 국가의 정부, 지역 NGO 등과 함께 특히 청소년, 여성들이 기본적인 교육서비스와 보건의료서비스에의 접근성을 향상시키기 위한 프로그램들을 강화하려고 계획하고 있다. 교육수준이 높아지면 스스로 일을 할 수 있는 기회가 많아지기 때문에 혼인을 늦게 하게 될 뿐만 아니라 인생에 있어서 중요한 결정을 스스로 판단할 수 있는 능력을 지닐 수 있게 된다. 또 청소년들이 보건의료서비스에 대한 접근성이 향상되면 그만큼 건강을 유지하고 지킬 수 있기 때문에 일도 할 수 있고 스스로의 생존 가능성을 늘릴 수 있다.

여섯 번째는, 인구 문제를 전지구적 차원의 정책결정과 토론의 주요 의제로 만드는 것이다. 인구의 크기와 연령 구조 그리고 지리적으로 어떻게 분포되어 있고 이들이 앞으로 어떻게 변화해 갈 것인가는 한 국가를 계획하는 데 있어서 매우 중요한 요소들이다. 그럼에도 불구하고 많은 국가들이 발전 계획을 세우는 데 있어서 인구를 간과하고 있는 경우가 많다. 사실 우리나라가 현재 심각한 저출산 현상으로 인해 미래의 지속가능성에 대해 걱정을 많이 하고 있는데, 그 근본적인 원인에는 미래를 기획하면서 인구변화의 양상과 효과를 간과한 것이 놓여 있다. UNFPA는 유엔은 물론 각 국가에서 개발 및 미래와 관련된 정책을 마련하는 데 있어서 인구의 변동과 특성을 반영하기 위한 제도를 마련하여야 한다고 촉구하였다. 특히 유엔이 지속가능한 발전을 위해 개최했던 'Rio+20' 회의에서 UNFPA는 각 국가의 지도자들이 인구 문제를 심각하게 고려해 줄 것을 요청했고, 이를 위해 *Population Matters for Sustainable Development*라는 보고서를 제출하기도 하였다. 여기에는 단순히 가족계획 혹은 모성건강과 관련된 내용뿐만 아니라 인구 고령화에 대한 내용까지 포함되어 있어 국가의 지속가능한 발전에 있어 인구의 변동이 얼마나 중요한지를 알리는 중요한 문서로 인식되고 있다.

마지막으로, 자료의 중요성을 강조하고 있다. 유엔은 2년에 한 번씩 전 세계의 인구를 추계하는 결과를 발표하는데, 이는 많은 나라들에서 매우 유용하게 사용되고 있다. 인구의 변동을 정확하게 기록하는 것은 그 사회의 현재 모습을 이해하는 것뿐만 아니라 미래를 예측하는 데 있어서 매우 중요하다. UNFPA는 특히 저개발 국가에서 인구통계의 중요성을 강조하면서 각 국의 정부가 인구센서스를 적절한 방법으로 적절한 주기를 가지고 수행할 것을 권고하고 있고, 필요한 기술적 자문과 예산을 지원하고 있다. 최근에는 지리정보시스템GIS을 사용하여 통계의 정확성을 높이는 작업도 수행한 바 있다. 이러한 노력의 좋은 예가 바로 2008년 실시된 북한의 인구센서스이다. 북한은 1993년 최초의 인구센서스를 실시한 이후에 10년이 넘도록 인구의 변동을 파악하지 못하고 있었다. 2008년 UNFPA는 기술 및 예산을 동원하여 북한에서 두 번째 인구센서스가 실시될 수 있도록 지원하였다.[24]

6) 아시아 지역에서의 활동

2012년 현재 UNFPA는 전 세계 112개의 국가 사무실, 5개의 지역사무소, 그리고 6개의 소규모 지역사무소를 운영하고 있다. 뉴욕에 본부가 있으며, 지역 사무실은 아프리카에 두 곳South Africa 요하네스버그, Senegal 다카, 아랍권에 한 곳Egypt 카이로이 있다. 아시아 태평양 지역에는 한 곳의 지역사무소(태국의 방콕)와 두 곳의 소규모 지역사무소(네팔의 카트만두와 피지의 수바)가 있으며 동유럽과 중앙아시아 지역에 한 곳의 지역사무소(터키의 이스탄불)와 한 곳의 소규모 사무소(카자흐스탄의 알마티)가 있다. 중남미 지역에도 한 곳의 지역사무소(파나마의 파나마시티)와 한 곳의 소규모 사무소(자메이카의 킹스턴)를 운영하고 있다. 이들 중 아시아 태평양 지역의 활동을 살펴보면 다음과 같다.

UNFPA는 아시아 태평양 지역의 23개의 국가[25]에서 모성건강과 생식보건의 향상을 위해 가족계획 사업을 수행하였다. 아시아 태평양 지역은 전 세계 인구의 60%가 거주하고 있고, 인종은 물론 문화적·종교적으로 매우 다양하고 경제 발전의 수준도 국가별로 편차가 매우 크기 때문에 사업의 대상을 선정하고 어떠한 방법을 어떻게 사용해야 하는지가 다른 지역에 비해 어려운 편이라는 것이 일반적인 생각이다. 이 지역에서 UNFPA의 사업은 주로 적도 부근의 국가들을 중심으로 이루어지고 있다. 물론 이전에는 중국이 가장 큰 사업의 대상이었지만 중국의 출산율이 안정화되면서 그 중심이 인도를 비롯한 적도 인근의 아시아 지역으로 이전되었다.

사업예산의 측면에서 가장 많은 지원이 이루어지고 있는 국가는 인도, 방글라데시, 그리고 필리핀이고, 가장 중점적으로 펼쳐지고 있는 사업은 모성 및 영아건강, 인구변동관련 그리고 젠더평등과 생식보건 영역으로, 사업에

---

24 Central Bureau of Statistics, *DPR Korea, DPR Korea 2008 Population Census National Report* (2009).

25 아프가니스탄, 방글라데시, 부탄, 캄보디아, 중국, 북한, 인도, 인도네시아, 이란, 라오스, 말레이시아, 몰디브, 몽골, 네팔, 파키스탄, 파푸아뉴기니, 필리핀, 스리랑카, 태국, 티모르, 베트남, 그리고 남태평양 섬지역 협의체.

산의 거의 50%가 이 영역들에 사용되고 있다. 흥미로운 사실은 이 지역에서 HIV/AIDS와 관련된 예산의 규모나 상대적인 비중이 아프리카나 중남미 지역에 비해 매우 작은 반면에 자료를 생성하고 분석하기 위한 예산의 비중이 전체 예산의 10%에 달한다는 것이다.[26] 이는 출산과 관련한 아시아 지역의 인구특성이 다른 지역과 매우 다름을 의미할 뿐만 아니라 자료의 수집과 분석에 예산의 배정이 많이 이루어지고 있어 아시아 지역이 정책과 자료를 통해 인구를 조절하고자 하는 의지 매우 높다는 것을 간접적으로 시사하는 것이다.

2. UNFPA관련 주요 쟁점

현재 UNFPA에는 150개 국가에서 모든 여성은 원하는 임신을 하고, 모든 출산은 안전하게 이루어지며, 태어난 아이들은 잠재력이 발휘될 수 있는 성인으로 성장할 수 있는 기회를 제공한다는 목표를 가지고 다양한 사업을 수행하고 있다. 1969년 UNFPA가 최초로 결성된 이후에 전반적으로 가구원 수는 적어지고 가구원들의 건강은 좋아졌으며, 특히 임신 시 어려움을 경험하는 여성과 출산아 수는 절반으로 줄어들었다는 평가를 스스로 내리고 있다.[27] 20세기 이후 인구가 그야말로 기하급수적으로 증가하면서 환경, 오염, 자원고갈, 전쟁 등 다양한 사회적 문제들의 원인들 가운데 하나가 인구라는 인식이 확산되어, 인구증가 추세를 감소시키려는 기능을 수행하고 있는 UNFPA의 활동에 대한 위와 같은 평가는 긍정적임에 틀림없다. 하지만 여성의 모성건강과 권리를 신장하고자 하는 이면에 여전히 UNFPA가 지니고 있는 인구증가추세 완화라는 목적 자체는 그동안 많은 인구학자들 간의 논쟁의 대상이 되어 왔다.

---

26 UNFPA(2013) 앞의 책.
27 UNFPA homepage, http://www.unfpa.org/public/home/about(검색일: 2014.6.10).

1) 가족계획 사업 자체에 대한 쟁점

역사적으로 대부분의 국가와 사회들은 출산율을 낮추기보다는 높이기 위해 노력해 왔다. 예컨대 두 차례의 세계대전이 지나간 1930년대 이후 대부분의 유럽 국가들은 출산을 장려하는 정책을 강구해왔다. 이는 21세기 현재의 유럽 국가들이 지금도 견지하고 있는 정책의 기조이다. 미국의 경우 물론 피임방법을 교육하고 원치 않는 임신을 막기 위한 가족계획 사업들이 수행되지 않은 바는 아니지만 정부가 앞장서서 출산아 수를 지정하여 이를 달성하기 위해 전 국가적인 캠페인과 프로그램을 수행한 경험이 전무하다. 그런데 지난 수십 년간 미국과 유럽 국가들이 정치적 경제적 헤게모니를 장악하고 있는 UNFPA를 비롯한 유엔의 기본적인 인구정책의 방향은 출산 억제였다. 결국 유엔이 지향하고 있는 목적 자체가 아프리카, 중남미, 혹은 아시아 지역의 저개발 국가들의 높은 출산율을 전지구적 차원의 지속가능성에 위협적인 요소로 인식하는 반면, 유럽과 미국을 비롯한 선진국들이 출산을 장려하여 출산율을 높이려는 정책에 대해서는 전혀 관여하고 있지 않다. 바로 이 사실에 대해 많은 진보적인 성향의 인구학자들이 문제를 제기하여 왔다.[28]

즉 인도와 같이 인구가 많은 나라들이 인구를 줄인다고 반드시 경제 성장을 이룰 것이라는 어떠한 증거도 없고, 반대로 자연 자원이 풍부하지 않고 나라의 크기가 큰 경우에 높은 출산율과 출산아 수는 경제적인 성장에 도움이 될 수 있다는 견해가 대두된 것이다.[29] UNFPA가 현재까지 수많은 저개발 국가에서 수행하여 온 가족계획 사업들이 저개발 국가들의 경제개발과 사회발전을 위해 필수적이라는 겉으로 드러난 목적 이면에 유엔을 움직이는 미국과 유럽국가들의 정치경제적 이데올로기가 자리 잡고 있다는 논쟁이 UNFPA의 활동에 대해 제기되어 왔다. 이와 같은 논쟁은 UNFPA가 백인들

28 Betsy Hartmann, *Reproductive Rights and Wrongs: The Global Politics of Population Control* (Boston, M.A.: South End Press, 1995).

29 Thomas W. Merrick, "Population and Poverty: New Views on an Old Controversy," *International Family Planning Perspectives* 28-1(2002), pp.41-46.

을 제외한 다른 인종의 재생산을 막고자 하는 인종말살위협genocide threat을 자행하고 있다는 비판으로까지 발전된 바 있다.[30]

가족계획 사업에 대한 쟁점은 크게 세 가지로 요약된다.[31] 첫째는 바로 위에서 언급한 대로 과연 가족계획을 통해 출산율을 낮추는 것이 저개발 국가의 사회 및 경제발전에 도움이 되는가이고, 둘째는 모성건강과 영아건강을 향상시키는 데 있어 출산율을 떨어뜨리는 것이 실질적인 도움이 되는가의 여부이고, 마지막으로 생식과 출산은 개인의 순수한 권리인데, 이를 국제사회 혹은 정부가 개입하여 변화를 주려고 하는 것이 과연 인권의 차원에서 적합한가이다. 이 중 특히 첫 번째와 두 번째에 대한 비판이 매우 큰데, 그 이유는 가족계획이 실제로 경제성장에 기여했다는 것과 모성건강과 영아건강의 증진에 직접적인 도움이 되었다는 증거를 제시하기가 쉽지 않기 때문이었다. 이러한 가족계획 사업 자체의 효과성에 대한 비판은 가족계획을 주요 사업으로 하고 있는 UNFPA의 정당성에 의문을 갖도록 하는 데 크게 기여하였다.

하지만 이와 같은 가족계획 사업에 대한 비판에 대한 반론도 많은 인구학자들과 실제 아프리카를 비롯한 저개발 국가에서 가족계획 사업을 수행하고 있는 NGO 활동가들을 통해 제기되었다. 예컨대 가족계획 사업의 발전에 대한 효과성 논란은 다분히 경제학적인 판단에 기인한 것이기 때문에 현실을 거의 반영하지 못하고 있다는 것이다. 즉 저개발 국가들의 여성은 스스로 아이의 수를 판단하여 출산할 수 있을 만큼의 환경이나 여건을 갖추고 있지 못하기 때문에 현재 4~6명씩 낳고 있는 것이 여성의 합리적인 소비자로서의 판단 결과로 보기 어렵다는 주장이다.[32] 뿐만 아니라 출산과 관련한

---

30 Betsy Hartmann, 앞의 책.

31 Judith R. Seltzer, *The Origins and Evolution of Family Planning Programs in Developing Countries* (Rand Corporation, 2002).

32 John Bongaarts and Steven W. Sinding, "A Response to Critics of Family Planning Programs," *International Perspectives on Sexual and Reproductive Health* 35-1(2009), pp.39-44.

의료서비스와 시설이 거의 전무한 환경에서 아이를 출산한다는 사실 자체만
으로도 모성사망과 영아사망의 위협에 놓여 있는 것인데, 아이를 1~2명이
아니라 4~6명을 낳게 되면 그만큼 건강위협에 놓이게 되는 횟수가 높아지
기 때문에 출산아 수를 줄이려는 가족계획 사업은 모성 및 영아 건강에 직
접적인 효과가 없다는 주장은 설득력이 없다는 것이다.[33]

2) 인공임신중절과 관련된 쟁점

앞서 제시한 바와 같이 UNFPA의 가족계획 사업의 중심은 여성들이 원하
는 수의 자녀를 건강하게 출산할 수 있는 제반 여건을 조성하는 것이다.
그런데 UNFPA가 사업을 수행하고 있는 많은 국가들은 남성 중심의 가부장
적인 문화를 가지고 있기 때문에 UNFPA가 의도하는 것처럼 여성들의 교육
을 통해 여성들이 스스로 혼인의 시점을 결정하고, 혼인 후에도 몇 명의 자
녀를 언제 어떤 터울로 낳을 것인지 결정하게 만드는 것이 현실적으로 쉽지
않다. 우리나라에서도 그랬지만 남성들이 성관계의 중심에 있기 때문에 이
들이 원하지 않는 경우 콘돔과 같은 피임도구를 사용하기 쉽지 않고, 이런
경우 여성들은 임신에 무방비로 노출되는 경우가 많다. 또 얼마 전 인도에
서 발생하여 전 세계적으로 크게 보도된 바와 같이 남성들이 여성을 집단
성폭행해도 괜찮다는 문화를 가진 사회들이 많기 때문에 이러한 곳에서 여
성이 스스로의 성적 권리와 출산권을 보호하기란 쉽지 않는 것이 사실이다.
그렇기 때문에 가족계획 사업이 수행되고 있는 많은 국가에서 원치 않는
임신을 예방하지 못한 경우, 이를 인공임신중절로 해결하는 경우가 왕왕 발
생하게 된다.

비록 UNFPA가 명시적으로 인공임신중절을 원치 않는 임신을 해결하기
위한 방법으로 제시하고 있지는 않지만, 인공임신중절은 가족계획의 한 가

---

33 John Bongaarts, "The Role of Family Planning Programmes in Contemporary
  Fertility Transitions," in Gavin W. Jones et al. (eds.), *The Continuing Demo-
  graphic Transition* (Oxford: Clarendon Press, 1997), pp.422-444.

지 방법이고 UNFPA가 사업을 수행하고 있는 많은 국가에서 중절 시술의 빈도가 매우 높기 때문에 UNFPA가 암묵적으로 인공임신중절을 조장하고 있다는 논란이 발생하였다. 이러한 논쟁은 종교계와 여성학계 사이에 오랫동안 있어 온 '생명우선권^{pro-life}'과 '여성의 선택 우선권^{pro-choice}' 논쟁과 연계되었고, 원치 않는 임신을 방지하고자 하는 UNFPA의 입장은 여성의 선택 우선권을 옹호하는 것으로 여겨지게 되었다.[34] 피임을 권장하는 UNFPA의 가족계획 사업 자체가 출산을 장려하는 가톨릭의 교리에 반하기 때문에 이미 이전부터 많은 가톨릭 국가들은 가족계획 사업을 받아들이지 않아왔지만, 인공임신중절과 관련된 UNFPA의 입지는 다시 한 번 생명권을 중시하는 종교적 색채가 강한 국가 혹은 활동가들로부터 비판의 대상이 되었다.

이러한 논쟁의 중심에 중국과 미국이 서 있었다. 먼저 중국의 경우 UNFPA는 중국의 출산율을 낮추기 위해 1990~1994년에 약 US$5,700만에 달하는 예산을 지원하였다. 그런데 중국은 1980년대 초반부터 국가가 주도하는 강력한 '한 자녀 정책^{One Child Policy}'을 펼쳐왔고, 한 자녀를 갖기 위한 수단의 하나로 인공임신중절을 강력하게 추진하여 왔다. 즉 UNFPA가 직접적으로 중국 정부의 인공임신중절을 유도했다고 할 수는 없지만, 간접적으로 UN의 예산과 정책 기조가 중국에서 '여성의 선택 우선권'을 지원한 결과를 낳게 된 것이었다. 이에 대해 미국은 중국의 가족계획 사업은 여성의 건강권 혹은 모성권에는 전혀 관심이 없음에도 불구하고 출산율을 낮춘다는 미명하에 인공임신중절을 자행하고 있다고 비난하며, 동시에 이를 지원하고 있는 국제기구로 UNFPA를 지목하며 가족계획 사업 전반에 대해 비판의 목소리를 내기 시작하였다. 왜냐하면 UNFPA의 사무총장들이 중국의 가족계획 사업을 성공적인 사례로 공개적으로 치사를 하였고, UNFPA가 여성의 선택권적인 입장에서 인공임신중절을 장려해 온 가족계획관련 국제시민단체인 International Planned Parenthood Federation^{IPPF}의 예산을 공식적으로 지원

---

34 Donald P. Warwick, "The Politics of Research on Fertility Control," *Population and Development Review* 20-1(1994), pp.179-193.

해 왔기 때문이다.[35]

　전술한 바와 같이 미국은 1969년 UNFPA가 처음 결성된 이후부터 1980년대 초반까지 가장 큰 사업 예산 공여국이었다. 하지만 위와 같은 이유로 인해 1984년 당시 공화당이 이끌던 미국의 레이건 행정부는 UNFPA를 강력하게 비난하였고 1986년 UNFPA에 공여되기로 예정되어 있던 사업 예산 US$3,600만을 전액 삭감하였다.[36] 그 이후 미국의 집권당이 공화당인가 민주당인가에 따라 미국이 UNFPA에 공여하던 예산은 생겼다가 다시 없어지기를 반복하게 되었다.[37] 최근에는 민주당의 오바마가 대통령에 오르면서 UNFPA에 대한 지원을 다시 재개하였는데, 2009년 UNFPA를 여성의 생식 관련 권리와 모성건강을 국제사회에 전파하는 가장 대표적인 기구로 규정하기도 하였다.[38]

　이처럼 인공임신중절을 둘러싼 미국의 UNFPA의 활동에 논쟁이 진행되면서 가장 큰 공여국인 미국이 공여 예산을 삭감할 때마다 UNFPA가 수많은 저개발 국가에서 수행하는 가족계획 사업들은 큰 어려움을 겪게 되었다. 이는 단순히 사업을 하지 못하게 되는 상황만을 의미한 것이 아니라 그 지역의 사업 대상이 되던 여성들의 모성건강 및 생식 보건을 심각하게 위협하는 상황으로까지 진전되었던 것으로 보고되고 있다.[39] 즉 미국에서 보수적

---

35 Susan A. Cohen, "U.S. Overseas Family Planning Program, Perennial Victim of Abortion Politics, Is Once Again Under Siege," *Guttmacher Policy Review* 14-4 (2011), pp.7-13.

36 당시 레이건 행정부가 생명우선권을 앞세워 미국 정부가 생명우선권을 침해하는 것으로 판단되는 모든 해외지원 혹은 공여사업을 금지하도록 한 정책을 'Global Gag Rule(GGR)'이라 한다. 이 GGR은 국제원조에 대한 미국 정부의 입을 막았다(Gag)는 뜻으로 만들어졌다.

37 Luisa Blanchfield, *The U.N. Population Fund: Background and the U.S. Funding Debate* (CRS Report for Congress, 2008).

38 Susan A. Cohen, 앞의 글.

39 Stanley K. Henshaw et al., "Severity and Cost of Unsafe Abortion Complications Treated in Nigerian Hospitals," *International Family Planning Perspectives* 34-1 (2008), pp.40-50.

인 정권이 등장할 때마다 '생명우선권'이 더욱 중시되었지만, 궁극적으로 이로 인해 저개발 국가의 생식보건을 위한 예산이 삭감되면서 생명이 우선되기보다는 생명을 앗아가는 상황들이 발생하게 된 것이었다. 오바마 대통령집권 이후 미국 정부는 매년 6억 달러가 넘는 예산을 가족계획 및 모성 건강에 책정하고 있는데, 이 중 4천만 달러가 UNFPA의 사업 지원 예산으로 제공되고 있다.

3) 대한민국과 UNFPA

우리나라와 UNFPA의 관계가 처음 시작된 것은 1974년 가족계획 사업을 위한 기술 및 예산 지원을 위한 상호양해각서를 체결하면서부터였다. 당시 우리나라의 합계출산율이 4.0에 달하고 있었고, 정부는 새마을운동을 강력하게 추진하고 있었기 때문에 UNFPA의 가족계획 사업은 개인도 국가도 경제적으로 잘 살기 위한 필수요건으로 인식되어 사업 자체에 대한 어떠한 논쟁도 없이 전국적으로 실시되었다. 우리나라의 합계출산율이 1983년 인구재생산 수준인 2.1로 단시간에 도달하였기 때문에 UNFPA는 우리나라의 가족계획을 가장 성공적인 사례의 하나로 평가하였다. 실제로 1995년 당시 UNFPA의 사무총장이었던 Sadic 박사는 한국에 방문하여 한국의 인구정책은 단기간에 인구안정을 가져온 최고의 성공사례로 뽑고 이것이 다른 개발도상국에 전파될 수 있도록 한국이 경험과 기술을 제공해야 한다고 언급한 바도 있다(한겨레신문, 1995년 1월 8일 제13면). UNFPA가 우리나라에 가족계획 사업을 위해 제공한 예산은 1991년까지 이어졌는데, 1974년부터 누적적으로 지원된 예산이 1,000만 달러에 달했다.

우리나라는 공식적인 공여국이 되기 이전부터 유엔에 분담금을 내어 왔다. 유엔은 우리나라 해외원조사업의 다자간 원조대상인데 2000년에 약 2,000만 달러의 원조자금을 다양한 유엔기구들을 통해 지출하였다. 이 예산은 이후로 매년 그 규모가 확대되어 2010년에 약 7,700만 달러가 넘는 수준까지 확대되었다. 그런데 이 예산 가운데 UNFPA로 지원되는 자금은 2010년에 8만 달러에 그쳤는데, 그것도 2000년 26만 달러에서 매년 줄어든 규모

이다.[40] 실제로 2012년 UNFPA의 보고서는 전 세계의 100개가 넘는 공여국을 발표하였고, 그 기금은 4억 4천7백만 달러에 달하였는데, 그중 우리나라가 공여한 금액은 10만 달러에 그쳤다. 한 국가가 어떠한 국제기구에서 정치적이건 행정적으로 일정 부분 헤게모니를 쥐기 위해서는 그만큼의 기여가 필요하다. 이 기여가 반드시 재정적인 기여일 필요는 없겠지만 국제원조를 통해 조직을 유지하는 국제기구의 경우 다른 기여에 비해 예산 지원만큼 확실한 헤게모니의 중심을 잡을 수 있는 기여도 없다. 이러한 측면에서 우리나라의 UNFPA와의 관계는 우리나라의 출산율이 안정화되어 UNFPA로부터 지원되던 자금이 끊어지기 시작한 1991년 이후로 단절되었다고 주장해도 과언이 아닐 정도이다.

우리나라가 UNFPA에 대한 공여를 거의 최소한의 수준으로 하고 있는 이유에 대한 연구가 보고된 바는 없지만 몇 가지 가설이 가능하다. 첫 번째는 우리나라 정부가 우리나라의 가족계획 사업이 최소한 출산율을 단기간에 줄이고 인구 안정화를 달성하였기 때문에, 우리에게 축적되어 있는 경험과 기술 그리고 지식을 UNFPA를 통한 다자간 협력이 아닌 수원국가와 직접 원조사업을 수행하는 양자 간 협력에 많은 예산을 투자하기 때문에 UNFPA에 대한 공여가 작다는 가설이다. 두 번째 가설은 우리나라의 출산율이 매우 낮기 때문에 가족계획 사업에 대한 관심 자체가 거의 없어서 가족계획 사업을 지원하는 UNFPA에의 공여에 인색하다는 가정이다. 세 번째는 UNFPA에서 우리나라 정부의 입지가 그리 크지 않고, 실제 우리나라 국적을 가진 직원을 채용하거나 공무원의 파견을 받고 있지도 않고 있기 때문에 우리나라 정부의 관심이 없다는 가설이다. 본 장에서 제시한 세 가지 가설들 가운데 하나가 되었건, 세 가지 전부가 되었건, 혹은 다른 이유가 있든지 간에 현재 우리나라 정부가 UNFPA에 기여하고 있는 부분은 거의 없다고 봐도 과언이 아니다.

물론 우리가 최근 UNFPA의 사업과 활동에 기여한 부분이 없다고만은

---

40 대외경제협력기금, 『숫자로 보는 ODA』(2012).

볼 수 없다. 앞서 언급한 바와 같이 UNFPA는 2008년 북한 정부의 요청을 받아들여 제2회 인구센서스를 실시하였는데, 이때 UNFPA는 우리나라 정부에 예산과 기술적인 지원을 요청하였다. 그 결과 남북협력기금에서 북한 인구센서스를 위해 소요된 총 비용인 550만 달러 가운데 400만 달러를 지원하였고, 우리나라의 통계청도 센서스 기법과 방법을 전수하였다.

IV. 국제사회에서 인구 문제의 중요성

1. 인구 문제의 국제적 중요성

인구를 바라보는 국제적인 시각은 크게 둘로 구분된다.[41] 하나는 인구의 수가 지니는 영향력에 관심을 두는 시각이고, 다른 하나는 개인들이 출산하고 이동하고 사망하는 생애주기적 변화에 관심을 두는 시각이다. 이미 18세기부터 인구와 빈곤에 대해 논의가 맬서스를 통해 시작되었는데, 인구의 과밀이 빈곤은 물론 다양한 사회 문제를 야기할 것이라는 관점이 첫 번째에 해당된다. 반면 두 번째 관점은 다소 개인적이고 미시적인 시각으로서 개인이 출산과 관련한 중요한 결정들을 어떻게 내리게 되는지, 이주는 왜 하게 되는지 등에 대한 관심을 포함한다. 물론 이 두 가지 시각은 서로 관련이 깊다. 인구와 관련된 국제기구들의 궁극적인 특성도 인구에 대한 이 두 가지 시각 중 어떤 것을 중시하는지에 따라 결정된다.

제2차 세계대전 이후에 사망률, 특히 영유아 사망과 모성사망이 급감한

---

[41] Steven W. Sinding, "Overview and Perspective," in Warren C. Robinson and John A. Ross (eds.), *Three Decades of Population Policies and Programs* (Washington, DC: The World Bank, 2007), pp.1-12.

반면 출산율은 높은 수준으로 유지되면서 전 세계 인구가 급속하게 증가하였다. 특히 중국과 인도, 브라질, 나이지리아와 같은 제3세계 국가에서 인구가 급속도로 증가하게 되는데, 이는 이미 인구의 성장이 안정화된 미국과 유럽국가 선진국들에게 다양한 방식의 위협으로 받아들여지게 되었다. 두 차례의 대전을 치루면서 인구는 병력 혹은 국력이라는 인식이 강했고, 동시에 맬서스의 주장대로 지구의 제한된 자원이 폭발하고 있는 제3세계 국가 인구들에 의해 위협받게 된다는 인식도 매우 강했다. 이러한 인식은 미국과 서유럽의 많은 나라들이 인구를 매우 중요한 정치적인 요소로 받아들이게 하였고, 그 결과 인구 문제는 국제적인 협상과 정치의 대상의 하나가 되었다. 이와 같은 인식은 미국과 유럽의 많은 나라들이 인구를 연구의 대상으로 삼게 되는 계기가 되었는데, 연구의 목적이 비단 학문적인 수준에 그치지 않고 그 결과를 각국의 국제정치적인 입지를 넓히기 위해 혹은 이해관계의 조율에 사용하려는 데에까지 미치려는 의도를 포함하고 있었다.

예컨대 미국은 다음 절에서 소개하는 Population Council 이외에도 미국 전역의 많은 대학들에 인구관련 연구센터를 설치하게 하였고, 프랑스의 경우 국가가 직접 프랑스의 인구만이 아닌 주로 아프리카 지역의 인구 변화를 연구하는 기능을 가진 국립인구문제연구소Institut National D'etudes Demographiques 를 1945년 설립하였다. 19세기까지 유럽의 주요 열강 중 하나였던 오스트리아 역시 비엔나 인구연구소Vienna Institute of Demography를 설립하여 유럽은 물론 전 세계의 인구현상에 대한 연구를 매우 활발히 진행하여 왔고, 최근에는 Wittgenstein Centre for Demography and Global Human Capital이라는 내부 연구 조직을 따로 만들어 국제적 수준에서 인구와 인적 자원을 연계하여 연구하는 활동도 추가로 진행하고 있다.

두 차례의 세계대전을 치루면서 인구를 바라보는 국제적인 시각은 앞서 제시한 두 가지 가운데 첫 번째인 인구의 수가 가진 영향력에 더욱 집중되었다. 그러다보니 위에서 소개한 각 국가들의 인구관련 연구가 매우 활발하게 진행되어 왔지만 동시에 인구가 너무 정치적인 이해관계의 대상이 되고 있다는 학계의 자성도 등장하게 되었다. 그 결과 유럽의 인구학자들이 모여

국제기구와 보건·인구·여성·아동

1928년에 최초로 설립한 국제인구학회인 IUSSP도(처음 이름은 Assembly of the International Union for the Scientific Investigation of Population Problems였음) 그 이름(International Union for the Scientific Study of Population)이 명시하고 있는 바와 같이 인구 현상에 대한 연구를 과학적 혹은 학술적 수준에서 교류하는 것을 천명하는 계기가 되었다.

한편 20세기 후반으로 들어서면서부터 인구를 바라보는 국제적인 시각은 점차 두 번째인 생애주기적인 관점도 중시하려는 움직임이 명확해졌다. 특히 그 계기가 된 것이 1994년 이집트 카이로에서 개최된 제3차 International Conference on Population and Development[ICPD]이었다.

이 ICPD는 앞서 살펴본 바와 같이 UNFPA를 통해 유엔이 직접 주관하는 회의로서 전 세계 인구관련 학자, 정치세력, 이익집단, NGO 등이 모두 모여 당면한 각종 인구현안에 대해 토론하고 미래의 인구 전략에 대한 목소리를 조율하는 회의이다. 1994년 카이로에서 개최된 ICPD는 인구현상, 특히 가족계획에 대한 국제적인 시각과 프로그램의 방향을 혁명적인 수준으로 변환시킨 매우 중요한 자리였는데, 이전에 인구가 다양한 정치 경제적 영향력을 지닐 수 있으므로 조절되어야 할 대상이라는 인식에서, 출산과 이주 그리고 사망은 개인적인 삶의 영역으로서 인권의 측면에서 다루어져야 한다는 것과 동시에 한 사회의 개발전략에서 함께 고려되어야 할 대상으로 인식하는 것으로 바꾸는 계기가 되었다.[42]

UNFPA는 물론 다른 국제기구도 이 회의 이후 단순히 피임을 통해 출산을 억제하는 전략에서 벗어나 개인 스스로 출산을 계획하고 본인에게 알맞은 피임방법을 선택할 수 있는 권리를 보장해 주는 방향으로 인구 관련 프로그램의 내용과 성격을 변화하였다. 하지만 그럼에도 불구하고 여전히 저개발 국가들의 높은 출산율로 인한 인구증가에 대한 우려는 많은 선진국들

---

42 Fred T. Sai, "The Cairo Imperative: How ICPD Forged a New Population Agenda for the Coming Decades," in Nafis Sadik (ed.), *An Agenda for People: The UNFPA through Three Decades* (New York City, N. Y.: New York University Press, 2002), pp.113-136.

이 공통적으로 견지하고 있는 관점인데 이는 여전히 두 가지 시각 가운데 두 번째 시각의 중요성이 커지는 것이 첫 번째 시각의 중요성을 상대적으로 축소시키지 않고 있다는 것을 의미한다.

2. 인구관련 국제기구들

인구의 크기 및 분포는 물론 출생, 이동, 사망과 관련된 다양한 인구현상들은 인구가 급속하게 증가하기 시작하면서부터 국제사회의 주된 관심사로 등장하였고, 이는 본 연구의 대상인 UNFPA뿐만 아니라 인구와 관련된 수많은 국제기구들이 출범되어 온 원인으로 작동하였다. 실제로 UNFPA와 같이 국제 정치역학적인 차원의 이해관계 속에서 설립된 인구관련 국제기구들뿐만 아니라, 인구와 관련된 사안에 기술적이고 물질적인 원조를 제공하는 역할을 담당하는 국제원조관련 기구 등 다양한 인구 관련 국제기구들이 존재한다. 본 연구는 UNFPA의 인구관련 활동과 국제역학적 특성들을 정리하는 것을 목표로 하고 있지만, 인구와 관련하여 활동하거나 조직된 다른 국제기구들의 특성을 간략하게 파악하는 것은 UNFPA에 대한 이해의 폭을 넓히는 데 있어서 큰 도움이 될 것이다.

국제사회의 조율을 요구하는 거의 모든 문제가 그러하듯이 인구와 관련된 문제들도 기본적으로 유엔을 통해 논의가 되어 왔는데, 인구가 포함되는 영역이 매우 다양하기 때문에 이와 관련된 유엔의 조직들도 다양하다. 먼저 유엔의 본부조직으로 유엔인구처United Nations Population Division: UNPD는 유엔의 경제사회국Department of Economic and Social Affairs 산하의 조직이다. 이 UNPD는 1946년 유엔의 본부조직으로 처음 구성되었는데, 인구와 경제사회개발과 관련한 국가 간 의견 조율, 인구통계생산 및 통계방법론 개발, 그리고 인구 및 개발 관련 국제회의 기획 및 개최 등의 활동을 기본적으로 수행하고 있다. 우리가 일반적으로 인구와 관련된 유엔 통계를 많이 사용하는데, 이때 사용되는 거의 모든 인구관련 통계들이 UNPD를 통해 생산된 것이고, 그 대표적인 통계자료가 매년 생산되고 있는 World Population Prospects이다. 그리고 국제사회의 산아제한 정책 및 관련된 기본 철학, 국제적 인구이동과 그로 인한 사회경제적 파급 효과 등 전지구적 차원의 인구정책의 틀과 방향을 제정하는 것도 UNPD의 주요 업무에 포함된다.

인구와 관련된 유엔산하의 또 다른 기구는 유엔통계처United Nations Statsitcs Division: UNSD이다. UNSD는 그 명칭이 제시하고 있는 바대로, 유엔이 관장하는 거의 모든 영역에 대한 통계를 정리하고 산출해 내는 기능을 수행하는데, 인구가 매우 중요한 영역이기 때문에 전 세계, 각 지역 및 각국의 주요 인구관련 통계들도 이곳을 통해 생산된다. UNSD가 생산하는 통계는 경제통계, 인구 및 사회통계, 환경 및 에너지 통계, 젠더 통계, 국가의 통계 생산체계, 새천년개발목표MDG관련 통계 등이 포함되는데, 인구 및 사회 통계, 젠더 통계, 그리고 MDG관련 통계가 인구와 관련한 통계들이다. 이 UNSD는 1946년에 유엔의 경제사회국의 보조기구인 통계위원회Statistics Commission로 처음 설립되었고, 이후 인구관련 문제에 관한 통계의 생산과 분석 작업을 수행하여 UNPD 등 관련 단체들에 이를 제공하는 역할을 수행하여 왔다.

유엔 내부의 다른 조직들도 그러하듯이 인구와 관련된 유엔조직도 본부조직과 개별조직으로 구분된다. 본부조직은 위에서 언급한 바와 같이 UNPD와 UNSD가 있는데, 이들은 General Assembly와 같이 큰 틀에서 국제 사회 인구정책의 방향을 마련하고 각국의 이해관계를 조율하는 역할을 한다면 개별조직은 실제 이를 실현하기 위한 각종 프로그램들을 가동하게 된다. 유엔산하에서 인구에 대한 각종 프로그램을 운용하는 국제기구는 유엔개발계획United Nations Development Program: UNDP, 유엔난민최고대표사무소 United Nations High Commissioner for Refugees: UNHCR, 유엔인간정주프로그램United Nations Settlement Programme: UNHSR, 유엔아동기금(United Nations Children's Fund: UNICEF, 유엔에이즈공동프로그램Joint UN Program on HIV/AIDS: UNAIDS 등이 있다. 본 보고서의 주된 연구대상인 유엔인구기금UNFPA도 유엔의 개별조직에 포함된다. 각 개별조직은 국제기구총서를 통해 자세하게 다루어지기 때문에 본 연구에서 이들에 대한 소개는 생략하기로 한다.

한편 인구 문제와 관련된 유엔 전문기구들도 존재한다. 각 나라와 지역에서 발생하는 질병과 보건위생 환경은 인구의 사망과 직결되는 매우 중요한 요소이다. 스위스 제네바에 본부 사무국을 두고 6개 지역위원회로 구성된 세계보건기구WHO는 질병 특히 전염성질병에 대한 국제적 감시체계를 구축하여 국제 보건과 관련된 사항을 다룬다. 세계은행World Bank도 인구와 관련된 유엔 전문기구들 중 하나이다. 세계은행은 각국의 경제발전과 개발촉진을 통한 빈곤의 퇴치를 목적으로 설립된 국제협력기구이다. 인구의 급속한 증가는 사회 및 경제개발 및 빈곤과 밀접한 관련을 맺고 있다. 유엔교육과학문화기구UNESCO도 인구 문제와 밀접한 관계를 가진 국제기구이다. UNESCO는 그 명칭이 제시하는 바와 같이 교육, 과학, 문화 부문의 국제협력을 목적으로 창설되었는데, 교육은 인구, 개발, 빈곤에서 매우 중요한 위치를 차지하고 있다. 특히 저개발 국가들의 가족계획에 있어서 교육의 역할이 매우 중시되고 있기 때문에 이들 국가에서 UNESCO의 활동은 인구에 직접적인 영향을 주고 있다고 해도 과언이 아니다.

여러 국가 간에 인구와 관련한 문제를 다루는 활동은 비단 유엔 기구만을 통해서 이루어지는 것은 아니다. 특히 유엔이 예산 분담 혹은 정치적인 역학관계에서 자유로울 수 없기 때문에 유엔을 통한 인구 문제 역시 이로부터 자유롭지 못한 것이 일반적이다. 한 나라의 과잉인구는 인구이동을 촉발하고 그것은 다른 나라들에 매우 큰 영향을 주게 되는데, 이때 정치적인 역학관계가 때로는 인구 문제 해결에 도움이 되지 않는 방향으로 작동할 수도 있다. 특히 이주 혹은 국제노동시장과 관련한 사안들이 더욱 그러하다. 그러므로 유엔 내부의 정치적 역학관계로부터 자유롭지만 여전히 국가 간 논의와 협의 혹은 조정이 필요한 인구 문제가 존재하는데, 이를 위한 국제기구도 존재한다. 먼저 국제이주기구International Organization of Migration: IOM가 그 대표적이다. 국세이주기구는 국제 이주자들의 권리를 증진하기 위해 1951년에 설립된 국제기구다. 설립 초기에는 주로 제2차 세계대전 이후 비유럽국가들로부터 유럽국가로 넘어오는 이주민들의 권리를 보호하기 위한 업무를 주로 했지만, 1980년대 이후 그 활동 범위를 전 세계로 확대하여 왔다. 현재

국제기구와 보건·인구·여성·아동

는 주로 저개발 국가로부터 선진국으로 이주하는 이주노동자 혹은 난민들의 인권, 노동권, 혹은 건강권 보호를 위한 활동을 전개하고 있다.

두 번째로 국제가족계획연맹International Planned Parenthood Federation: IPPF을 들 수 있다. 국제가족계획연맹은 국제비정부기구INGO로서 전 세계 172개 국가의 가족계획 혹은 모자보건 관련 비정부단체들의 연맹체이다. 1960년대부터 1990년대 말까지 우리나라의 가족계획의 실무 업무를 담당했던 대한가족계획협회(현재는 한국가족보건복지협회로 개명됨)도 국제가족보건복지연맹의 회원이다. 한 가족이 형성되고 그들이 원하는 수의 자녀를 원하는 시기와 터울을 가지고 건강하게 출산할 수 있도록 도와주는 활동을 주로 수행하는데, 우리나라와 같이 출산율이 낮은 국가에서는 그 활동이 미약하지만, 아프리카 혹은 동남아시아에서 국제가족계획연맹의 활동은 지금도 매우 활발하다.

세 번째로 인구위원회Population Council를 들 수 있다. 인구위원회는 2차 세계대전 직후에 미국의 부호인 록펠러Rockefeller 3세가 제3세계의 인구성장에 대한 우려를 바탕으로 설립하였다. 인구위원회의 주요 활동은 인구성장 억제와 관련된 것이었기 때문에 주로 가족계획과 관련한 의료용품의 공급 혹은 이와 관련한 학술연구가 포함되었다. 국제이주기구나 국제가족계획연맹이 다수의 참여 국가 및 단체를 바탕으로 조직된 것과 달리 인구위원회는 미국에 본부를 두고 다른 기관이나 국가의 참여 없이 독립적인 조직을 형성하였다. IPPF와 Population Council의 활동이 매우 유사하지만 IPPF는 가족계획 사업을 개발하고 실제로 가족계획이 필요한 국가들에서 프로그램을 운영하는데 주력하고 있는 반면, Population Council은 가족계획과 관련한 이론의 개발이나 프로그램의 학술적 평가 등에 더욱 주력하고 있다.

이상과 같이 인구 문제를 다루는 국제기구 혹은 기관은 매우 다양하다. 비록 각 기구들의 기능이나 활동 내용 등이 서로 중첩되지 않는 것은 아니지만, 각각이 주로 대상으로 하고 있는 지역이나 국가 그리고 활동이 있기 때문에 기구들 간의 활동에 대한 조율이 필요하다거나 이해가 상충되는 경우가 발생하였다고 보고된 바는 많지 않다.

V. 결론

우리나라는 2000년대 이후 출산율이 급감하고 출산아 수가 크게 줄어들면서 인구가 줄어들 것을 걱정하고 있다. 이러한 인구감소에 대한 우려는 유럽을 비롯한 대부분의 선진국들이 공통적으로 경험하고 있는 현상이다. 하지만 전 세계의 인구는 반대로 매우 빠른 속도로 증가하고 있으며 이는 환경을 비롯한 수많은 지역사회 혹은 국제적 분쟁의 요소가 될 것으로 예측되고 있다. 본 연구에서 다룬 UNFPA는 바로 이러한 전 세계 인구가 급증하는 것에 대한 국제사회의 대응을 위해 유엔이 설립한 인구조절 기구라고 볼 수 있다. 한 국가는 물론 전지구적 차원에서 인구 문제를 담당하는 국제기구는 UNFPA말고도 여럿 존재한다. 하지만 1969년 처음 유엔 내부에서 설립된 이후 지금까지 출산 조절과 관련된 다양한 사업들을 전 세계의 거의 모든 저개발 국가에서 수행하여 온 조직과 기구는 UNFPA가 가장 대표적이다.

본 장에서 설명한 바와 같이 UNFPA의 가족계획 사업과 프로그램들은 출산아 수를 줄이는 것에 성공적이었다고 평가받고 있지만, 다양한 비평의 목소리로부터 자유롭지 못한 것이 사실이다. 특히 우리나라에서도 제기된 바와 같이 초기 UNFPA의 활동들이 여성의 출산권 혹은 모성건강에 대한 관심이 매우 부족했다는 사실이 가장 많은 비판적인 평가를 받게 한 원인이 되어 왔다. 하지만 1994년 카이로의 ICPD 이후 인구와 사회개발을 동시에 고려하면서 여성의 건강과 권리가 UNFPA의 가장 중요한 사업 대상으로 대두되었고, 이후 2000년대 들어 MDG와 함께 국제사회에서 젠더평등, 모성건강, 영유아 건강, HIV/AIDS 등에서 많은 기여를 해 왔다. 전 세계의 인구가 아직도 증가할 것으로 예견되고, 여전히 많은 수의 젊은 여성들이 본인의 생식권과 건강권을 찾고 있지 못한 상황이기 때문에, 이를 개선하고자 하는 UNFPA의 활동은 유엔 내부에서는 물론 국제사회에서도 많은 관심이 지속될 것으로 보인다.

우리나라 정부는 비록 UNFPA에 대해 매우 작은 규모의 직접 분담금을

국제기구와 보건·인구·여성·아동

지원하고 있지만, 북한의 인구와 관련하여 직간접적으로 UNFPA의 활동에 기여 또는 관여하게 될 것임에 틀림없다. 뿐만 아니라 우리나라의 공적원조를 담당하고 있는 한국국제협력단KOICA이 최근 모성건강과 영유아 건강은 물론 가족계획 사업 자체를 양자 간 지원 형태로 접근하는 프로그램을 개발하여 수행하기 시작하였다. 이는 UNFPA와 직접적인 관련이 없다고 볼 수 있지만 사업의 내용과 대상에서 서로 배타적일 수 없기 때문에 간접적으로 UNFPA와의 긴밀한 공조가 예견되고 있다.

✛ 멜서스. 이서행 옮김. 『인구론』. 동서문화사, 2011.

　이 책은 인구를 자연법칙으로 파악하여 고전경제학의 밑바탕이 된 맬서스의 사상을 설명한다. 이 책에 담긴 깊은 통찰력과 현실주의적 비판의식은 오늘날에도 커다란 중요성을 가지며 특히 맬서스가 역설한 인구조절에 대한 필요성은 인위적 산아제한 등 출생률을 낮춤으로써 빈곤을 없앨 수 있다는 현대의 신맬서스주의로 발전하여 그 영향력을 떨치고 있음을 보여준다.

✛ Melinda Gates. *Let's Put Birth Control Back on the Agenda*. TED talk, 2012(http://www.ted.com/talks/melinda_gates_let_s_put_birth_control _back_on_the_agenda).

✛ "The Power of 1.8 Billion Adolescents, Youth and the Transformation of the Future." *The State of World Population* 2-14. UNFPA, 2014.

　이 보고서는 오늘날을 살고 있는 약 18억 젊은 세대들이 지구촌 미래를 형성하고 이끄는 주도자로서 그들의 역할과 중요성을 제시한다. 따라서 그들 존재의 중요성을 간과하고 외면하는 것은 경제적·사회적으로 매우 큰 위험성을 지니며 그들이 앞으로도 사회 변형에 미칠 수 있는 영향력의 잠재성을 보여준다.

유엔여성기구(UN Women)

김동식

I. 서론

여성에 대한 차별은 인종과 종교에 근거한 차별만큼이나 오랜 역사를 가지고 있다. 그러나 성차별은 인종·종교에 근거한 차별과는 다르게 가시적으로 명백히 드러나지 않거나, 그 영향력도 크지 않아 그동안 사회적으로 관심과 인식이 낮았다.[1] 우리나라와 같이 유교적 가부장제 문화가 사회전반에 지배적인 국가들에서는 여성에 대한 차별은 묵인되거나, 오히려 신자유주의와 결부되어 성차별이 용인되기도 한다. 여성에 대한 인권유린과 성착취 및 성폭력 등은 개별 이슈이기도 하지만, 근본적으로는 성차별에 기인된 것이라 해도 과언은 아니다. 이러한 성차별은 현대 사회로 접어들면서 많이 개선되었다고는 하지만, 정치·경제·문화 등 전 생활영역에 여전히 만연되어 있다.

여성에 대한 차별 등과 같은 젠더 이슈gender issues는 어느 국가이든 그 나라의 역사에서 그 흔적을 찾아 볼 수 있다. 이를테면, 우리의 경우 조선시대 경국대전(經國大典)에는 30이 넘은 미혼여식을 둔 부모는 여식의 혼사를

---

[1] 박경순, "여성을 위한 적극적 우대조치에 관한 연구,"『서강법학』제10권 1호(2008), pp.117-150.

주선하지 못할 경우 벌을 주는 조항이 있었는데, 이를 통해 그 당시 여성의 독립성을 인정하지 않았음을 알 수 있다.[2] 이러한 젠더 이슈는 동서를 막론하고 20세기 이전까지는 개별 국가의 정치·사회·문화적 맥락에서 이해되는 경향이 강하여 국제사회에서 공론화되지는 않았다. 그러나 제2차 세계대전 직후 세계평화와 인권보장을 도모하기 위해 유엔이 창설되고 여성 차별의 특수성을 감안하여 1946년 6월 경제사회이사회Economic & Social Council: ECOSOC 산하에 인권위원회와는 별개의 기능위원회로서 여성지위위원회Commission on the Status of Women: CSW가 설치되면서, 성차별 등 오랫동안 여성들이 직면한 문제들에 대해 국제사회가 함께 공식적인 논의를 시작하였다.

유엔은 여성지위위원회뿐만 아니라, 1946년 여성지위향상국Division of the Advancement of Women: DAW, 1976년 유엔여성발전기금United Nations Development Fund for Women: UNIFEM과 여성지위향상을 위한 국제여성연구훈련원International Research and Training of Institute for the Advancement of Women: INSTRAW 그리고 1997년 성평등과 여성지위향상을 위한 유엔사무총장 여성특별보좌관실Office of the Special Adviser to the Secretary General on Gender Issues and Advancement of Women: OSAGI 을 각각 설립하여 국제사회에서 여성에 대한 불평등과 차별 문제를 해결하고, 여성의 지위향상을 위해 부단히 노력을 해왔다. 그러던 중 2010년 7월 유엔 여성기구들은 유엔여성기구UN Women로 통합되었다.

이는 2000년부터 유엔 시스템내의 일관성 증진을 위한 유엔 개혁의 일환이었다. 유엔 산하에 4개의 여성기구들이 있었지만, 어느 기구도 양성평등과 여성권한 강화을 다루는 다양한 활동들을 관리·감독하지 못하였고, 이는 재원과 권한의 분산을 가져왔다. 따라서 UN Women의 출범은 이러한 문제를 해결하기 위함이기도 하다. 또한, 유엔이 여러 관련 기구 내에서 여성과 젠더 이슈를 관철하고, 개별 국가 및 지역 차원에서 실천할 수 있도록 여성정책을 적극적으로 추진하기 위함도 있다. 기존 유엔 내 여성기구의 수

---

2 김복규, 『우리나라 여성정책의 변화와 발전과제』(한국행정학회, 기획세미나·국제포럼 발표논문집, 2000).

국제기구와 보건·인구·여성·아동

장들은 모두 국장급인 것에 비해, UN Women의 수장은 유엔 최고위 정책 결정과정에 참여할 수 있는 유엔 내 세 번째 서열인 사무차장^{Under Secretary General}급으로 그 위상이 강화되었다. 게다가 기존 여성기구들이 UN Women 으로 통폐합되면서 예산도 증액되는 등 유엔 내 여성과 젠더 이슈들이 체계적으로 관리되고 지원될 수 있는 인프라도 구축되었다.

우리나라는 UN Women이 출범한 그해 11월 ECOSOC에서 실시된 UN Women 초대 집행이사국^{executive board}에 당선되었고, 2012년 1월에는 김숙 주유엔 대사가 집행이사회 의장으로 선출되면서 특별한 인연을 갖고 있다. 실제 UN Women은 여러 차례 국회 여성가족위원회, 여성가족부, 외교부, 한국국제협력단^{KOICA} 등 정부와 민간기관을 방문하여 다양한 협력방안에 대해 논의하는 등 긴밀한 관계를 유지하고 있다. 이와 같이 국내외적으로 UN Women과의 파트너십에 대한 관심은 높아지고 있지만, 이 기구에 대한 전반적이고 심층적인 분석은 거의 전무하다. 이는 UN Women의 역사가 아직은 짧고 관련 정보가 여타 유엔 기구들에 비해 부족한 것에 기인할 수 있다. UN Women이 비록 2011년에 출범한 신생기구이지만, 기존 4개의 유엔여성 기구가 통합된 것이기에 UN Women의 역할과 기능 및 사업 내용 은 기존 유엔여성기구를 빼고 말할 수는 없다. 따라서 여기서는 UN Women 과 기존 유엔여성기구를 모두 포괄하여 제시하였다. 그리고 향후 UN Women 과의 지속가능한 파트너십을 위한 방안도 함께 살펴보았다.

II. UN Women의 설립배경과 과정 및 구조

1. UN Women의 설립배경과 과정

중세시대까지만 하더라도 가부장제와 봉건적인 신분사회로 인해 여성은 출산과 가사노동 등과 같은 전통적 성역할만을 요구받았고, 사회참여 등 이들의 인권은 철저히 묵살되었다. 근대로 들어오면서 봉건적 사회체제가 무너지고 국민의 인권이 회복되기 시작하였는데, 그 발판이 된 사건이 바로 1789년 프랑스 시민혁명이라 할 수 있다. 그러나 그 당시의 인권은 남성에게 의미되는 부분이 강하여 반쪽짜리 성과로 평가되고 있다.[3] 물론 여성들도 인권에 대한 당위성을 적극 주장하고 활발한 활동을 전개하였지만, 사회전반에 팽배했던 가부장적 이념을 넘을 수는 없었다. 가장 기본적인 권리인 참정권이 여성에게 부여된 것도 영국에서는 1918년, 미국은 1920년, 프랑스는 1945년에서야 가능했다.

여성에 대한 차별과 인권유린 등의 여성 문제가 개별 국가의 이슈가 아닌 국제사회가 함께 관심을 갖고 해결해야 하는 국제적 이슈로서 자리매김하게 된 것은 1945년 유엔이 출범하면서 부터라고 할 수 있다.[4] 물론 이때도 전체 51개 유엔 회원국 중 20개국은 여성에게 참정권이 부여하지 않았다. 유엔이 출범한 그 이듬해인 1946년 제1차 유엔총회에서 남성과 같이 여성에게도 평등한 정치적 권리를 부여해야 한다는 내용의 결의안이 채택되었다. 그리고 1948년 제3차 총회에서 세계인권선언문Universal Declaration of Human Rights이 가결되어 선포되었다.[5] 이 선언문에는 국제문서로는 처음으로 남녀

---

3 김엘림·윤덕경·박현미, 『20세기 여성인권법제사』(한국여성개발원, 2001).

4 방혜영·김이선, 『2003 유엔여성발전 주제 및 이행전략에 관한 연구』(한국여성개발원, 2003).

5 1946년 유엔 창립 당시 인권위원회가 작성한 인권장전초안(Draft Outline of a Bill of Rights)과 1966년 국제인권규약(International Covenant on Civil and Political

의 동등권Equal Rights of Men and Women에 대한 신념을 확인하고 있다.6

여성인권 등 여성과 관련된 문제를 국제사회에서 관철시키기 위해 1946년 4월 유엔 ECOSOC는 인권위원회Commission on Human Rights: CHR 산하에 여성지위에 관한 소위원회를 설립하였다. 이 소위원회에서는 여성에게 영향을 미칠 수 있는 법률 조사 및 여성관련 기록 등의 자료를 작성하고, 전문가의 견해나 여론을 수렴할 수 있는 포럼을 개최하거나 여성 문제를 공론화할 수 있는 캠페인을 벌이는 등의 역할을 담당했다. 그러나 각 국가와 여성 NGO 대표들은 인권위원회에서 일반적인 인권 문제와 함께 여성의 권리를 다루는 만큼, 여성지위를 위한 소위원회가 인권위원회 산하기관으로 있으면 여성인권은 주변화가 될 수 있음을 지적하면서, 여성인권을 포함한 여성 이슈를 전담할 수 있는 독립된 기구가 필요함을 주장하였다.7 이에 당시 여성지위에 관한 소위원회 초대 위원장이었던 덴마크의 보딜 베그트룹Bodil Begtrup은 ECOSOC에 이의를 제기하였고, 그해 6월 21일 CSW는 CHR와는 별개의 부서로서 양성평등과 여성의 권한증진을 위한 기능위원회로 출범하게 되었다.8

CSW는 정치, 경제, 사회, 시민 및 교육 등의 제반 분야에서 권고문을 작성하고, 이를 ECOSOC에 보고서로 작성하여 제출하는 기능을 담당하였다. 또한 국적, 언어, 종교에 관계없이 여성의 지위를 향상시키고 모든 분야에서 양성평등이 관철되도록 국제적 조치 사항을 모니터링하고, 전지구적 차원의 발전을 검토·평가하는 업무도 부여받았다.9 10 그리고 CSW는 세계인권선

Rights)과 함께 국제인권장전이라고 불린다.

6 UN "The Universal Declaration of Human Rights," http://www.un.org/en/documents/udhr(검색일: 2014.2.27).

7 방혜영·김이선(2003).

8 관련 내용은 유엔 홈페이지(http://www.un.org/womenwatch/daw/CSW60YRS/CSW briefhistory.pdf), "Short History of the Commission on the Status of Women"를 참고하라.

9 변화순·김은경, 『한국여성지위위원회 50년과 한국활동 10년』(한국여성개발원, 1997).

10 CSW는 국제사회에서 여성을 대상으로 하는 인신매매와 매춘, 여성차별철폐 및 평등

언의 초안 단계[11]에서부터 채택되기까지 전 과정에서 여성운동가들과 함께 문제를 제기하고, 여성도 남성과 동일한 인권을 지닌 주체임이 명시되도록 하는 데 상당히 중요한 역할도 하였다.

유엔은 CSW가 제대로 그 역할과 기능을 충분히 발휘하도록 유엔사무국 내 경제사회업무부의 한 부서로 DAW를 CSW가 출범한 같은 해에 설치하여, 이를 관장하고 지원하도록 하였다. DAW는 여성이 남성과 평등한 동반자로서 여성의 참여를 보장하고, 이를 통해 지속가능한 발전과 평화 및 안

여성차별철폐위원회(Committee on the Elimination of Discrimination Against Women)

여성차별철폐위원회는 유엔 인권시스템하의 인권기구로서 여성차별철폐협약 17조에 따라 1982년에 설치되었다. "본 위원회는 협약 가입국이 협약을 얼마나 잘 이행하는지를 모니터링하기 위한 기구이며, 지역별 균형을 고려하고 다양한 문명과 법체계를 반영하도록 규정되어 있지만 지역별로 위원수가 배분되어 있지는 않다. 위원들은 협약 당사국이 후보를 추천하고 협약 당사국 회의에서 2년마다 절반씩 선출한다. 협약 가입국 수의 과반수 표를 얻어야 선출되며, 4년의 임기로 활동하고 연임에는 제한이 없다. 정부가 추천하지만 일단 선출되면 국가 대표가 아니라 독립적인 개인 전문가로 활동하게 된다."[12]

권보장 등의 여성인권의제에서 많은 성과를 얻었다. 이를테면, 1949년의 '인신매매 및 타인의 매춘에 관한 착취 금지협약,' 1951년의 '남녀의 동일노동·동일보수에 관한 국제노동기구협약,' 1952년의 '모성보호에 관한 국제노동기구 협약'과 '여성의 정치적 권리에 관한 협약,' 1957년 '기혼여성의 국적에 관한 협약,' 1967년의 '여성차별철폐선언' 등이 있다(변화순·김은경, 1997).

11 CSW는 세계 여성의 인권보장 실태를 파악하기 위해 75개국 여성의 법적 지위와 대우에 관한 조사를 실시하였고, 그 결과 정치, 경제, 사회, 문화적 권리에서 여성들이 남성과 동등한 권리를 보장받지 못하고 있음을 확인하였다(변화순·김은경, 1997).

12 신혜수, "UN 여성차별철폐협약의 한국에서의 성과와 과제: UN 여성차별철폐협약 (CEDAW)과 여성인권"(국가인권위원회, 2009).

전, 인권의 수혜자로서 향상시키는 것을 목적으로 한다. 유엔 여성차별철폐 위원회Committee on the Elimination of Discrimination Against Women: CEDAW[13]도 DAW 가 적극적으로 지원하도록 하는 등 유엔 내·외부에서의 여성인권과 차별 등 전반적인 여성관련 문제에서 성주류화를 이끌도록 하였다.

한편, 1960년대 탈식민지화로 신생독립국가들의 유엔 가입 과정에서 이들 국가의 대표들이 절대빈곤의 제3세계 여성 문제를 제기하면서 유엔의 여성활동에 대한 관심이 높아졌다. 실제 60년대 후반 신좌익 운동에서 파생된 급진주의 페미니즘은 가부장제하에 존재하는 모든 여성과 관련된 문제를 경제와 사회를 물론이거니와 생물학적 측면도 포괄하는 총체적 시각에서 조명하면서, 유엔의 여성활동이 여권증진의 부분적 개선을 넘어 성 억압적 사회구조까지 문제삼아야 할 필요성을 제기하였다.[14]

이러한 유엔 여성활동의 맥락적 변화를 반영하고 성차별 문제와 발전에 있어 여성 역할의 중요성에 대한 국제사회의 관심을 불러일으키기 위해 유엔은 1975년을 세계여성의 해International Year of Women로 선포하고 멕시코시티에서 제1차 세계여성회의World Conference on Women를 시작으로 1995년 제4차 회의까지 개최되었다.[15] 특히 제1차 세계여성회의에서는 여성의 지위향

---

13 정순영·김영혜, 『동북아 여성지도자 회의를 통한 여성협력 방안에 관한 연구』(한국여성개발원, 2001).

14 유엔은 1975년 멕시코시티에서 제1차 세계여성회의가 열린 이후, 1976년부터 1985년을 '유엔여성 10년(UN Decade for Women)'으로 선포하고, 중간 지점인 1980년에 그 성과를 점검하기 위해 제2차 세계여성회의를 코펜하겐에서 개최, '유엔여성 10년 후반기 행동프로그램'을 채택하였다. 5년 후인 1985년에 나이로비에서 제3차 세계여성회의를 열어 유엔 여성 10년을 평가하면서 372개항에 달하는 '2000년을 향한 나이로비 여성발전 미래전략'을 채택하였다. 그리고 1995년 북경에서 제4차 세계여성회의를 개최하여 나이로비 미래전략에 대한 각국의 이행상황을 중간 점검·평가하고 여성발전을 위한 361개항의 행동강령을 채택하였다(방혜영·김이선, 2003). 그리고 2000년에는 '여성 2000: 21세기를 위한 성평등·발전·평화'를 주제로 제23차 유엔여성특별총회를 뉴욕에서 개최하여, 북경행동강령의 이행성과를 평가하고, 제4차 세계여성회의 이후 새롭게 대두된 요소들을 반영하여 정치신인과 139개항에 걸친 '결과문서: 북경선언·행동강령 이행을 위한 추가행동 및 조치'를 채택하였다(정순영·김영혜, 2001).

15 방혜영·김이선(2003); 정순영·김영혜(2001).

상에 기여하는 연구 및 훈련기관에 대한 설립안이 제안되었고, ECOSOC에서는 이듬해인 1976년 INSTRAW를 유엔시스템 내 자치기구로 설립하였다. INSTRAW는 개발도상국의 여성발전을 위해 사업, 연구 및 훈련프로그램을 수행하고, 정보를 통해 세계 각국의 여성 문제 의식을 고양시키며, 여성이 새로운 도전과 추세에 부응할 수 있도록 지원하였다. 또한, 유엔은 제1차 세계여성회의를 통해 선포된 'UN Women 10년'을 위한 자발적 기금^{Voluntary}을 Fund for the United Nations Decade for Women을 설립하고, UN Women 10년이 끝날 무렵인 1984년 유엔총회에서 이 기금을 지속시키기로 결정하고 그 명칭을 UNIFEM으로 변경하였다. UNIFEM은 유엔이 지정한 최저개발국 여성에게 재정과 기술지원을 하고, 농촌과 도시 빈곤지역의 아동양육과 탁아, 영양 및 가족보건 등의 분야에 자금과 프로그램을 제공하는 업무를 담당하였다.

〈표 1〉 여성관련 유엔 기구

구분	설립연도	주요 기능
여성지위향상국 (DAW)	1946년	- CSW와 여성차별철폐협약 지원 - 여성단체, NGOs, 학계 등과 협력
유엔여성발전기금 (UNIFEM)	1976년	- 북경행동강령과 CEDAW에 바탕을 둔 여성인권 향상과 양성평등 증진 도모 - 여성역량 강화를 위한 프로그램과 전략 수립하기 위한 재정적·기술적 지원
국제여성연구훈련원 (INSTRAW)	1976년	- 남녀평등 및 여성 역량 강화를 위한 조사, 교육, 지식 등 관리 - 여성인권과 이해를 의사결정 과정 및 개발에 반영하여 여성의 삶의 질 향상 도모
유엔사무총장여성 특별보좌관실(OSAGI)	1997년	- 성 주류화 담당 - 젠더 이슈에 초점을 둔 사회문제 사무소 역할 - 밀레니엄 선언, 북경행동강령의 효과적 이행 도모

출처: 이선주, 『UN Women의 출범과 한국여성정책의 과제: 제68차 여성정책포럼: UN Women의 출범과 한국여성정책의 미래』(한국여성정책연구원, 2011)

1995년 제4차 세계여성회의 이후 유엔 시스템 내에서 성주류화^{Gender Main-}streaming를 관철하기 위해 OSAGI를 1997년에 설립하였다. 이 기관은 유엔의 여러 기구에 종사하고 있는 임원급 직원들에게 성주류에 대해 자문하고, 이를 위한 방법론과 도구 및 정보 등도 제공하는 역할을 하였다. 주요 목표는 새천년 선언^{Millennium Declaration}과 1995년 제4차 세계여성회의에서 채택된 북경 행동강령의 효과적인 이행을 도모하고 강화하는 것이었다.

이처럼 유엔은 여러 여성관련 기구를 설립하여 다양한 프로그램을 기획·운영하였지만, 이들 상호 간의 기능과 역할에 있어 중복을 피하고 좀 더 효율적으로 여성 정책을 추진하는 데 있어 한계에 부딪쳤다.16 이를테면, 기능과 역할 중복으로 어느 하나 양성평등 관련 이슈를 다루는 유엔의 여러 활동을 관리·감독하는 기구로 인정받지 못하였고, 여러 기구로 예산이 배분되다 보니 예산이 충분하지도 못했다.17 이로 인해 유엔 산하의 여러 기구들에서 양성평등과 여성관련 이슈들이 우선순위에서 밀리는 결과를 초래하였다. 이러한 문제점들을 극복하고 여성과 여아의 목소리를 대변하기 위해서 단일화된 유엔 기구로서 UN Women이 탄생하였다.

이렇게 유엔의 여러 여성기구들을 통합한 것은 2000년부터 진행된 유엔 시스템 개혁의 일환으로 여성관련 자원과 권한을 한 곳에 집중시켜 양성평등과 여성발전이라는 여성기구의 목표를 효율적이고 효과적으로 달성하기 위함이었다. 2005년 유엔 세계정상회에서 유엔이 좀 더 효율적이고 효과적인 업무와 이를 통한 성과를 창출하기 위해 업무운영의 필요성이 제기되었다. 이에 코피 아난^{Kofi Annan} 사무총장은 유엔 내 시스템 통합 방안 마련을 위해 각국의 고위급 인사들로 패널^{UN High Level Panel on System-Wide Coherence}을 구성하였다. 이 패널은 2006년 11월에 보고서를 발간하였는데, 여기에는 유엔 내 여러 시스템이 일관성이 없고, 양성평등을 다루는 기구 및 부서가 여러 개 있고 그 기능과 역할이 중복되며, 재원이 부족하여 효율성과 효과성

---

16 윤현주, "UN Women의 창설과 5대 과제," 『젠더리뷰』(2011).
17 이선주(2011), p.4.

을 충분히 창출할 수 없음이 지적되었다. 그리고 해결방안으로 기존의 여성 기구DAW, UNIFEM, OSAGI를 새롭게 설계(통합)할 것과 관련된 내용이 제안되었다.[18]

보고서가 발간된 이후 뉴욕에 본부를 둔 세계여성환경기구Women's Environment & Development Organization: WEDO 등의 여성단체들은 여성관련 기구 통합에 대한 의견을 유엔에 전달하는 데 심혈을 기울였다. 2008년 2월 26일에는 16개 여성단체가 모여 유엔의 여성 통합기구 설치 운동을 지원하는 '양성평등구조개혁Gender Equality Architecture Reform: GEAR' 캠페인을 발족시켜, 관련 논의를 활성화하였다. 실제 GEAR는 새로운 단일의 유엔 양성평등기구의 채택을 옹호하기 위한 목적으로 국제 소롭티미스트Soroptimist International를 포함한 여성 단체들을 동원하기 위해 결성되었다. 통합에 대한 논의 과정에서 기존 유엔 여성기구들을 단순히 물리적으로 합칠 것인지, 유엔개발기구UNDP와 같이 프로그램으로 할 것인지 등 의견이 분분한 가운데 애초에 포함되지 않았던 INSTRAW도 개혁의 대상으로 포함되었다.[19] 그리고 이 과정에서 기구를 나타내는 명칭도 hybrid entity에서 composite entity로 바뀌었다.[20] 이러한 논의 과정을 통해 2010년 7월 2월 반기문 유엔사무총장은 총회 결의안 '전 시스템의 통합성system-wide coherence'에 의거하여 UN Women 설립을 공식화하였다.[21] 그리고 그해 9월 14일 UN Women의 초대 수장에 전 칠레 대통령 미첼 바첼레트Michelle Bachelet를 임명하였다.

UN Women은 2011년 1월에 공식적으로 출범하였는데, 이 날은 유엔이 기존의 여성관련 조직들을 단순히 물리적으로 통합한 것이 아닌 좀 더 효율적인 재원 활용을 통한 효과적인 성과를 제고하고자 노력한 유엔 개혁의

---

18 신혜수, "UN 여성기구 단일화의 의미와 과제: 한국과의 관계를 중심으로," 『젠더리뷰』 18호(2011), pp.66-72.

19 신혜수(2010), pp.66-72.

20 신혜수(2010), pp.66-72.

21 UN "Resolution adopted by the General Assembly on 2 July 2010," http://www.un.org/en/ga/search/view_doc.asp?symbol=A/RES/64/289(검색일: 2013.12.5).

성과인 동시에, 유엔이 양성평등 및 성주류화 정책 추진을 전 유엔 기구들뿐만 아니라 국제사회에서 관철시키겠다는 의지를 확고히 표명한 역사적 의미도 지니고 있다.

2. UN Women의 구조와 운영

UN Women은 유엔총회 산하 기구로서 자체적인 예산규정과 내부지침을 수립하며, 41개국으로 구성된 별도의 집행이사회 Executive Board를 설립·운영하고 있다. 규범적인 측면에서 UN Women은 유엔총회, ECOSOC, CSW의 감독을 받고, 운영적인 측면에서는 유엔총회, ECOSOC 및 집행이사회의 감독을 받는다. 조직은 크게 본부(사무국)와 기금모금 및 사업집행(국가·지역 사무소) 조직으로 구성된다. 예산은 기존 여성기구들이 통폐합되어 총괄·운영된다.

1) 총회

UN Women은 유엔총회, ECOSOC 및 CSW를 통해 정부간 협의 등 규범적 기능을 수행하고 있다. 여기서 유엔총회와 ECOSOC는 모든 유엔 산하 기구들에 대한 관리·감독을 수행하기 때문에, 실질적으로 여성 문제에 대한 CSW의 역할이 클 수밖에 없다. 따라서 CSW는 '유엔여성총회'라고도 불린다. CSW는 유엔이 '여성과 남성이 동등한 권리를 가진다'는 원칙을 실천하기 위해 1946년 ECOSOC의 산하에 설립된 기능위원회이다. CSW회의는 매년 3~4월 2주간의 일정으로 뉴욕의 유엔본부에서 개최되며, 2014년 현재까지 58회의 CSW회의가 있었다.

CSW 상임위원국은 유엔회원국 중 ECOSOC가 선출한 45개국 대표(2014년 현재 아프리카 13개국, 아시아 11개국, 라틴 아메리카와 카리브해 9개국, 서유럽과 다른 국가 8개국, 동유럽 4개국)로 구성되며, 임기는 4년이나. CSW에서는 1인의 의장과 4인의 부의장을 2년 임기로 선출한다.

CSW의 주된 기능은 크게 다섯 가지로 요약된다. 첫째 여성지위향상을 위한 효율적인 이행방안 검토, 둘째 정치, 경제, 사회, 교육 분야에서 여성의 지위향상에 관한 사항을 ECOSOC에 보고, 셋째 여성분야에 있어서 ECOSOC가 관심을 기울여야 할 긴급사항에 관한 권고, 넷째 북경행동강령 사항에 대한 정기적 검토 및 유엔 성주류화 활동에 촉진제 역할, 마지막으로 여성차별철폐협약 및 선택의정서 성안 작업이 그것이다.

CSW의 주요 활동은 매년 회의를 통해 여성지위향상 및 양성평등을 위한 정책을 수립하고, 유엔 산하 기구들의 여성관련 사업을 총괄 조정하는 것이다. 특히 CSW는 여성의 지위향상 및 발전을 위해 노력을 하고 있는데, 1975년 '세계여성의 해'로 선포한 것과 1975년, 1980년, 1985년, 1995년 총 4차례의 세계여성회의를 개최, 그리고 이를 통한 유엔의 여성발전 10년 계획 설정과 나이로비 미래전략, 북경선언 및 행동강령, 유엔 결과보고서 등 채택, 여성 문제에 대한 전 세계적인 인식 제고, 그리고 매년 주어진 의제에 관한 합의 결론Agreed Conclusions을 정부와 국제사회 기관들이 이행하도록 하는 노력 등이 대표적인 예일 것이다. 우리나라는 1994~2006년 위원국을 역임하였고, 2007~2010년에는 4년간 임기의 상임위원국으로 활동하였다.

2) 집행이사회

집행이사회는 UN Women이 수행하는 각종 여성지원 사업에 대한 주요 결정을 내리는 곳이다. 집행이사회는 ECOSOC가 선출한 41개국의 대표로 구성되며, 임기는 3년이다.

집행이사회의 국가들(이사국)은 지역별로 할당되는데, 아프리카 지역과 아시아 지역이 각각 10개국, 동유럽은 4개국, 라틴 아메리카 및 카리브해 지역은 6개국, 서유럽 및 기타 지역이 5개국, 그리고 유엔여성에 기여도가 높은 국가들이 나머지 6개국을 차지한다.22 여기서 기여 성도가 높은 6개국

---

22 2013년 현재 집행이사국 현황을 보면, 아시아는 우리나라를 비롯하여 일본, 중국, 카자흐스탄, 인도네시아, 방글라데시, 인도, 말레이시아, 파키스탄, 동티모르, 아프리카

국제기구와 보건·인구·여성·아동

은 UN Women에 기여금을 많이 제공한 10개 국가 중 위에서부터 4개국을 우선 정하고, 나머지 2개국은 OECD/DAC의 회원국이 아니면서 기여금을 많이 제공한 개발도상국가들 중에 지역적 안배를 고려하여 정해진다. 이들 41개 집행이사국 중 1개 국가의 대표가 위원장을, 그리고 나머지 4개 지역을 대표하는 국가들이 부위원장직을 맡고 있다.[23]

UN Women은 유엔총회 결의안 A/RES/64/289에 의거하여 유엔총회, ECOSOC 이외 다층적 거버넌스 multi-tiered intergovernmental governance structure를 이루고 있는 집행이사회로부터 운영에 관한 관리와 감독을 받는다. 따라서 집행이사회에서는 UN Women에 운영적 측면에서의 정책적 지침 policy guidance을 제공해야 한다. 또한 유엔 산하의 여러 기구 집행이사회들과 운영 활동 전반에 대한 균형을 유지하면서, 유엔 시스템 전반에 양성평등과 성주류화가 관철되도록 관련 프로그램 및 사업들에 대한 전문적 경험 공유와 업무 간의 코디네이터 역할 등 적극적인 협조도 한다.

유엔의 다른 기구 집행이사회와 같이 UN Women 역시 연례 및 정기회의가 있는데, 첫 정기회의는 매년 1월, 연례회의는 7월, 제2차 정기회의는 9월에 각각 개최된다. 집행이사회는 절차 규정 rules of procedure[24]에 따라 운영되는데, 대표적인 것이 유엔총회나 ECOSOC의 요청이 있는 경우 회의를 속개할 것, 연례 및 정기 회의는 유엔 본부에서 개최해야 하는 것, 이에 대한 일정과 장소, 의제 등은 최소 6주 전에 모든 회원국에 전달해야 하며 늦어

는 코트디부아르, 콩고공화국, 레소토, 리비아, 탄자니아, 앙골라, 카포베르데, 콩고, 에티오피아, 나이지리아, 라틴 아메리카 및 카리브해는 아르헨티나, 브라질, 엘살바도르, 도미니카공화국, 그라나다, 페루, 서유럽 및 기타 지역은 프랑스, 이탈리아, 덴마크, 룩셈부르크, 스웨덴, 동유럽은 러시아, 에스토니아, 우크라이나, 헝가리, 그리고 공여국 대표는 미국, 영국, 노르웨이, 스페인, 멕시코, 사우디아라비아 등이 있다.

23 우리나라는 유엔여성 초대 집행이사국에 당선되어 2010년 11월부터 2013년 12월까지 임기 이사국으로 활동하였고, 2012년에는 김숙 주유엔대사가 1년 임기의 집행이사회 위원장으로 선출되기도 하였다.

24 UN Women, *Draft Rules of Procedure of the Executive Board of the United Nations Entity for Gender Equality and the Empowerment of Women* (UN-Women, 2011).

도 매년 마지막 정기회의까지는 익년도 업무계획에 대해 논의하고 채택은 첫 정기회에서 할 것, 회의록은 모든 회원국에서 참고할 수 있도록 통역언어로 제공해야 할 것, 매년 정기회의 시 각 지역 대표를 지역적 안배를 고려하여 선출하되 매년 새로운 지역에서 대표가 선출되도록 할 것, 위원장과 부위원장 등 임원진은 후임들이 확정될 때까지 업무를 지속할 것, 필요 시 특별 실무팀working group을 운영하되 그 기능과 역할(연구, 보고 등)을 명확히 할 것, 확정 예산에서 추가 지출이 발생될 경우 위원회의 승인을 받을 것, 연례 및 정기회의 내용은 공식언어로 번역하고 녹취록은 4년간 보관할 것, 투표 시 ECOSOC의 규정을 따를 것, 결정 과정에서 수정된 내용이 통역된 문서에 기록되지 않았을 경우 큰 소리로 읽고 이를 공식언어로 통역할 것, 이사국인 아닌 국가의 대표는 이사회에 옵서버로 참관은 가능하되 투표권은 없는 것, 필요시 유엔 내 기구, 국제 시민단체 등이 자문의 역할로 참관 가능하다는 것 등이 그것이다.

3) 사무국

사무국에서는 집행이사회, 특히 위원장과의 긴밀한 협조관계 유지가 중요하다. 여기서는 이사회 회의 준비와 구성, 투명한 의사결정을 위한 환경 조성 그리고 UN Women과 이사국들 간의 의사소통 지원 등의 역할을 담당한다. 또한 지역 그룹별 이슈 및 쟁점을 부각하거나, 집행이사회에서 요구되는 고려사항이나 이행내용 등과 관련하여 비공식적으로 컨설팅을 하기도 한다. 물론 사무국은 집행이사회에서 논의되는 이슈들에 대한 의사 결정 권한은 없지만, 이사회가 효율적으로 운영됨에 있어 중추적인 역할을 담당한다.

4) 재정

UN Women은 유엔 회원국의 자발적 기여금으로 충당된다. 2013년 운영 예산으로 4억 달러가 책정되었다. 실제 UN Women은 양성평등과 여성권한 증진을 위해 필요한 수준까지 자원을 공급해 주는 것을 중요한 업무로 하고 있다. UN Women의 비전과 목표는 단순이 여성만을 위하기보다는 전체 인류와 사회를 위한 국제사회의 아젠다를 발굴하고 이에 대한 공감대를 형성하도록 하는 것이다. 물론 현재 전 세계의 경제상황이 경직되어 있지만, 공여국들은 유엔과 UN Women의 비전과 목표 달성를 위해 자원공여 약속을 지키기 위한 노력을 꾸준히 하고 있다. 또한 UN Women은 자원의 다양한 인프라를 확보하기 위해 새로운 자금공여기관funding mechanism을 발굴하고 파트너십을 형성하고 있다.

UN Women은 정부기관과 시민사회 그룹이 수행할 획기적이며 고성과 프로그램을 추진하기 위해 양성평등기금Fund for Gender Equality과 여성에 대한 폭력 근절을 위한 유엔신탁기금UN Trust Fund to End Violence against Women을 제공한다. 특히 양성평등기금은 여성의 경제적 기회와 지역 및 국가차원의 정치참여를 확대하는 데 목적을 둔 프로그램에 사용된다. 유엔을 대신해 UN Women에 의해 관리되는 유엔신탁기금UN Trust Fund은 전 세계 여성의 인권을 침해하는 젠더에 기반한 폭력gender-based violence against women을 근절시키는 데 쓰인다.[25]

2013년 기준 비지정 기여core contribution[26]에 대한 주요 공여국을 보면, 영국이 1,953만 달러로 전체에서 가장 많은 13%를 차지하고 있고, 이보다 소폭 낮은 1,932만 달러를 스웨덴(13%)이 기부하였다. 이어 노르웨이가 1,623만 달러(11%), 핀란드 1,583만 달러(11%), 스위스 1,321만 달러(9%) 등의 순이다. 우리나라는 390만 달러를 기부하였는데, 이는 전체 기부금의 3%에 해당되는 수준으로서 전체 공여국 중 11번째 순위이다. 한편, UN Women은 유엔총회 결의안 64/289에 의거하여 유엔으로부터 정부간 규범적 과정에서 필요한 자원에 대한 예산을 정기적으로 지원받는데, 이는 전체 예산의 약 2%에 해당된다.[27] 그러나 정부간 운영적 과정과 운영활동에 필

---

25 UN Foundation, http://www.unfoundation.org(검색일: 2013.12.5).
26 국제기구를 통한 원조방식에는 지정 기여(core contribution)와 비지정 기여(non-contribution)로 구분되는데, 지정 기여는 공여국이 행정부담을 줄이고 현장 사무소가 없는 취약국가나 최빈국에 직접 지원할 수 있고, 원조의 가시성을 높이는 장점이 있다 (손혁상 외, 2013).

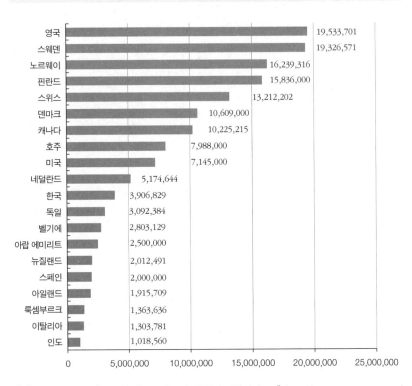

국가	금액
영국	19,533,701
스웨덴	19,326,571
노르웨이	16,239,316
핀란드	15,836,000
스위스	13,212,202
덴마크	10,609,000
캐나다	10,225,215
호주	7,988,000
미국	7,145,000
네덜란드	5,174,644
한국	3,906,829
독일	3,092,384
벨기에	2,803,129
아랍 에미리트	2,500,000
뉴질랜드	2,012,491
스페인	2,000,000
아일랜드	1,915,709
룩셈부르크	1,363,636
이탈리아	1,303,781
인도	1,018,560

출처: UN Women, "Top 20 donors(core) 2013 in US dollars," http://www.unwomen.org/en/partnerships/donor-countries(검색일: 2014.3.10)

요한 모든 예산은 자발적 기여에 의해 충당되며, 이 예산이 전체의 98%를 차지한다. 이 예산은 유엔 집행이사회에 의해 관리·감독된다.

---

27 UN Women "UN Women Contribution Process Frequently Asked Questions," http://www.unwomen.org(검색일: 2014.5.17).

III. 유엔 여성기구의 주요 활동과 통합적 관점

1. 유엔 여성기구의 활동

UN Women이 통합되기 전 유엔 여성기구들은 양성평등과 여성권한 증진을 위해 다양한 영역에서 사업과 활동을 전개하였는데, 그 중심에는 유엔 창설과 함께 출범한 CSW가 있었다. 매년 3월 뉴욕의 유엔 본부에서 CSW 회의가 정기적으로 개최되며, 여기서 논의된 여성관련 이슈들에 대해 진단 및 평가뿐만 아니라 미래의 정책방향 등 여성발전에 대한 결의안을 채택하여 개별 국가와 지역 차원에서 관철시키고 있다. 따라서 UN Women의 활동은 CSW회의 결의안에 근거하기 때문에 이를 배제하고서는 논의될 수 없다. 물론 결의안의 주된 이슈들이 양성평등 및 여성권한 증진과 관련되어 있지만, 그 분야와 영역은 다양하다. 따라서 여기서는 제4차 북경 세계여성회의에서 채택한 12개 행동강령(빈곤, 교육, 건강, 폭력, 무력분쟁, 경제, 권력 및 의사결정, 제도적 장치, 인권, 미디어, 환경, 여아)에 대해 간단히 살펴보고자 한다.[28]

1) 여성과 빈곤

세계경제의 침체는 개별 국가의 지속가능한 경제성장과 개발에 대한 도전이 되었고, 이 과정에서 빈곤 여성의 문제는 큰 이슈가 되었다. 그 이유는 경제적·권한적 측면에서 여성은 남성보다 낮은 지위에 위치하였기 때문에 빈곤은 여성에게 큰 영향을 미치는 요소가 아닐 수 없었다. 또한 경제침체로 이주가 빈번하게 이루어졌고 동시에 가족구조가 변화되면서, 부양가족이

---

28 12개 행동강령은 20년이 지난 오늘날에도 여성정책에서 중요한 가이드라인으로 여겨지고 있다. 여기서는 변화순과 김은경의 보고서(1997)를 요약·정리하여 재구성하였고, 구체적인 내용은 해당 보고서를 참고하기 바란다.

있는 여성 가구주가 늘어난 것도 여성의 빈곤화를 더욱 부추겼다.

빈곤에 대한 국제사회의 관심은 저개발국 정부와 NGO 및 유엔 산하의 여러 기구들이 빈곤에 대한 지원 필요성을 제기한 1970년대부터라 할 수 있다. CSW는 네 번의 세계여성대회의를 개최하면서 빈곤을 정치, 경제, 사회 등 전체 생활영역에서 여성의 발전을 저해하는 가장 중요한 요소임을 강조하고, 국제적 관심을 환기시키는 데 노력하였다. 또한, 여성의 빈곤 문제를 해결하기 위해 여성에 대한 교육 투자, 안정된 재정과 자금 공급처 확보를 통한 금전적 자원공급 및 배분 등 형평성에 기반한 지원체계 구축 필요성도 제기하였다.

2) 여성과 교육·훈련

CSW는 사회에 구조화된 가부장적 불평등 이념과 체제를 변화시키기 위해서는 여성의 교육을 필수 수단으로 보았다. 특히, 교육에 대한 여성의 동등한 접근 보장과 직업훈련, 과학·기술 및 성인 교육에 대한 여성의 접근 향상은 CSW의 주요 관심분야이다. 이를 위해 여성에 대한 차별적인 교육기회와 열악한 교육여건의 개선, 보편적인 인간의 권리 차원에서 교육에 대한 평등이 이루어져야 함을 출범 이래 꾸준히 주장하고 있다.

실제 CSW는 여성차별철폐에 관한 법률을 제정하여 여성과 소녀들에게 적합한 교육과 훈련 및 취업의 기회가 지속되도록 노력을 하였는데, UNESCO와의 협력을 통해 교육자원 및 시설 등을 활용한 것은 중요한 예가 될 수 있다. 또한 경제 부문에서 여성도 경제활동에 동등하게 참여해야 할 것과 평생교육에 대해서도 관심을 가져서 여성의 교육에 대한 참여가 생애과정에서 중단되지 않도록 여러 대안들도 제시하였다. 무엇보다도 CSW는 여성의 사회경제적 욕구에 부합하는 교육 프로그램이 단계별·생애주기별로 마련되어야 여성의 참여를 유도할 수 있고, 이는 궁극적으로 교육의 효과성 제고에도 영향을 줄 수 있음을 강조했다. 특히, 문맹Illiteracy은 여성 발전에 중요한 장애 요인이기에 여성과 소녀들이 교육을 통해 문맹으로부터 벗어날 수 있도록 국제사회의 관심을 촉구하였다.

3) 여성과 건강

건강은 WHO의 정의에서 볼 수 있듯이 개인의 신체적·정신적·사회적 그리고 영적인 안녕인 상태에서 완전할 수 있기 때문에 개인이 속한 정치·경제·사회적 맥락을 간과할 수 없다. 그러나 이러한 맥락은 여성에게 있어 차별과 장애, 불평등을 전개하기 때문에 여성이 최상의 건강 수준을 보장받기 위해서는 다층적 접근이 필요한 것이다.

유엔이 출범한 초기에는 여성의 건강 이슈는 당연 가족계획에 대한 것이었다. 그러나 CSW는 피임과 임신, 출산 과정 등 전반적인 가족계획에 있어 여성의 낮은 지위는 여성의 생식건강에 치명적인 영향을 줄 수 있음을 인식하고, 유엔 회원국에게 가족계획과 여성 지위에 대한 국가적 차원의 조사를 수행할 것을 요청하였다. 1970년대부터는 전 세계적으로 고령화 현상이 급속히 진행됨에 따라 여성노인의 건강에 대한 관심이 대두되었는데, 이때에도 CSW는 유엔 회원국에게 여성노인들이 건강하게 자존감과 존엄성을 누리며 살 수 있도록 민관이 협력하여, 필요한 조치를 취해 줄 것을 호소하였다.

최근에는 마약 및 AIDS 퇴치에 관한 운동을 활발히 진행하고 있다. 특히, 마약문제는 국제사회가 공동으로 대처해야 할 사안임을 재천명하면서, 여성들에게 약물의 악영향을 인지시키기 위한 국제사회의 노력을 필요성도 제기하였다. 이를테면, 약물남용 금지 교육프로그램 개발과 보급, 여성의 교육 참여 유도, 약물관련 정보체계 구축과 서비스 제공 등 국내외적으로 적극적 조치를 요구하였다. 또한 AIDS가 여성에게 미치는 영향을 고려할 때 예방과 통제가 중요함을 인식하고, 국제사회의 공동대처 전략을 수립하기 위해 민관의 역할과 협력도 강조하였다. 특히나 AIDS 관련 정보를 접할 수 있는 체계를 마련하고, AIDS로부터 여성과 소녀들을 보호하기 위한 정책수립과 관련 캠페인 전개를 활발히 지원하였다. 게다가 HIV 감염이 우려되는 여성이나 감염된 여성에 대한 사회서비스 체계를 마련하고, 감염자가 여성이라는 이유로 차별받지 않도록 사회적 인식 개선에도 노력하고 있다.

4) 여성에 대한 폭력

여성의 인권과 자유 향유에 있어 이들에 대한 폭력은 치명적인 장애가 된다. 지금도 여성과 소녀들을 대상으로 하는 폭력은 이들의 인종과 사회경제적 지위에 상관없이 전 세계적으로 벌어지고 있다.

국제사회가 여성에 대한 폭력을 사회문제로 인식하고 함께 논의하기 시작한 것은 제1차 세계여성회의가 열린 1975년부터라 할 수 있다. 이때는 가정 내 폭력, 구금된 여성에 대한 폭력, 인신매매로 인한 폭력 등 여성에 대한 폭력을 구체적으로 접근하였다. 특히 가정 내 폭력은 다양한 사회계층에서 발생하는데, 이는 여성 개인에게 상당히 부정적인 결과를 가져오고 있음이 지적되었다. 무엇보다도 가정 내 폭력은 반복적으로 행해지고 있는 측면이 강해 그 심각성이 크다고 보았다. 이에 대해 CSW는 정부와 가정폭력에 대한 조사 연구를 실시하고, 폭력의 희생자와 가해자 모두를 지원하는 프로그램을 마련하도록 요구했고, 유엔과 회원국 및 NGO들이 서로 정보와 경험을 교환하면서 대응책을 모색할 것을 촉구했다. 또한 구금된 여성과 인신매매로 인해 발생하는 폭력 등 인권유린을 근절하는 방안을 모색하고, 치유와 회복을 통해 사회로 복귀할 수 있도록 지원하는 시설이나 관련 서비스도 마련되어야 함도 요구했다.

제4차 세계여성회의가 있었던 1995년부터는 여성이민 노동자에 대한 폭력의 문제도 다루어졌다. CSW는 여성이민 노동자의 수가 증가하고 있음을 지적하면서 여성에 대한 폭력 철폐 선언을 이들에게도 적용할 것을 요구하였고, 여성노동자 교류에 있어서 이들의 인권을 보호하고, 새로운 사회에 적응할 수 있는 각종 지원책 및 의료, 사회서비스 등을 마련하는 등 국제규약으로 이들의 권리를 보호할 것을 요청하였다.[29] 또한 신체·정신적 폭력으로부터 여성을 보호하는 행정적·사회적·교육적 체계를 마련하고, 여성에 대한 폭력 근절을 위한 국제기구나 위원회를 결성할 것도 요청하였다. 최근에는 여아에 대한 성학대 등 여성에 대한 폭력 문제가 광범위해지고

---

29 변화순·김은경(1997).

더욱 심각해지고 있다는 공감대 속에서 여성의 폭력에 보다 적극적 조치가 마련될 수 있도록 국제적 협력을 강조하고 있다.

5) 여성과 무력분쟁

유엔헌장에 규정된 대로 영토통합 또는 정치적 독립에 대한 비협박, 무력 사용금지 및 주권존중의 원칙에 의거하여 세계평화를 유지하고, 인권 민주주의와 분쟁의 평화적 해결을 도모하고 보호하는 환경은 남녀 간의 평등 및 발전과 불가분하게 연결되어 있기 때문에, 궁극적으로 여성의 지위향상을 위한 중요한 요인이 된다. 특히, 여성에 대한 남성의 우월의식과 여성의 낮은 사회적 지위로 인해 여성은 전쟁과 테러행위의 대상이 되는데, 이는 모든 연령의 여성에게 행해지고 있다. 또한 이러한 무력분쟁과 테러행위 등으로 인한 피난민과 난민의 대이동은 여성과 소녀들에게 사회·경제·심리적인 불안정성을 초래한다.

무력분쟁에 대한 논의도 1975년 제1차 세계여성회의를 계기로 활발하게 진척되었는데, 이때의 주된 논의는 국제평화와 여성참여에 대한 것이었다. 이를테면, 전쟁에서 여성이 일차적 피해자이고 그 희생을 최대한 줄이는 데 일치된 공감을 하였고, 이를 위해 평화와 관련된 정책이나 의사결정 과정에 여성도 동등하게 참여해야 한다고 보았다. 또한 유엔 조직 내에서도 국제평화 및 협력 증진을 위한 각종 정책, 프로그램, 전략 기획 과정에 여성의 참여를 도모하도록 요청했다. 특히 식민주의, 인종주의, 인종차별, 외세에 의한 영토 점령 등 모든 형태의 무력행위에 대항해야 할 것을 강조하면서 중앙아메리카, 남아프리카 등지에서 불법점령 혹은 독립국가들의 여성이나 아동들을 포함한 무고한 시민들에 대한 주변국가들의 위협이나 침입을 비난하고, 즉각 모든 무력행위를 중지할 것을 요청하였다. 최근 CSW는 비폭력적인 방법을 촉진하고 갈등 상황하의 인권유린 등을 감소시키기 위해 글로벌 평화문화 조성과 여성의 참여 활성화를 재차 강조하면서, 난민여성에 대한 보호 지원과 훈련 제공을 위해 노력하고 있다.

6) 여성과 경제

여성은 남성에 비해 사회의 경제구조에서 접근 기회가 상당히 많이 배제되어 있거나 대표성이 낮은 것이 현실이다. 공식 및 비공식 영역에서 여성 임금근로자의 수는 증가하고 있으나, 여성은 낮은 경제적 지위와 성불평등 등으로 인한 의사결정 및 교섭력의 부족으로 저임금과 열악한 노동조건에 처해 왔다.

여성의 경제적 지위 향상은 여성발전의 기본 전제이기 때문에 유엔 창립과 함께 자영업, 무보수 노동 등 여성의 경제적 권리 및 자립을 촉진하고자 많은 노력들이 있었다. 구체적인 예로는 집밖에서 일을 할 권리, 자신이 번 수입을 관리할 수 있는 능력, 배우자와의 공동재산 관리, 자녀에 대한 친권, 이혼 및 그에 따른 법적 효과에 있어서 남성과 동등한 권리 등이 그것이다. 또한 CWS에서는 여성의 시간제 일자리 접근과 여성노인의 노동과 관련된 교육 기회를 제공할 것을 국제사회에 요구하였다. 특히 인권협약에서 남성과 여성노동자에게 동일노동, 동일임금의 조항을 포함하도록 촉구하고 있다.

이상의 내용이 제1차 세계여성회의 이전에 다루어진 것이라면 그 이후에는 동일 조건에서 소년과 소녀가 탄력적인 직업교육에 접근할 수 있도록 하고, 새로운 고용기회에서 남성과 여성의 일을 구분하지 말고 개인의 능력과 태도에 의해 인정을 받을 수 있도록 하는 방안에 대한 국제사회에 요청하기도 하였다. 제4차 세계여성회의를 시점으로 여성의 무보수 노동에 대한 관심을 고취시키면서 이와 더불어 직장과 가정의 조화를 증진시키고자 지속적인 노력을 하고 있다. 최근에는 은퇴연령과 여성 노인에 대한 고용 등 노인 노동자에 대한 국제노동기구의 역할과 협력도 강조하였다.

7) 여성과 권한 및 의사결정

여성의 사회, 경제 및 징치적 지위의 향상은 국가 사회를 포괄하는 모든 생활영역에 있어서 지속가능한 발전을 도모하는 데 필수적이다. 의사결정에 있어서 여성의 남성과 동등한 참여는 단순한 정의 혹은 민주주의를 위한 요구일 뿐만 아니라 여성의 관심사를 고려하기 위해 필요한 조건으로 이해될 수 있다. 모든 수준의 의사결정에서 여성의 적극적인 참여와 젠더 관점의 통합 없이는 평등, 발전 그리고 평화의 목적이 모든 남녀를 아우를 수 없을 것이다.

경제와 마찬가지로 정치 분야에서 여성의 동등한 접근과 참여를 촉구하는 결의안은 CSW가 설립되었을 때부터 지금까지 줄곧 제기되어온 주제이다. 설립 초기에는 여성의 정치권, 시민권 그리고 공공서비스와 기능에 대한 여성의 접근권과 참여권을 보장하는 것에 관심을 기울였다. 그 이후 세계여성회의 이전까지는 여성도 남성과 동등하다는 관점에서 여성의 정치적 권리에 부합할 수 있도록 필요한 조치를 강구할 것을 촉구하였다. 여러 차례 세계여성대회를 통해 선거권을 보장하고 공적영역에 여성의 참여를 지원하는 국가 및 NGO를 대상으로 여성의 정치적 권리 향상을 위해 지속적인 관심과 노력을 요구하고, 이를 지원하고 있다. 최근에는 전 분야의 성주류화를 위한 첫 출발점을 정치 및 정책과정에서 찾고, 여기서의 여성의 대표성 및 지위 향상을 위해 노력을 기울이고 있다.

8) 여성 지위향상을 위한 제도적 장치

여성의 인권 보장과 지위 향상을 위해 CSW는 국가기구(여성담당 기구) 등 제도장치를 마련하여 실질적인 정책이 기획되어 실행되도록 모든 유엔 회원국을 대상으로 제안하여 왔다. 물론 국가기구의 형태가 국가마다 다양하여 기획에서부터 결과 산출까지 전 과정을 일관성을 두고 평가하기에는 현실적으로 어려움이 있다. 그러나 CSW회의 및 세계여성대회를 통해 정부의 국제활동에 여성의 참여, 모든 차원의 정부활동에 여성의 평등한 기회확보는 여성담당기구의 업무로 특징 지워질 수 있기 때문에 중요함을 인식하게 되었다. 최근에는 많은 국가에서 여성담당 기구 등을 설치 및 강화하고 있다. 그러나 타부서와의 업무 중복성, 추진체가 아닌 협의체 등으로 위상이 저하되는 등 여성담당 기구의 정체성과 역할에서의 문제점을 해결하기 위한 방안을 모색하고 있다.

9) 여성 인권

모든 인권과 기본적 자유의 촉진 및 보호는 유엔의 최우선 목적이고 원칙의 틀이기도 하다. 따라서 유엔은 회원국들에게 인권 문제를 평등한 방법과 동일한 관계, 동일한 중요도를 가지고 다루도록 촉구한다.

CSW도 초기에는 여성차별철폐협약 등 국제법 이행을 통해 여성의 인권 증진 및 보호를 국제사회에 요구하였다. 대표적인 사례로는 여성도 남성과 동일하게 다른 국적의 사람과 결혼에 있어 완전한 평등을 실현하기 위한 동등한 권리를 가져야 하고, 외국인 부인은 배우자의 국적이 아닌 본국의 국적을 취득할 수 있도록 하는 것 등이 있다. 이후 여성차별철폐선언이 다양한 측면에서 실현될 수 있도록 각 정부로 하여금 NGO 등과 긴밀한 연계 체계를 마련하고, 상호 간의 의견을 수렴할 것을 요청하였다. 특히 제4차 세계여성회의를 통해 차별을 받는 여성과 소녀들에게 교육, 건강 및 사회복지 프로그램이 지원될 수 있도록 각 국가의 관심을 촉구하면서 인종차별을 하는 국가에 있어서 제재를 가하기 위한 캠페인을 벌이는 등 여성의 인권 보호를 위한 노력을 꾸준히 진행하고 있다.

10) 여성과 미디어

정보기술의 발전은 국경을 초월하는 글로벌커뮤니케이션 네트워크를 형성하는데 큰 기여를 하였는데, 이는 공공과 민간 정책 등 여러 생활기반뿐만 아니라 인간의 태도와 행동에도 영향을 미치고 있다. 현재 미디어와 관련된 주된 문제는 많은 여성이 커뮤니케이션 분야에 종사하고 있으나 의사결정에 영향을 미치는 지위 및 관련 위원회 등에 포함된 여성의 비율은 극히 낮다는 점이다.

미디어를 포괄하는 새로운 통신기술에 여성의 참여와 접근 증진에 대한 전략이 요구되는 현시점에서 이에 대한 관심은 앞서 언급한 타 분야에 비해 그다지 활발한 편은 아니었다. 초기에는 정보수단에 대한 관심에서 출발하여, 최근에는 정보통신이 지배하는 미래 사회에서 여성의 의사결정 참여를 촉구하는 등 미디어를 통한 여성의 이미지 개선을 위한 노력이 요구되고 있다.

11) 여성과 환경

자연재해와 더불어 자원파괴, 폭력, 전쟁, 무력분쟁, 핵무기 사용 및 실험과 외국인 점령 등은 환경파괴의 주된 원인이 된다. 또한 경제와 산업개발 등으로 도시와 농촌지역의 환경파괴는 보건, 복지를 포함한 인간의 삶의 질에 영향을 미친다. 특히 이러한 환경파괴는 여성과 소녀에게 더욱 부정적인 경우가 많다. 그러므로 지속가능한 발전 차원에서 환경 관련 교육과 훈련, 토지, 천연 및 생산자원 등에서의 전문지식 습득과 발전 프로그램 및 협력체 내 여성의 참여는 중요한 부분이라 할 수 있다.

국제사회의 환경에 대한 관심은 1992년 유엔 환경개발회의 이후부터라고 할 수 있다. 이때 환경정책 결정과정에 있어서 여성 참여의 중요성을 인식하였다. 개별 국가는 물론이거니와 전 세계가 지속가능한 발전을 위해서는 환경정책에서 젠더 관점의 통합과 이를 평가할 수 있는 기구 설치 및 강화는 중요하기에 유엔과 함께 CSW도 여성기구들 및 여타 기구들과 함께 노력에 동참하고 있다.

12) 여아

국가가 생산하는 사회지표를 살펴보면 여성은 태어나서 사망에 이르는 전 생애과정에서 차별을 받고 있음을 확인할 수 있다. 이를테면, 성비를 보면 거의 모든 지역과 국가에서 남성이 여성보다 100명당 5명 더 많다. 이는 남아선호, 여영아 살해 및 태아성감별, 여성할례, 아동혼인, 성착취 등 소녀에 대한 차별과 연관성이 있다. 어린 시절의 차별과 방치는 사회의 주류화에서 배제되어 성인기와 노년기를 겪는 악순환을 유발시키고 있다.

여아의 권리증진에 대한 관심은 CSW 설립 이후 줄곧 있어 왔다. 특히 여성에 대한 차별은 여아로부터 시작되기 때문에 문화나 관습에서 여아의 대한 편견과 차별 제거는 주된 관심사였다. 초기에는 전쟁 시 여성과 여아 및 미혼모와 자녀의 법적·사회적 지위 등에 관심을 가졌다면, 세계여성대회를 계기로 중동지역 및 난민 어린이 문제에 관심을 가져왔다. 죄근에는 여아를 대상으로 하는 폭력과 인신매매를 근절하는 데 있어 정부의 관심과 적극적 참여를 촉구하고 있다.

2. 유엔의 여성정책의 통합적 관점과 관심사

1) 여성중심(발전 속의 여성)의 관점 vs. 젠더중심(젠더와 발전)의 관점

여성정책은 여성이 남성과 동등한 시민권자라는 본질적 지향점, 즉 성평등정책gender equality policy으로서 남녀의 생물학적 차이와는 관계없이 여성과 남성 모두에게 궁극적으로 혜택이 되는 것을 의미한다. 그러나 정책대상으로서 여성에 대한 관점에 따라 여성정책의 내용은 달리 전개된다. 실제 여성정책의 초기에는 그 대상이 주로 여성들이었다고 해도 과언은 아니다. 왜 나하면 근대 국가가 성립되던 시기 서구사회에서는 시민권은 남성들에게만 부여되었고, 이러한 근대 국가의 가부장성은 여성의 참정권이 보장된 20세기 초에서야 형식적으로나마 해소되기 시작했기 때문이다.[30] 근대 국가에서의 여성은 남성에 비해 전 영역에서 열악하고 취약한 집단이었기에, 이들의 능력을 개발하고 지위를 향상시키는 것이 곧 성평등을 가져오는 방법이었다. 여성정책이 모든 사회에서 기본적으로 여성을 대상으로 하는 정책으로 출발하는 것은 그러한 이유에서다.

근대 국가는 산업자본주의적 경제구조와 함께 발전했는데, 이때 공적 및 사적 노동의 경계가 육체의 성별에 따라 정렬되는 노동분화, 즉 성별분업gender division of labor이 일어났다. 주목할 것은 이러한 산업자본주의에서 근대적 성별분업 모델은 대단히 강한 계급적 특징을 갖고 있었다는 것이다. "한 사람의 노동자 임금이 그의 가족 전부를 부양할 수 있는 수준이 되어야 한 다는 '가족임금family wage'은 모든 노동자들의 소망이었으나, 그것을 실현할 수 있는 계층은 소수에 불과했다. 오히려 저소득층의 많은 부부들이 '남성=

---

30 배은경, 『여성정책의 흐름과 전망: 부녀복지에서 성주류화, 성주류화 이후?: 여성정책 패러다임 전환을 위한 새로운 접근』(한국여성정책연구원, 2012).

생계부양자', '여성=보살핌전담자 겸 생계보조자'의 결합으로 살았으며, 수 많은 여성들이 저임금의 열악한 일자리에서 공적노동에 종사했다. 이런 상황에서 여성정책은 자신을 부양해 줄 남성이 없는 가난한 계급의 미혼여성과 미망인들에 대한 도움으로부터 출발했다. 이후 여성도 자신의 소득을 가질 수 있도록, 그리고 교육 및 훈련 등을 통해 공적노동에 참여를 높이는 쪽으로 발전했다."[31] 특히, 저개발 국가의 경우 이 과정은 발전을 이뤄가는 가운데 함께 이루어지며, 여성들은 자신들의 능력개발을 통해 국가의 발전을 이끌어가는 동시에 공적 노동에 참여로 얻은 소득을 통해 발전하게 된다. 이것이 바로 1960년대 유엔이 제시했던 저개발 국가의 여성정책 접근인 '발전 속의 여성women in development: WID'이었다. 일명 '여성중심의 접근'이라고도 불린다.

이러한 WID에 대한 접근은 1970년대 개도국 및 제3세계의 발전과 관련된 연구보고에서 여성들이 경제개발 과정에서 배제되어 있다는 사실이 발표된 이후 기회와 자원에 대한 여성의 접근성을 강조한 자유주의 페미니즘의 영향을 받아 1975년 제1차 세계여성회의에서 채택되었다. WID 접근에서는 여성이 사회발전의 주요 행위자임에도 불구하고 발전과정에서 소외되어 온 사실에 문제를 제기하고 발전의 주류에서 배제된 여성의 문제를 여성을 대상으로 하는 정책이나 사업을 통하여 해결할 수 있을 것이라는 가정에서 출발한다. 그리하여 WID는 여성이 처한 차별적 상황에 초점을 두고 그것을 시정하기 위하여 특별 프로그램을 추진하는 형태를 띠었다. 따라서 WID 접근의 정책들 대부분은 여성중심의 가족계획, 요보호 여성의 복지, 건강관리, 영양, 소득창출 등과 같이 여성의 실체적인 요구를 충족시키는 데 주안점을 두었다.

그러나 이러한 WID 접근이 갖는 한계가 1970년대 말부터 국제적으로 지적되기 시작하였다. "국가나 국제기구가 저개발 국가 여성의 능력을 향상시키고 그녀들의 노동력을 동원하여 국가의 경제가 회생되어 발전한다 하더

---

31 배은경(2012).

라도, 해당 국가의 주류 사회가 이미 성별에 따라 구조화된 가부장적 불평등 체계를 갖고 있다면 발전의 과실이 여성들에게 돌아가지 않는다는 점이 지적된 것이다."[32] "실제 1985년 나이로비에서 개최된 유엔 제3차 세계여성회의에서는 여성발전을 추구할 때 남성과 여성의 지위와 역할이 빚어내는 불평등한 권력관계에 주목해야 한다는 주장들이 대두되었고, 문제는 여성들에게 있는 것이 아니라 발전의 과실을 성 불평등하게 분배하는 사회적 관계에 있다는 점이 공통적으로 인식되는 계기가 되었다."[33] 이를 계기로 여성과 남성의 사회구조적 관계, 즉 젠더와 발전의 과정을 함께 고려해야 한다는 '젠더와 발전gender & development: GAD' 접근, 즉 젠더중심의 접근 모델이 등장하게 되었다.

GAD 접근은 여성과 남성 모두의 역할 변화를 통하여 젠더 관계를 재편하고 여성의 지위를 향상시키기 위한 전략적 요구를 증진시키는 데 중점을 둔다. GAD 접근의 핵심 내용은 발전정책이나 프로그램이 성 중립적gender neutral이지 않음을 밝혀내는 성 분석gender analysis이 필요하다는 것이다. 이를 위해 성인지력 향상을 위한 훈련이 매우 중요한 의미를 갖는다. GAD는 WID 접근을 부정하는 것이 아니라, 여성중심의 정책은 그것대로 추진하면서 남녀가 함께 변화하도록 하는 젠더 접근을 취함으로써 성평등을 이루기 위한 근본적인 시도를 한다는 것이다. 이것을 개별 국가 단위로 생각해 본다면, 단지 '여성개발지수gender-related development index: GDI'[34]를 높이는 것을 넘어서 '여성권한척도gender empowerment measure: GEM'를 증대시키는 것이 여성정책의 목표로 되는 단계로의 전환을 의미한다고 할 수 있다.

---

32 배은경(2012).

33 마경희(2007), "성 주류화에 대한 비판적 성찰: 여성정책의 새로운 패러다임인가? 힘징인가?"『한국여성학』 23(1), pp.39-67; 배은경(2012)의 내용을 재인용한 것이다.

34 GDI는 국가별 교육수준, 국민소득, 평균수명 등에서의 성평등 정도를 측정한 지수라며, GEM은 여성국회의원수, 행정관리직과 전문기술직 여성비율, 남녀소득 등 여성의 정치·경제 활동과 정책과정에서의 참여도를 측정하여 성평등 정도를 평가한 것으로 상이한 개념과 측정 범주를 보인다.

1995년 북경에서 개최된 유엔 제4차 세계여성회의에서는 모든 영역에서 GAD 접근을 가능케 하는 전략인 '성주류화gender mainstreaming'를 남녀평등이라는 궁극적인 목표를 이루기 위한 전략으로 채택하였다. 여기서의 성 주류화란 '체계적인 절차와 메커니즘을 향한 도약을 의미하며 젠더 이슈를 정부와 공공기관의 모든 의사결정과 정책실행에 고려하여야 하는 것'으로 정의하고 있으며, ECOSOC에서는 주류화를 '모든 정치적·경제적·사회적 영역의 정책과 프로그램에 GAD의 구조적 젠더관점(국내의 정책용어로는 성인지적 관점)을 통합하여, 전반적인 정책의 기획, 실행, 모니터링, 평가에 여성과 남성의 관심과 경험을 반영함으로써 궁극적으로 성평등을 이루는 것'으로 정의하였다.

성주류화는 여성정책을 특정 분야 위주로 보던 시각을 탈피하여 모든 분야의 정책에 성 관점을 통합하는 것을 중시한다. "주류화의 과정은 다음의 세 가지를 포함한다. 첫째는 여성의 주류화Mainstreaming Women이다. 이는 정치적인 문제로서 사회의 모든 분야에서 여성이 동등하게 참여하여 의사결정권을 갖는 것을 의미한다. 둘째는 성 관점의 주류화Mainstreaming Gender이다. 이는 보다 기술적인 측면으로 정책이나 프로그램이 어떻게 여성과 남성에게 다르게 영향을 미치는가를 검토하고 성 관점을 통합하도록 하는 것을 뜻한다. 셋째는 주류의 전환Transforming the Mainstreaming인데, 이는 여성이 정책의 전 과정에 동등하게 참여하고, 그 결과로 주류가 전환되는 것을 의미한다. 즉, 이는 남성중심으로 조직된 사회의 주류 영역이 재편되는 것을 의미한다."35

이상과 같이 유엔의 여성정책을 바라보는 관점은 WID에서 GAD로 전환하였고, 최근에는 GAD 접근의 효율성과 효과성을 위해 성주류화 전략을 장착하였다. 앞서 언급하였듯이 GAD로의 여성정책의 관점이 전환되었지만 WID의 주된 접근 대상인 여성을 위한 정책은 GAD와 함께 진행된다. 그

---

35 김미경·서동희, 『성별분업의 재구조화와 여성정책의 방향』(한국행정학회, 동계학술대회 발표 논문집, 2001).

〈표 2〉 여성중심적 접근과 젠더중심적 접근의 차이

	여성중심적 접근(WID)	젠더중심적 접근(GAD)
접근 방향	발전계획과 정책에 여성의 부재를 문제로 간주	성 불평등에 초점을 둔 발전 접근
주요 대상	여성	여성과 남성 간의 사회적으로 만들어진 관계
주된 문제	개발과정에서 여성 배제	개발과 참여를 저해하는 힘의 불균형
목표	여성을 포함하는 더 효율적 발전	남녀의 평등한 의사 결정 참여와 지속가능한 발전
해결	개발과정에 여성 참여	여성의 역량 개발로 불평등 관계 개혁
전략	여성 프로젝트 중심, 여성의 생산 및 임금 증대, 여성의 사회참여 등	성 불평등을 고려하는 발전과정의 재개념화, 남녀의 상황을 개선하기 위한 실질적 욕구 규명

출처: Emilie Hafner-Burton and Mark A. Pollack, "Mainstreaming Gender in Global Govern-ance," *European Journal of International Relations* 8-3(2002)

이유는 여성과 여아에게 직접적인 영향을 주는 문제들이 여전히 해결되지 않고 남겨져 있기 때문이다.

2) UN Women의 여성정책에 대한 주된 관심 영역

2011년 유엔 내 새로운 여성기구로서 UN Women이 새롭게 출범하였지만, 유엔은 기존 여성기구들이 관심을 갖고 국제사회와 함께 추진한 사업들에 대해 UN Women을 통해 지속적으로 이행 정도를 점검하고, 새로운 분야에서의 여성과 성평등 문제를 발굴하는 데 노력하고 있다. 여기서는 UN Women이 주로 관심을 갖고 추진하는 영역, 즉 공공제도, 진쟁 이후 안진, 그리고 법·제도 영역에 대해 살펴보고자 한다.

먼저, UN Women은 공공제도 영역36에서 정부차원의 계획과 예산운영 전반에 대해 관심을 갖고 있다. 이를테면, 이 영역에서 추구하는 효과성,

효율성 및 책임성 등이 전개되는 과정에서 자칫 성불평등이 있거나, 이를 간과하지 않는지 등에 관한 것이다. 다시 말해서 공공제도의 개혁이 성평등에 기반하지 않을 경우 전개 과정에 여성의 참여 등에 장애요인이 발생될 수 있고, 궁극적으로 여성에게 부정적 요인으로 작용하여 성별 간의 차이는 더욱 커질 수 있다는 데 주목하고 있다. 따라서 UN Women은 공공영역 개혁에 있어 효과성, 효율성, 책임성을 모두 달성하기 위해서는 성평등이 가장 중요한 목표, 곧 성과목표로 채택되어야 함을 강조하고 있다. 그리고 국가 및 지역 수준에서 예산 개혁과 서비스 전달, 자원과 재원의 분배 등 전 공공영역에서 이러한 성평등의 목표가 달성되어야 함도 요구하고 있다. 이를 위해 UN Women은 국가와 지역 수준에서 성평등이 달성되기 위해서는 관련 공공재원을 관리하고, 예산을 기획 및 집행하며, 이를 감시·감독하는 등 전반적인 회계 기능을 강화하고 역량을 개발하는 것이 중요한 전략임을 지적하고 있다.

실제 UN Women은 2002년 모로코에서 공공행정과 재정관리에 대한 개혁의 일환으로 성인지예산gender-responsive budgeting에 대한 애드보커시를 처음 시작하였다. 이를 위해 트레이닝 워크숍 등을 개최하여 성인지예산에 대한 개념 이해와 기술 증진에 대한 중요성을 강조하고, *Handbook for Integrating Gender in Planning and Budgeting* 등 관련책자도 출판하였다. 그리고 매년 예산 보고 시 젠더 실적에 관한 보고를 추가하고 있다. 이러한 성 인지적 예산편성은 가난한 여성, 차별받는 여성 등 새로운 유형의 취약계층에게 좀 더 필요한 재원이 투입되도록 하는 데 기여를 하였다.

르완다의 재정경제기획부Ministry of Finance & Economic Planning에서도 UN Women과의 파트너십을 통해 국가차원의 성 인지 예산프로그램을 도입하였다. 이 프로그램에 국가의 회계 전반에 대한 성 인지적 모니터링 등 전문적 훈련 내용을 포함시켜 관심 있는 시민단체와 의료인들이 정부의 투명한 회계 과정에 참여하고, 상시적으로 성평등을 위한 예산 방안을 제안하도록

---

36 UN Women, http://www.unwomen.org(검색일: 2014.3.10).

하였다. 그러나 이러한 전문적 접근이 단시간의 배움과 지식을 통해 가능한 것이 아니기에 중장기적 접근이 필요하다는 UN Women의 권고에 르완다는 예산을 다루는 정부기관 관계자들이 성 인지 예산을 바르게 이해하고, 적용할 수 있도록 SFB^{School of Finance & Banking}에 관련 과목을 개설하기도 하였다. 르완다 이외에도 탄자니아, 모잠비크, 시에라리온 등의 국가들도 UN Women의 국가 및 지역 차원의 성 인지 예산제도 도입의 필요성을 인지하고 깨끗한 물에 대한 접근, 태양 에너지 개발 및 교육과 보건의료서비스 등 다양한 영역에서의 성별 불균형을 해소함에 있어 이를 적용하고자 노력하고 있다.

다음으로 전쟁 이후의 안전 영역[37]은 여성과 여아에게 있어 큰 위협이 될 수 있기 때문에 UN Women으로서는 출범과 동시에 주된 관심 영역으로 고려하였다. 안전 영역의 개혁^{Security Sector Reform: SSR}은 개별 국가의 안전에 대한 장기적인 욕구와 비전에 따라 상이할 수 있다. 왜냐하면 국가마다 안전관련 법과 제도 및 안전에 대한 사회적 이슈와 공감대, 그리고 안전의 효과성 제고를 위해 현재 존재하는 것과 필요한 것에 대한 차이를 줄여주기 위한 방안을 개발하는 것 등 여러 가지 요소들이 다르기 때문이다. SSR에 대한 UN Women의 관심은 크게 4가지 영역으로 구분되는데, 비무장화와 평화건설, 안전 영역에서의 문민통제와 감시, 군대의 전문화와 관련 법 규정의 강화 등이 그것이다. 특히나 전쟁 이후 평화건설에서 안전과 관련된 행위자에 대한 여성들의 신뢰 회복과 관계 형성이 주된 관심사이다. 즉, 평화건설의 목적으로 전쟁 현장에서 안전과 관련된 행위자로 있으면서 여성을 대상으로 폭력을 가한 경험이 있는 가해자를 배제하는 것부터 성폭력 등 여성관련 폭력을 조사하고 감시·감독하는 특별 경찰기관 설치, 안전 영역에서 더 많은 여성인력 고용, 법의학적 증거 수집을 위한 보건의료인의 역량 강화, 피해자에 대한 법적인 지원 등이 그것이다.

또한 UN Women은 SSR을 위해 유엔의 기관 간 테스크포스^{Inter-Agency}

---

37 UNIFEM, http://www.unifem.org(검색일: 2014.3.10).

국제기구와 보건·인구·여성·아동

Security Sector Reform Task Force: IASSRTF를 통해 모든 SSR 과정에서 성 인지적 관점이 포함되어야 하는 것과 SSR에서의 여성 연구를 지지하는 등 SSR에서의 개혁의 위해 노력을 하고 있다. 이와 관련하여 국가 수준에서 UN Women이 수행한 SSR 관련 개혁 사례를 보면, 우선 르완다에 대해서는 여성관련 폭력에 대한 범죄 내용을 전국 어디서나 무료로 접수할 수 있도록 National Police Gender Desk를 설치하여 피해 여성들의 접근성을 개선하였다. 라이베리아는 경찰청과 법무부를 대상으로 성 인지적 SSR 훈련 방안을 개발하여 소개하였고, 부룬디에는 여성을 대상으로 이루어지는 모든 폭력에 대응하는 지역사회의 행위자(경찰관, 지역사회 리더 등)에 대한 성 인지적 토론회를 개최하고, 여성 경찰관을 많이 배출하여 피해자에 대한 심적 접근도를 높이고자 하였다.

마지막으로 UN Women은 법·제도 영역38에 대한 관심도 갖고 있다. UN Women은 모든 국가의 법과 제도에서 젠더 관점을 고려해야 할 것은 물론이고 여기서의 목표가 성평등으로 확장되도록 권고하고 있다. 우리가 익히 알고 있는 여성에 대한 모든 형태의 차별철폐에 관한 협약Convention on the Elimination of All Forms of Discrimination against Women: CEDAW은 당사국에게 성평등의 원칙을 헌법, 또는 기타 법률에 명시하고, 차별을 금지하기 위한 입법, 제재 조치를 강구할 것을 요구한다. 실제 모로코는 UN Women의 권고에 따라 여성의 목소리을 높임으로써 새로운 헌법이 성평등을 지향하도록 하였고, 모든 정당이 성평등위원회를 설치하도록 하여 의회의 여성 수가 기존 10%에서 17%로 상승하는 등의 성과를 보였다.

---

38 UN Women, http://www.unwomen.org(검색일: 2014.3.16).

IV. 글로벌 젠더 거버넌스와 한국

1. 글로벌 젠더 거버넌스

세계경제의 개방화는 자유시장 경제체제를 더욱 보편화시키고 있고, 나날이 발전하는 정보·통신기술의 발달은 이러한 세계화globalization의 공간적·시간적 개념을 더욱 앞당기고 있다. 세계화에는 중심체가 따로 있는 것이 아니라, 모든 행위자가 세계와 직접 관계를 맺고, 모든 단위에서 개방을 통한 이익을 추구할 수 있다. 따라서 국제사회의 세계화는 그 영향력이 점차 높아지고, 국가 간 다양한 주체의 다층적 거버넌스의 중요성도 커져가고 있다.

정치·경제 및 국제관계에서의 세계화는 지난 반세기 동안 젠더관계와 여성에게 많은 영향을 미쳤는데, 이는 여성과 관련된 아젠다가 개별 국가 및 사회의 수준을 넘어 지역과 국가, 그리고 국제라는 다층적 차원에서 발생의 원인과 영향력을 공유하기 때문일 것이다. 특히나 유엔이 창설되고, CHR, CSW, 세계여성회의 및 UN Women의 설립 등 일련의 젠더와 여성관련 의사소통 등을 위한 글로벌 채널이 다변화되면서, 다양한 영역의 행위자 간 의견 공유의 장이 마련되었다. 이는 비록 한 지역, 한 국가의 젠더 및 여성 문제가 곧바로 세계시민사회의 이슈가 되는 데 있어 큰 기여를 하게 된다. 이러한 배경에서 초국가적 글로벌 젠더 거버넌스Global Gender Governance의 의미는 점차 그 중요성이 커져갈 것이라 기대된다.

글로벌 젠더 거버넌스는 지구촌의 여성 문제를 해결하기 위한 기존의 전통적 행위자들인 유엔 기구 및 정부에 국한되지 않고, 새로운 초국가적 글로벌 행위자들도 포함시키는 새로운 패러다임이라 할 수 있다.[39] 특히 세4차

---

39 최현실, "글로벌 거버넌스로서의 유엔과 한국의 의사결정과정에 여성참여정책," 『여성학연구』 1415권 합본(2005), pp.69-92.

북경 세계여성회의에서 성주류화 전략이 등장하면서 여성정책에서의 거버넌스는 더욱 강조되기 시작했다. 이러한 배경에는 유엔과 회원국들이 공공정책에서 성차별 등 젠더와 여성관련 문제를 글로벌 차원의 문제로 인식하였기 때문이다. 젠더 거버넌스는 젠더 관점을 공유하는 민관협력Public & Private Partnership 체제로 다양한 행위 주체들 간의 상호 협력을 요구한다.40 글로벌 젠더 거버넌스를 통해 여성관련 국제정책을 입안하고 이행함으로써 기존의 중앙 집권적인 국가의 역할은 약화되는 반면, 다양한 이해관계와 정체성을 가진 시민사회의 역할이 중요하게 부각되고 있다. 이러한 맥락에서 여성 등 그동안 국제사회적으로 가시화되지 않았던 집단의 욕구와 이해가 가시화될 수 있는 가능성이 높아졌고, 또한 이들의 목소리와 이해가 정책에 반영될 수 있는 기회가 확대되는 계기를 마련하였다고 볼 수 있다.

성불평등이 여전히 존재한다는 것은 거버넌스의 실패를 의미한다.41 일반적으로 국가차원의 계획과 정책 및 법·제도, 그리고 예산은 정부가 성평등을 어떻게 바라보는지를 보여준다. 그러나 여전히 정부 정책과 현실에는 괴리가 있는데, 이는 젠더 관점보다는 몰성적 관점에서 바라보는 경향이 여전히 남아 있기 때문이다. 성평등한 사회로의 전환을 위해서는 예산이 뒷받침되어야 하는 것은 물론이거니와 이 예산이 젠더 관점에서 편성되어 집행되어야 하며, 그 과정도 체계적으로 관리되어야 한다. UN Women은 양성평등을 지향하는 과정을 지지하고 이를 진척시킬 수 있는 젠더 거버넌스 관점에서 국가의 개발 전략과 성평등 계획에서 발생할 수 있는 불일치 수준을 좁히는 데 노력하고 있다. 특히나 UN Women은 공무원들이 젠더 관점에서 성평등한 성과를 고려하여 국가의 미래 목표와 계획 및 전략을 세워야 함을 강조한다. 이를 위해 UN Women은 남녀에게 동일하게 예산이 배분되도록 하는 성인지예산제도를 도입하여 성평등을 위한 공공재원의 투명성과

---

40 이재경·김경희, "여성주의 정책 패러다임 모색과 성평등," 『한국여성학』 제28권 3호 (2012), pp.1-33.

41 UN Women, "Gender Equality: A Governance Matter," http://www.unwomen.org (검색일: 2014.5.17).

적절성을 제고해야 하며, 성평등과 관련된 민·관의 여러 이해당사자들이 글로벌 젠더 거버넌스를 견고히 구축하여, 국내외 공공 및 민간 전 영역에서 성차별을 줄이기 위한 노력을 해야 한다고 강조한다.

UN Women이 설립되기 전에는 유엔은 산하의 여성기구들을 통해 양성평등과 여성의 권한 증진을 위한 여러 다양한 여성 및 젠더관련 통계자료를 생산·분석하고, 관련 인프라 확산 등 글로벌 차원의 젠더 거버넌스를 위한 역할과 기능을 수행하였다. 이를테면, INSTRAW는 국가, 지역 및 국제수준에서 여성통계의 제작자와 사용자를 위한 기술적 지침서를 제공하기 위해 여성관련 사회지표Compiling Social Indicators on the Situation of Women와 여성관련 통계 및 지표의 개념과 방법 개선안Improving Concepts and Methods for Statistics and Indications on the Situation of Women 등을 생산·보급하고, WID를 계획하고 감독하는 도구로서 지침서 등도 제작하였다. 또한 1985년에는 국제노동기구ILO와 함께 여러 지역 및 국가별 여성의 경제활동을 조사하여 그 결과를 정책입안자 및 일반대중에게 제공하기 위해 '여성과 경제활동: 세계통계조사'를 발간하기도 하였으며, 상하수와 위생 문제, 농촌발전과 식량생산에서의 여성의 역할 강화 등을 위해 UNICEF, UNIDO(국제연합공업개발기구), FAO 및 IFAD(국제농업개발기금)과 협업하기도 하였다.

이상의 사업들에서 공통된 내용은 여성의 발전에 있어 다양한 부문에서의 여성의 세부적 역할을 고려한 것인데, 이는 유엔 산하의 국제기구들뿐만 아니라 각 정부 및 비정부기구들과 글로벌 거버넌스를 형성하는 데 크게 기여하였다. UNIFEM 역시 2008년 Avon Products과의 협업을 통해 여성폭력 제거, Cisco와는 Networking Academy Program을 통해 여학생들의 기술 중심의 전문가 양성을 위한 사업을 함께 추진하였다. 또한 밀레니엄 빌리지 프로젝트Millennium Villages Project의 일환으로 전체 아프라카 13개 지역을 선정하여 새천년목표 이행 점검을 위해 정부와 기업, 비정부기관 등의 민관의 참여를 이끌어내고 있다.[42]

---

42 Magdalena Bexell, "Global Governance, Gains and Gender," *International*

2. 한국의 글로벌 여성정책 협력 활동

글로벌 젠더 거버넌스 차원에서 유엔의 여성관련 정책이슈와 결정 내용에 대한 입장은 개별 국가마다 다소 다르지만, 양성평등과 여성지위 향상에 있어서는 모든 국가들이 그 영향을 받고 있는 것은 분명하다. 그런 측면에서 우리나라도 예외은 아니다.

우리나라는 1980년 이후 여성 문제를 전담하는 국가 행정기구의 설치 및 관련 법의 제·개정 등을 통해 정책현장에서 여성이 등장되도록 하였다. 이러한 배경에는 여성단체가 국제사회와 거버넌스를 형성하여 보다 더 역동적이고 다양한 여성 문제를 사회 현장에서 관철되도록 끊임없이 모니터링하고 제기하였기 때문이라 하여도 과언은 아니다. 특히 여성단체의 글로벌 활동은 여성의 문제를 국제사회적으로 이슈화하는 데 큰 힘을 발휘하였다. 실제 유엔과 기존 여성기구들을 통해 여성단체들은 여성정책의 세계화에 많은 관여를 하였다. 이를테면, 1975년 멕시코 세계여성회의에서 행동강령의 채택, 1979년 여성차별철폐협약 채택, 1985년 세계여성 10년 평등·발전·평화의 성과 점검과 평가 및 2000년을 향한 나이로비 여성발전 미래전략 채택, 1995년 여성발전의 즉각적인 행동을 위한 행동강령 채택, 2000년 새천년개발목표MDGs 채택 등 전반적인 유엔의 글로벌 여성 문제의 주류화 정책에 적극적으로 동참하였다.

이렇게 활성화된 여성 NGO의 글로벌 활동에는 CSW가 제1차 세계여성회의 이후 정부기구 회의와 병행해서 비정부기구인 NGO의 국제회의를 동시에 개최하기로 결정한 것과 연관성이 있다. 실제 NGO 국제회의 개최의 배경은 유엔 차원의 행동강령 작성에 있어 정부 대표단에게 직간접적인 영향을 줄 수 있기 때문이다. 실제 NGO의 각 정부 대표단에 대한 로비활동은 매우 적극적인데, 정부 대표단의 입장에서도 공식적으로 제기하기 어려운 사안을 글로벌 NGO 대표단을 통해 로비활동을 벌이기도 한다. 무엇보다도

Feminist Journal of Politics 14-3(2012), pp.389-407.

유엔이 NGO 국제회의를 개최하는 것은 여성에 관한 모든 이슈를 세미나, 워크숍, 공연, 전시회 등 축제적 형식으로 다루면서 전지구적 자매애global sisterhood를 공고히 할 수 있는 소통의 장을 마련해 주기 위함이기도 하다.

우리나라도 제1차 세계여성회의를 계기로 유엔이 개최하는 NGO 회의에 참여하고 있다. 특히 1995년 제4차 북경 세계여성회의와 동시에 열린 NGO 포럼에는 전 세계적으로 180여 개국 3만여 명의 민간단체 대표들이 참여하여 '여성의 눈으로 세계를 보라Look at the World through Women's Eye'는 구호로 5,000여 개의 행사를 개최했다. 우리나라도 600여 명이 참여하였는데, 이는 1985년 나이로비 대회의 20명 수준에 비하면 엄청난 규모라 할 수 있다.

이렇게 여성 NGO들의 글로벌 연대 활동은 유엔의 적극적인 지원과도 연관성이 있다. 왜냐하면 유엔은 국가 정부간 협상기구이므로, 정부 대표들이 회의를 할 때 자국의 정치적인 이해관계로 인해 합의를 이루는 데 한계가 있지만, NGO 회의는 그런 제한 없이 순수하게 여성 문제를 글로벌 차원에서 다룰 수 있기 때문이다. 또한 유엔을 통해 나온 행동지침들이 세계 각 국가의 여성정책에 영향을 행사하는 데 있어 NGO의 역할은 상당히 중요하다. 이런 측면에서 북경행동강령에서는 빈곤과 개발, 여성의 인권, 인류의 평화 등 주요관심 분야에서 여성의 지위향상 및 권한증대를 위해 실천적 의지가 필요함을 명시하고, 이를 위해 시민단체, 특히 여성단체의 역할이 중요함을 강조하였다.

유엔의 세계여성회의와 병행되어 열린 NGO 포럼 준비는 아프리카, 아시아·태평양, 서아시아, 리틴아메리카 및 카리브안, 유럽과 북아메리카 등 5개 지역으로 구성된 NGO 준비위원회NGO Planning Committee에서 총괄하며, 각 지역에는 준비모임Regional Preparatory Meeting이 있다. 제4차 세계여성회의를 준비하기 위해 우리나라는 1994년 3월 말에 한국NGO 위원회가 결성되었는데, 이 날은 한국의 여성관련 단체(한국여성단체협의회, 한국여성단체연합, 한국여성유권자연맹 등)가 총망라되어 연대된 점, 세계화에 대비한 한국여성들의 국제적인 활동의 기초를 다진 점, 이러한 참가준비 과정을 통해 한국여성운동의 역량을 강화하고 발전하였다는 점, UNIFEM과 정부 및 NGO

가 공동기금을 조성하여 진행한 점, 그리고 정부와 NGO가 상호 유기적 협력관계를 도모한 점에서 큰 의의를 찾을 수 있다.[43]

우리나라가 CSW의 정식 회원국이 된 1994년부터는 한국여성 NGO 위원회를 비롯하여 관련 단체들이 CSW 회의에도 매년 참가하기 시작하였기 때문에, 이전의 유엔 활동은 정부 대표단을 통해서만 이루어졌다고 할 수 있다. 그러나 한국 정부 대표단이 CSW 회의에 처음 참가한 것은 여성차별철폐협약 목표에 입각한 차별 개선 방향과 유엔여성 10년의 업적을 평가하기 위한 세계여성회의 결과 및 향후 사업계획 등이 주된 논의사항이었던 제31차(1986년) 회의부터였다. 이때부터 ECOSOC 조직회의에서 4년 임기의 이사국으로 피선된 1993년까지는 옵서버로 참가하였다.

첫 참석한 회의에서 한국 대표단은 나이로비 회의를 전후하여 한국여성 발전을 위한 한국 정부의 노력과 중요한 진전사항에 대해 소개하였는데, 주된 내용에는 한국여성개발원 설립, 여성정책심의위원회 발족, 여성발전 장기계획 및 남녀차별개선 지침 마련, 사회경제발전 5개년 계획에서의 여성문제 등이 포함되었다. 또한, 서방국가 및 유엔 기구 대표들과의 유대를 강화하는 데 힘을 쏟았다. 가장 최근에 열린 제58차(2014년) 회의에는 한국 수석대표가 기조발언에서 성주류화 전략 추진, 여성의 대표성 증진, 여성의 경제활동 제고 및 공적개발원조[ODA] 사업에서의 대한민국 경험 공유 등의 측면에서 한국의 MDGs 이행 노력을 소개하였다. 특히 이번 회의에서는 Post-2015 논의에 양성평등이 별도의 목표[stand-alone goal]로 설정되고, 모든 부문에서 주류화되어야 할 것을 강조하면서 여러 도전과제에 대처하기 위한 글로벌 파트너십 강화 필요성을 재차 강조하기도 하였다. 이렇게 정부와 비정부, 특히 여성단체의 글로벌 젠더 거버넌스에서의 역할과 활동, 그리고 기대는 더욱 커지고 있다. 그러나 여전히 민간기업에서의 참여는 여전히 미흡하여 동반 협력체를 형성하려는 노력도 절실히 요구된다.

---

43 변화순·김은경(1997).

가장 최근 개최된 제58차 여성지위위원회에서는 크게 두 가지 안건에 대해 논의를 하였다. 첫째는 새천년목표에 대한 성과와 점검 차원에서 "유엔 새천년개발목표 이행에 있어 여성과 여아 관련 도전 과제 및 성과"와 관련된 것이라면, 둘째는 제55차 회기에서 채택된 합의결론인 "여성과 여아의 교육, 훈련, 과학, 기술 분야 접근 및 참여"의 이행에 대한 점검에 관한 것이다.

첫 번째 새천년목표 이행에 있어 도전과제로서 주요 국가들이 피력한 의견들은 다음과 같다.
- 중국: 여성과 여아 관련 MDGs의 효과적 이행을 위해 여성고용과 모성 사망 등 목표달성 미흡 분야에 대한 관심과 노력이 필요하고, 여성발전을 위한 포괄적 접근이 post-2015에 포함되어야 하며, 국제개발협력이 강화되어야 한다.
- 독일: MDGs 이행이 어려운 분야는 적극적 조치로서 양성평등과 여성의 권한강화를 보편적 우선순위에 설정해야 하고, UN Women이 주도적으로 MDG 목표달성 여부를 점검하는 등의 리더십 강화와 체계적 성주류화, 적절한 목표 및 지표 설정, 정치적 의지 등이 필요하다.
- 스리랑카: 1931년 여성에게 선거권이 부여된 이래 1960년 여성총리 당선, 정부 고위직의 높은 여성 비율, 높은 여성 문해율 등 양성평등의 선두주자 역할을 해오고 있으나, 오랜 기간 내전과 분쟁 이후 여성 가구주가 증가하고 있고, 이들은 빈곤층으로 전락하는 가능성이 높아 이를 개선하기 위한 노력이 필요하다.
- 방글라데시: 지난 20년간 여성 리더십 증진과 여성의 정치참여율을 높이는 등 큰 성과를 보이고 있으나, 빈번한 자연재해 등 여러 도전과제에 직면하고 있는 만큼 자원과 지속가능한 개발과 관련하여 국제사회와의 협력이 필요하다.

두 번째 여성과 여아의 교육, 훈련, 과학 기술 분야 접근 및 참여 이행과 관련하여 주요 국가들의 보고 내용은 다음과 같다.
- EU: 중등교육 졸업생의 60%는 여학생이지만, 젠더 고정관념으로 인해 남학생은 공학, 과학 등의 분야, 여학생은 사회과학, 경영, 법, 보건·

복지 분야를 선택하는 경향이 높다. 여학생들이 실력이 우수함에도 불구하고 전통적인 젠더 고정관념으로 이공계 분야에 대한 자신감이 낮은 것으로 파악되며, 부모와 선생님이 역할 모델이 되어 인식전환을 할 수 있도록 지원해야 한다.

- 필리핀: 점차적으로 여학생의 이공계 분야 진입율이 높아지고 있는데, 주된 이유로는 미디어 캠페인, 재학생 여성 선배 특강, 해외에서 성공적으로 일하는 이공계 여성 역할 모델들의 멘토 역할, 실험실에서 일할 수 있는 인턴십 기회 제공 등 정책 지원이 효과를 거두었다. 이에 좀 더 관련 지원이 강화될 필요가 있다.
- 스위스: 여학생의 이공계 분야 진출을 위해 대학 내 평등한 기회 제공과 여성교수 확보, 젠더연구 지원 등이 필요하다.

V. 결론

유엔은 CSW을 중심으로 DAW, UNIFEM, INSTRAW, OSAGI 등 기존 여성기구들을 통해 양성평등 및 여성권한 증진과 관련된 많은 활동을 벌였다. 물론 상호 간의 기능 및 역할 수행에 있어 중복을 피하고 좀 더 효율적으로 정책을 추진함에 있어서는 부족한 부분이 있었다. 그러나 UN Women이 유엔의 활동에 있어 그동안의 문제를 극복하고, 젠더 및 여성 문제에 대한 조율과 조화의 사령탑 역할을 맡았다. 실제 UN Women은 기존 유엔 여성기구들의 역할과 기능을 이어받아 개별 국가의 여성위원회 등 여성관련 정책 담당 기구 및 여성단체를 포함한 비정부기구들과의 젠더 거버넌스를 통해 양성평등을 위한 국제정책과 기준을 함께 개발하고, 유엔 회원국들이

---

44 장은하, 『제58차 유엔 여성지위위원회 해외출장 결과보고서』(한국여성정책연구원, 2014.4).

국제사회의 규범과 양성평등 정책을 실행하기 위한 기술적·재정적으로 지원하며, 유엔이 제안하고 장려하는 양성평등의 기준 및 약속을 유엔 내에서부터 실천해 나갈 수 있도록 유엔 전반의 활동을 상시 모니터링하여 개선방안을 모색하는 등 다양한 활동을 벌이고 있다. 이러한 노력은 지난 70년 전과 비교할 때, 정치, 경제, 사회, 문화 등 전 분야에서 여성에 대한 차별과 인권에 대한 문제를 줄이고, 여성의 권한은 더욱 강화시켜 양성이 평등한 사회로 근접하는 데 크게 기여하였다.

그렇지만 UN Women이 추구하는 비전과 목표, 그리고 관련 사업들이 여전히 여성이라는 특정성에 국한된 것으로 잘못 오해되거나, 남성으로부터 지지를 받지 못하는 등 젠더적 접근에서의 다양성과 포괄성 문제를 극복하지는 못하고 있다. 또한 여성중심의 WID 접근에서 젠더중심의 GAD 접근으로의 전환이 국가와 지역의 성평등 수준 및 관련 정치·경제·사회적 상황에 따라 달리 적용되어질 필요가 있지만, 마치 WID는 완료된 과업으로 평가하는 등 다층적 접근의 필요성도 제기되고 있다. 그리고 MDGs에 대한 Post-2015 개발 아젠다에 성평등 및 여성과 관련된 의제개발도 요구받고 있다. 자본주의의 세계화로 인해 전지구적으로 양극화는 더욱 심화되면서 기존의 남녀 간의 성불평등뿐만 아니라, 동일 성별 내에서의 불평등도 빠른 속도로 나타나고 있다. 그리고 미래사회의 위험으로 여성에 대한 폭력과 차별, 인권 유린 이외 새로운 성불평등의 문제도 발생되면서, 대응 차원에서 젠더 거버넌스의 구축을 통한 역할과 기능의 다각화도 요구되고 있다.

우리나라는 지난 1991년 9월 17일 유엔에 가입한 이후 1993년부터 계속 CSW회의 위원국으로 선출되어 양성평등과 성주류화에 기여를 하였으며, 2011년 UN Women 출범과 동시에 집행이사회의 이사국과 의장 및 부의장국으로 선출되어 국제사회에서 리더십도 발휘하였다. 그러나 2014년부터는 임기가 모두 완료되는 만큼 UN Women 내에서의 직접적인 역할은 더 이상 할 수 없는 위치에 있다. 물론 CSW 위원국으로서 정책수립에 개입은 할 수 있으나, 정책수립뿐만 아니라 집행에 있어서도 책임 있는 역할은 필요하다. 특히 선진국과 개발도상국 사이에서 조정자 역할을 그 어느 나라보다

Post-2015에서 성평등(gender equality)이 핵심이 되어야 하는 이유?[45]

유엔 새천년개발목표(MDGs) 달성 시한인 2015년으로 다가온 만큼 국제사회는 Post-2015에 다루어져야 할 핵심 이슈에 대해 열띤 논의를 하고 있다. 이들 이슈들 중에 성평등이 핵심이 되어야 한다는 주장이 설득을 받고 있다. 그 주된 주장을 크게 보면 두 가지로 압축할 수 있다.

첫째, 성불평등은 여성 빈곤을 야기한다. 세계 빈곤층의 상당수는 여성이다. 유엔 데이터에 따르면 빈곤층 인구 1.4억 명 중 2/3가 여성이다. 그러나 이조차도 과소 측정되었을 가능성이 높은데, 그 이유는 가구에서 여성과 소녀를 포함시키지 않거나, 여성과 남성의 자원 배분에서의 불평등이 있음에도 불구하고 이를 조사에서 제대로 확인하지 못하기 때문이다.

둘째, 성불평등은 사회개발 과정의 장벽이다. OECD, UNESCO, UNDP, World Bank 등 국제기구들은 유엔 MDGs 세 번째 목표인 성평등을 다른 MDGs 달성에 있어 선제 조건임을 분명히 하였다. 여성들의 자원에 대한 접근성은 자녀의 건강과 연관성이 있는데, 실제 자원이나 관련 권한이 부족한 여성들이 많은 국가들에서는 영양 실족 등 건강상의 문제가 있는 아동 비율이 높다. 이는 사망의 결과에서도 동일하게 관찰된다. 더 큰 문제는 이러한 성불평등은 개발 과정을 지연시킨다는 것이다. 즉, 여성과 소녀들은 남성과 소년들과 같이 사회 개발 과정(교육 및 경제활동 등)에 참여함에 있어 우선순위에서 밀릴 수 있다.

잘할 수 있고, 국제사회에서도 그런 역할을 요구받고 있다. 따라서 UN Women의 집행이사국에 재진입할 필요가 있고, 이를 위해서는 외교력 또는 자발적 기여금이 요구된다. 한국은 현재 세계 11위의 경제강국으로 평가받고 있는 만큼 그에 걸맞게 기여금을 내야 한다. 작년 8월 반기문 총장이

---

45 Jessica Woodroffe, "Gender equality and the post-2015 framework," *Gender Development Network Briefings* 3(2012), pp.1-11.

방한했을 때에도 한국의 경제적·정치적 발전에도 불구하고 여성지위 향상을 위한 재정 지원은 여전히 미흡함을 지적하면서 국가차원의 결단을 보여줄 것을 요청하기도 하였다. 이는 UN Women 집행이사국으로의 재진입과 사무국에 한국인의 진출에 있어서도 중요한 부분이다. 한편, UN Women의 직원이 되기 위해서는 이 분야에 대한 해박한 지식과 일정 이상의 외국어 구사능력은 기본이다. 따라서 유엔을 비롯한 국제기구에 취업하는 방법(유엔국가별경쟁시험, 국제기구 초급 전문가 시험, 자원봉사단 모집 등)을 제공하고, 실제 유엔에서 활동하는 선배와의 만남의 장을 지속적으로 마련하여 동기유발과 함께 관심 있는 인재들이 국제사회에서 역량을 충분히 발휘할 수 있도록 지원도 필요하다.

✛ 이선주·변화순·박성정.『북경행동강령 이행 15주년 점검 및 향후 과제』. 한국여성정책연구원, 2010.

이 보고서는 1995년 제4차 세계여성대회 이후 국제경제와 식량, 환경 위기로 인해 여성들의 경제적 지위는 더욱 약화되었고, 여성에 대한 사회 및 제도적 차별은 지속되었다. 이러한 맥락에서 북경행동강령 이행 15주년인 2010년 시점에서 각 부문별 이행 정도와 성과 및 국내 여성정책 상황을 점검함으로써 우리나라 여성정책의 성과, 향후과제 및 효과적인 여성정책 이행을 위한 전략을 모색하고 있다.

✛ 황영주. "국제규범으로서 젠더 주류화(gender mainstreaming)의 기원과 확산."『국제지역연구』 15-2. 2011.

이 논문은 국제규범으로서 젠더(성) 주류화가 어떻게 세계적으로 확산 되어 수용되었는지 분석하고자 하였다. 특히, 성주류화를 국내외 제도에 적용한 일부 국가들 사례를 소개하면서, 무형적인 국가 이익 등에도 주목하고 있다. 그리고 이들 국가들에 대한 이웃 국가들의 성주류화 학습이 성주류화를 일종의 규범으로 인지하고, 이를 수용하는 사회화 과정으로 소개하고 있다.

✛ Bunch, Charlotte. "Women's Rights and Gender at the United Nations: The Case for a new Gender Equality Architecture." *Vereinte Nationen: German Review on the United Nations*. 2009.

이 논문은 유엔 내 여성의 권리와 젠더 이슈와 관련하여 유엔 창설과 함께 설립된 여성지위위원회를 비롯하여 세계여성대회 및 오늘날 UN Women의 모체가 된 유엔 내 여성관련 기구들에 대해 소개를 하고 있다. 그리고 유엔의 여성과 젠더 아젠다를 개발 측면에서 그리고 여성 권익과 평화 및 안전 측면에서 논의하고, 유엔 내 여성기구의 통합 배경과 전개 과정에서의 유엔 내 산하 기구들 및 NGO와의 협력과 소통, 그리고 유엔이 직면할 여성과 여아에 관련된 도전과 목표를 제시하고 있다.

✛ Sandis, Eva E. "United Nations Measures to Stop Violence against Women." *Annals of the New York Academy of Science* 1087. 2006.

이 논문은 여성에 대한 폭력을 예방하기 위해 유엔과 NGO의 개입과 협업 내용을 정리하고 있다. 특히, 현대 사회에서의 젠더 규범 속에서 여성에 대한 폭력 유형을 기술하고 있다. 또한, 여성에 대한 폭력을 예방하기 위해 유엔과 NGO에 의한 제도적 메커니즘을 소개하고 있고, 현재를 비추어 새로운 미래사회에서의 도전 과제도 제시하고 있다.

참·고·문·헌

〈국문 자료〉

고한수·김창엽. "기능주의 관점에서 본 세계보건기구의 설립과 역할." 『보건행정학
    회지』 22권 1호. 2012.
김미경·서동희. 『성별분업의 재구조화와 여성정책의 방향』. 한국행정학회, 동계학
    술대회 발표 논문집. 2001.
김복규. 『우리나라 여성정책의 변화와 발전과제』. 한국행정학회, 기획세미나·국제
    포럼 발표논문집. 2000.
김엘림·윤덕경·박현미. 『20세기 여성인권법제사』. 한국여성개발원, 2001.
대외경제협력기금. 『숫자로 보는 ODA』. 2012.
마경희. "성 주류화에 대한 비판적 성찰: 여성정책의 새로운 패러다임인가? 함정인
    가?" 『한국여성학』 제23권 1호. 2007.
박경순. "여성을 위한 적극적 우대조치에 관한 연구." 『서강법학』 제10권 1호. 2008.
박흥순·조한승·정우탁 엮음. 『유엔과 세계평화』. 서울: 도서출판 오름, 2013.
방혜영·김이선. 『2003 유엔여성발전 주제 및 이행전략에 관한 연구』. 한국여성개
    발인, 2003.
배은경. 『여성정책의 흐름과 전망: 부녀복지에서 성주류화, 성주류화 이후?: 여성정

책 패러다임 전환을 위한 새로운 접근』. 한국여성정책연구원, 2012.

변화순·김은경. 『한국여성지위위원회 50년과 한국활동 10년』. 한국여성개발원, 1997.

손혁상·안도경·박종희.『주요국의 다자원조 추진전략과 정책적 시사점』. 경제인문 사회연구원·대외경제정책연구원, 2013.

신혜수.『UN 여성차별철폐협약의 한국에서의 성과와 과제: UN 여성차별철폐협약 (CEDAW)과 여성인권』. 국가인권위원회, 2009.

_____. "UN 여성기구 단일화의 의미와 과제: 한국과의 관계를 중심으로." 『젠더리 뷰』 18호. 2011.

에버리(Desmond Avery). 이한중 역. 『이종욱 평전(*Lee Jong-wook: A Life in Health and Politics*, 2012)』. 서울: 나무와숲, 2013.

유니세프한국위원회. 유니세프 한국위원회 창립 18주년 기념자료. 『유니세프한국위 원회 설립과 발전』. 2012.

_____. *Vision 20/20*. 2014.

윤현주. "UN Women의 창설과 5대 과제." 『젠더리뷰』. 2011.

이선주.『UN Women의 출범과 한국여성정책의 과제: 제68차 여성정책포럼: UN Women의 출범과 한국여성정책의 미래』. 한국여성정책연구원, 2011.

이재경·김경희. "여성주의 정책 패러다임 모색과 성평등." 『한국여성학』 제28권 3 호. 2012.

장은하.『제58차 유엔 여성지위위원회 해외출장 결과보고서』. 한국여성정책연구원, 2014.4.

정순영·김영혜.『동북아 여성지도자 회의를 통한 여성협력 방안에 관한 연구』. 한국 여성개발원, 2001.

조한승. "미국의 유네스코 정책의 전략적 함의: 정치체제론적 관점에서." 『국제정치 연구』 11권 1호. 2008.

_____. "유엔 개혁의 주요 쟁점과 도전과제." 박흥순·조한승·정우탁 엮음. 『유엔과 세계평화』. 서울: 도서출판 오름, 2013.

_____. "글로벌 보건 거버넌스의 역할과 도전: 정치적 쟁점 사례를 중심으로." 『평 화학연구』 15권 4호. 2014.

최동주·조동준·정우탁 엮음. 『국제기구의 과거·현재·미래』. 서울: 도서출판 오 름, 2013.

최현실. "글로벌 거버넌스로서의 유엔과 한국의 의사결정과정에 여성참여정책." 『여 성학연구』 14·15권 합본. 2005.

페인(Richard J. Payne). 조한승 역. 『글로벌 이슈(*Global Issues*, 4th ed. 2013)』. 서울: 시그마프레스, 2013.

〈외국어 자료〉

Abbott, Kenneth W., and Duncan Snidal. "Why States Act through Formal International Organizations." *Journal of Conflict Resolution*, Vol.42, No.1. 1998.

Allen, Charles E. "World Health and World Organization." *International Organization*, Vol.4, No.1. 1950.

Ascher, Charles. "Current Problems in the World Health Organization's Program." *International Organization*, Vol.6, No.1. 1952.

Atun, Rifat A., Sara Bennett, and Antonio Buran. *When Do Vertical(Standalone) Programmes Have a Place in Health Systems?* Copenhagen, Denmark: WHO Regional Office for European, 2008.

Bachrach, Peter, and Morton S. Baratz. "Two Faces of Power." *American Political Science Review*, Vol.56, No.4. 1962.

Barrett, Deborah, and David John Frank. "Population Control for National Development: From World Discourse to National Policies." In John Boli and George Thomas (eds.). *Constructing World Culture*. Stanford, CA: Stanford University Press, 1999, pp.198-221.

Beigbeder, Yves. *New Challenges for UNICEF: Children, Women, and Human Rights*. NY: Palgrave macmillan, 2001.

Bexell, Magdalena. "Global Governance, Gains and Gender." *International Feminist Journal of Politics*, Vol.14, No.3. 2012.

Birn, Anne-Emanuelle, and Klaudia Dmitrienko. "The World Bank: Global Health or Global Harm?" *American Journal of public Health*, Vol.95, No.7. 2005.

Black, Maggie. *The Children and the Nations: The Story of Unicef.* New York: UNICEF, 1986.

_____. *Children First.* Unicef, 1996.

Blanchfield, Luisa. *The U.N. Population Fund: Background and the U.S. Funding Debate.* CRS Report for Congress, 2008.

Bongaarts, John. "The Role of Family Planning Programmes in Contemporary Fertility Transitions." In Gavin W. Jones et al. (eds.). *The Continuing Demographic Transition.* Oxford: Clarendon Press, 1997, pp.422-444.

Bongaarts, John, and Steven W. Sinding. "A Response to Critics of Family Planning Programs." *International Perspectives on Sexual and Reproductive Health* 35-1(2009), pp.39-44.

Brockington, Fraser. *World Health.* Edinburgh: Churchill-Livingston, 1979.

Brown, Theodore M., Marcos Mueto, and Elizabeth Fee. "The World Health Organization and the Transition from "International" to "Global" Public Health." *American Journal of Public Health*, Vol.96, No.1. 2006.

Caldwell, John C. "Thirty Years of Global Population Changes." In Nafis Sadik (ed.). *An Agenda for People: The UNFPA through Three Decades.* New York City, N. Y.: New York University Press, 2002, pp.2-23.

Central Bureau of Statistics. *DPR Korea, DPR Korea 2008 Population Census National Report.* 2009.

Chee, Stephen. "ICPD: Cairo and After: Implications for the Pacific." *Pacific Health Dialog* 2-1(1995).

Chorev, Nitsan. *The World Health Organization between North and South.* Ithaca and London: Cornell University Press, 2012.

Cohen, Susan A. "U.S. Overseas Family Planning Program, Perennial Victim of Abortion Politics, Is Once Again Under Siege." *Guttmacher Policy Review* 14-4(2011).

Connelly, Mattew. *Fatal Misconception: The Struggle to Control World Population.* Boston, M.A.: Harvard University Press, 2008.

Crossette, Barbara. "Reproductive health and the Millennium Development Goals: The Missing Link." *Commissioned by the Population Program of the William and Flora Hewlett Foundation.* 2004.

Dubin, Martin D. "The League of Nations Health Organization." In Paul

국제기구와 보건·인구·여성·아동

Weindling, ed. *International Health Organization and Movements, 1918-1939*. Cambridge: Cambridge University Press, 1995.

Eddy, D.M. "What Care Is Essential? What Services Are Basic?" *Journal of the American Medical Association*, Vol.265. 1991.

Executive Board of the United Nations Development Programme. *United Nations Population Fund: Integrated Budget Estimates, 2014-2017*. 2013.

Fenner, F., D.A. Henderson, I. Arita, Z. Jezek, and I.D. Ladnyi. *Smallpox and Its Eradication*. Geneva: WHO, 1988.

Fidler, David P. "Architecture amidst Anarchy: Global Health's Quest for Governance." *Global Health Governance*, Vol.1, No.1. 2007.

_____. *The Challenges of Global Health Governance, Council on Foreign Relations working paper*. New York, May 2010.

Fluss, Sav S., and Frank Gutteridge. *World Health Organization*. Boston: Kluwer Law and Taxation, 1993.

Freedman, Ronald. "Do Family Planning Programs Affect Fertility Preferences? A Literature Review." *Studies in Family Planning* 28-1(1997), pp.1-13.

Frenk, Julio, and Suerie Moon. "Governance Challenges in Global Health." *New England Journal of Medicine*, Vol.368, No.10. 2013.

Godlee, Fiona. "WHO in Crisis." *British Medical Journal*, Vol.309. November 26, 1994.

_____. "The World Health Organisation: The Regions — Too Much Power, Too Little Effect." *British Medical Journal*, Vol.309, No.6968. 10 December 1994.

Hafner-Burton, Emilie, and Mark A. Pollack. "Mainstreaming Gender in Global Governance." *European Journal of International Relations* 8-3(2002).

Hartmann, Betsy. *Reproductive Rights and Wrongs: The Global Politics of Population Control*. Boston, M.A.: South End Press, 1995.

Henshaw, Stanley K. et al. "Severity and Cost of Unsafe Abortion Complications Treated in Nigerian Hospitals." *International Family Planning Perspectives* 34-1(2008).

Heyzer, Noeleen. "Women Are the Key to Development." In Nafis Sadik (ed.). *An Agenda for People. The UNFPA through Three Decades*. New York City, N. Y.: New York University Press, 2002.

Institute for Health Metrics and Evaluation(IHME). *Financing Global Health 2009*. Seattle: IHME, 2009.

Irving, Allan. *Brock Chisholm, Doctor to the World*. Markham, Canada: Fitzhenry and Whiteside, 1988.

Jacobs, Samuel K. "The United Nations International Children's Emergency Fund: An Instrument of International Social Policy." *Social Service Review* 24(3). 1950.

Jamison, D.T. "International Collective Action in Health: Objectives, Functions, and Rationale." *Lancet*, Vol.351, No.9101. 1998.

Jolly, Richard. *UNICEF: Global Governance that works*. NY: Routledge, 2014.

Kantner, John F., and Andrew Kantner. *International Discord on Population and Development*. New York: Palgrave Macmillan, 2006.

Karns, Margaret, and Karen Mingst. *International Organizations: The Politics and Process of Global Governance*. Boulder: LynneReinner Publishers, 2010.

Kelle, Alexander. "Securitization of International Public Health: Implications for Global Health Governance and the Biological Weapons Prohibition Regime." *Global Governance*, Vol.13, No.2. 2007.

Kim, Joungwon Alexander, and Carolyn Campbell Kim. "The Divided Nations in the International System." *World Politics*, Vol.25, No.4. 1973.

Knight, Lindsay. *UNAIDS: The First 10 Years, 1996-2006*. Switzerland, 2008.

Koivusalo, M., and E. Ollia. *Making a Healthy World: Agencies, Actors, and Policies in International Health*. Helsinki, London and New York: Stakes/Zed Books, 1997.

Krasner, Stephen. "Global Communications and National Power: Life on the Pareto Frontier." *World Politics* 43(3). 1991.

Lee, Kelly. "Understandings of Global Health Governance: The Contested landscape." In Adrian Kay and Owain D. Williams, eds. *The Crisis of Global Health Governance: Challenges, Institutions and Political Economy*. London: Palgrave Macmillan, 2009.

_____. *The World Health Organization*. Abingdon, UK: Routledge, 2009.

Lee, Kelly, and Jennifer Fang. *Historical Dictionary of the World Health Organization*. 2nd ed. Lanham: Scarecrow Press, 2013.

Lewin, Simon, John N. Lavis, Andrew D. Oxman, Gabriel Bastías, Mickey Chopra, Agustín Ciapponi, Signe Flottorp, Sebastian García Martí, Tomas Pantoja, Gabriel Rada, Nathan Souza, Shaun Treweek, Charles S. Wiysonge, and Andy Haines, "Supporting the Delivery of Cost-effective Interventions in Primary Health-Care Systems in Low-income and Middle-income Countries: An Overview of Systematic Reviews." *Lance*, Vol.372, Iss. 9642. 2008.

Lucas, Adetocunbo, Sigrun Mogedal, Gill Walt, Sissel Hodne Steen, Stein-Erik Kruse, Kelly Lee, and Laura Hawken. *Cooperation for Health Development: The World Health Organisation's Support to Programmes at Country Level*. London: Governments of Australia, Canada, Italy, Norway, Sweden, and UK, 1997.

Lukatela, Ana. *Gender and Post-Conflict Governance: Understanding the Challenges*. UN Women, 2012.

Lukes, Steven. *Power: A Radical View*. London: Macmillan Press, 1974.

Mahler, Halfdan. "An International Health Conscience." *WHO Chronicle*, Vol. 28. 1974.

McColl, Karen. "Europe told to Deliver More Aid for Health." *Lancet*, Vol.371, Iss. 9630. 21 June 2008.

McKeown, Thomas. *Role of Medicine: Dream Mirage or Nemesis?* Oxford: Blackwell, 1979.

McNeil, Donald G. "Cholera's Second Fever." *New York Times*, 21 November 2010.

Mearsheimer, John. "The False Promise of International Institutions." *International Security* Winter 1994/95:5-49. 1994.

Merrick, Thomas W. "Population and Poverty: New Views on an Old Controversy." *International Family Planning Perspectives* 28-1. 2002.

Moon, Surie. "Medicines as Global Public Goods: The Governance of Technological Innovation in the New Era of Global Health." *Global Health Governance*, Vol.2, No.2. Fall 2008/Spring 2009.

Mousky, Stafford. "UNFPA's Role in the Population Field." In Nafis Sadik (ed.). *An Agenda for People. The UNFPA through Three Decades*. New York City, N. Y.: New York University Press, 2002.

Murphy, Craig. *International Organization and Industrial Change: Global Govern-ance since 1850.* Cambridge: Polity, 1994.

Ng, Nora Y., and Jennifer Prah Ruger. "Global Health Governance at a Crossroads." *Global Health Governance*, Vol.3, No.2. Spring 2011.

Ooms, Gorik, Wim Van Damme, Brook K. Baker, Paul Zeitz, and Ted Schrecker. "The 'Diagonal' Approach to Global Fund Financing: A Cure for the Broader Malaise of Health System?" *Globalization and Health*, Vol.4, No.6. 2008.

Payne, Richrd J. 조한승·고영일 역. 『글로벌 이슈(*Global Issues*)』. 서울: 시그마 프레스, 2013.

Penrose, Angela, and John Seaman. "The Save the Children Fund and Nutrition for Refugees." In Paul Weindling, ed. *International Health Organization and Movements, 1918-1939.* Cambridge: Cambridge University Press, 1995.

Ricci, James. "Global Health Governance and the State: Premature Claims of A Post-International Framework." *Global Health Governance*, Vol.3, No.1. 2009.

Rigg, Bob. "Ebola: between Public Health and Private Profit." *Scoop Inde-pendent News.* August 12, 2014.

Roberts, Adam, and Benedict Kingsbury, eds. *United Nations and Divided World.* Oxford: Clarendon Press, 1988.

Robinson, Rachel Sullivan. "UNFPA in Context: An Institutional History." *Back-ground paper prepared for the Center for Global Development Working Group on UNFPA's Leadership Transition.* 2010.

Rosenau, James N. "Governance in the Twenty-first Century." *Global Govern-ance*, Vol.1, No.1. 1996.

Ruger, Jennifer Prah. "Global Health Governance and the World Bank." *Lancet*, Vol.370, No.9597. 2007.

Sai, Fred T. "The Cairo Imperative: How ICPD Forged a New Population Agenda for the Coming Decades." In Nafis Sadik (ed.). *An Agenda for People: The UNFPA through Three Decades.* New York City, N. Y.: New York University Press, 2002.

Seltzer, Judith R. *The Origins and Evolution of Family Planning Programs in*

Developing Countries. Rand Corporation, 2002.

Sen, K., and M. Koivusalo. "Health Care Reforms in Developing Countries." *International Journal of Health Planning and Management*, Vol.13, No.3. 1998.

Sikkink, Kathryn. "Codes of Conduct for Transnational Corporations: The Case of the WHO/UNICEF Code." *International Organization*, Vol.40, No.4. 1986.

Sinding, Steven W. "Overview and Perspective." In Warren C. Robinson and John A. Ross (eds.). *Three Decades of Population Policies and Programs*. Washington, DC: The World Bank, 2007, pp.1-12.

Strange, Susan. "The Persistent Myth of Lost Hegemony." *International Organization*, Vol.41, No.4. 1987.

_____. *State and Markets*. New York: Continuum, 1988.

UN Women. *Draft Rules of Procedure of the Executive Board of the United Nations Entity for Gender Equality and the Empowerment of Women*. UN-Women, 2011.

UNFPA. *Annual Report*. 1997.

_____. *Financial Resource Flows for Population Activities in 2007*. 2009.

_____. *The UNFPA Strategic Plan, 2014-2017*. Report of the Executive Director, 2013.

_____. *Annual Report: Promises to Keep, 2012*. 2014.

Unicef. *The World Summit for Children: Questions and Answers* (official meeting handout). September 29, 1990.

_____. *1946-2006 Sixty Years for Children*. 2006.

_____. *The Unicef Executive Board: An Informal Guide*. Office of the Secretary of the Executive Board, 2010.

_____. *MDG Update: Accelerate Progress for Children*. 2013.

_____. *Annual Report 2013*. 2014.

United Nations. *Review and Appraisal of the Progress Made in Achieving the Goals and Objectives of the Programme of Action of the ICPD*. New York: Population Division, 1999.

Vaughan, J. Patrick, Sigrun Mogedal, Stein-Erik Kruse, Kelly Lee, Gill Walt, and Koen de Wilde. *Cooperation for Health Development: Extrabudgetary*

Funds in the World Health Organization. Oslo: Governments of Australia, Norway, and the United Kingdom, 1995.

Verloren, Ada. *The United Nations Children's Fund.* Chelsea House Publishers, 2009.

Walt, Gill. "WHO Under Stress: Implication for Health Policy." *Health Policy,* Vol.24, No.2. 1993.

Waltz, Kenneth N. *Theory of International Politics.* Reading, MA: Addison-Wesley, 1979.

Warwick, Donald P. "The Politics of Research on Fertility Control." *Population and Development Review* 20-1. 1994.

WHO. *The First Ten Years of the World Health Organization.* Geneva: WHO, 1958.

_____. *Organizational Study on the Planning for and Impact of Extrabudgetary Resources on WHO's Programmes and Policy,* Doc. EB52/25. 1975.

_____. *Facts about WHO.* Geneva: World Health Organization, 1990.

_____. *Working for Health: An Introduction to the World Health Organization.* Geneva: WHO, 2007.

_____. Status of collection of assessed contributions, including Member States in arrears in the payment of their contributions to an extent that would justify invoking Article 7 of the Constitution, 66th WHA Provisional Agenda Item 21.2, A66/30. 5 April 2013.

Woodroffe, Jessica. "Gender equality and the post-2015 framework." *Gender Development Network Briefings.* 3. 2012.

World Bank. *Atlas of Global Development.* 2nd ed. Washington, DC: World Bank, 2009.

World Trade Organization. "Declaration on the TRIPS Agreement and Public Health." WT/MIN(01)/DEC/2. November 2001.

1946 General Assembly, 57(1). *Establishment of an International Children's Emergency Fund.*

⟨인터넷 및 언론 자료⟩

UN Women. "Women, Top 20 donors(core) 2013 in US dollars." http://www.
unwomen.org(검색일: 2014.3.10).
_____. http://www.unwomen.org(검색일: 2014.3.10).
_____. http://www.unwomen.org(검색일: 2014.3.16).
_____. "Gender Equality: A Governance Matter." http://www.unwomen.org(검
색일: 2014.5.17).
_____. "UN Women Contribution Process Frequently Asked Questions." http://
www.unwomen.org(검색일: 2014.5.17).
UN. Foundation. http://www.unfoundation.org(검색일: 2013.12.5).
_____. "Resolution adopted by the General Assembly on 2 July 2010." http://
www.un.org/en/ga/search/view_doc.asp?symbol=A/RES/64/289(검색
일: 2013.12.5).
_____. "The Universal Declaration of Human Rights." http://www.un.org/en/
documents/udhr(검색일: 2014.2.27).
_____. "Short History of the Commission on the Status of Women." http://
www.un.org/womenwatch/daw/CSW60YRS/CSWbriefhistory.pdf(검색
일: 2014.3.24).
Unicef. *UNICEF Annual Report*. 1997.
_____. UNICEF Annual Report. 2012. http://www.unicef.org/publications/files/
UNICEF-AnnualReport2012_8July2013.pdf(검색일: 2014.4.21).
_____. Unicef Humanitarian Action for Children 2014. http://www.unicef.org
/publications/files/ HAC_2014_Overview_EN.pdf(검색일: 2014.4.21).
UNIFEM. http://www.unifem.org(검색일: 2014.3.10).

http://globalcare.or.kr/(검색일:2014.2.27).
http://kofih.org/(검색일: 2014.2.27).
http://www.gavialliance.org/about/partners/bmgf/(검색일: 2014.2.1).
http://www.ivi.int/web/www/home(검색일: 2014.2.25).
http://www.medipeace.org/(검색일: 2014.2.27).
http://www.msf.or.kr/(검색일: 2014.2.27).

http://www.theglobalfund.org/en/mediacenter/newsreleases/2013-10-21_Tahir_
Contributes_USD_65_Million_to_the_Global_Fund/(검색일: 2014.2.1).

부·록

(영문)

Convention on the Rights of the Child

Adopted and opened for signature, ratification and accession by General Assembly resolution 44/25 of 20 November 1989

entry into force 2 September 1990, in accordance with article 49

Preamble

The States Parties to the present Convention,

Considering that, in accordance with the principles proclaimed in the Charter of the United Nations, recognition of the inherent dignity and of the equal and inalienable rights of all members of the human family is the foundation of freedom, justice and peace in the world, Bearing in mind that the peoples of the United Nations have, in the Charter, reaffirmed their faith in fundamental human rights and in the dignity and worth of the human person, and have determined to promote social progress and better standards of life in larger freedom, Recognizing that the United Nations has, in the Universal Declaration of Human Rights and in the International Covenants on Human Rights, proclaimed and agreed that everyone is entitled to all the rights and freedoms set forth therein, without distinction of any kind, such as race, colour, sex, language, religion, political or other opinion, national or social origin, property, birth or other status, Recalling that, in the Universal Declaration of Human Rights, the United Nations has proclaimed that childhood is entitled to special care and assistance, Convinced that the family, as the fundamental group of society and the natural environment for the growth and well-being of all its members and particularly children, should be afforded the necessary protection and assistance so that it can fully assume its responsibilities within the community, Recognizing that the child, for the full and harmonious development of his or her personality, should grow up in a family environment, in an atmosphere of happiness, love and understanding, Considering that the child should be fully prepared to live an individual life in society, and brought up in the spirit of the ideals proclaimed in the Charter of the United Nations, and in particular in the spirit of peace, dignity, tolerance, freedom, equality and solidarity, Bearing in mind that the need to extend particular care to the child has been stated in the Geneva Declaration of the Rights of the Child of 1924 and in the Declaration of the Rights of the Child adopted by the General Assembly on 20 November 1959 and recognized in the Universal Declaration of Human Rights, in the International Covenant on Civil and Political Rights (in particular in articles 23 and 24), in the International Covenant on Economic, Social and Cultural Rights (in particular in article 10) and in the statutes and relevant instruments of specialized agencies and international organizations concerned with the welfare of children, Bearing in mind that, as indicated in the Declaration of the Rights of the Child, "the child, by reason of his physical and mental immaturity, needs special safeguards and care, including appropriate legal protection, before as well as after birth", Recalling the provisions of the Declaration on Social and Legal Principles relating to the Protection and Welfare of Children, with Special Reference to Foster Placement and Adoption Nationally and Internationally; the United Nations Standard Minimum Rules for the Administration of Juvenile Justice(The Beijing Rules); and the Declaration on the Protection of Women and Children in Emergency and Armed Conflict, Recognizing that, in all countries in the world, there are children living in exceptionally difficult conditions, and that such children need special consideration, Taking due account of the importance of the traditions and cultural values of each people for the protection and harmonious development of the child, Recognizing the importance of international cooperation for improving the living conditions of children in every country, in particular in the developing countries, Have agreed as follows:

국제기구와 보건·인구·여성·아동

PART I

Article 1

For the purposes of the present Convention, a child means every human being below the age of eighteen years unless under the law applicable to the child, majority is attained earlier.

Article 2

1. States Parties shall respect and ensure the rights set forth in the present Convention to each child within their jurisdiction without discrimination of any kind, irrespective of the child's or his or her parent's or legal guardian's race, colour, sex, language, religion, political or other opinion, national, ethnic or social origin, property, disability, birth or other status.

2. States Parties shall take all appropriate measures to ensure that the child is protected against all forms of discrimination or punishment on the basis of the status, activities, expressed opinions, or beliefs of the child's parents, legal guardians, or family members.

Article 3

1. In all actions concerning children, whether undertaken by public or private social welfare institutions, courts of law, administrative authorities or legislative bodies, the best interests of the child shall be a primary consideration.

2. States Parties undertake to ensure the child such protection and care as is necessary for his or her well-being, taking into account the rights and duties of his or her parents, legal guardians, or other individuals legally responsible for him or her, and, to this end, shall take all appropriate legislative and administrative measures.

3. States Parties shall ensure that the institutions, services and facilities responsible for the care or protection of children shall conform with the standards established by competent authorities, particularly in the areas of safety, health, in the number and suitability of their staff, as well as competent supervision.

Article 4

States Parties shall undertake all appropriate legislative, administrative, and other measures for the implementation of the rights recognized in the present Convention. With regard to economic, social and cultural rights, States Parties shall undertake such measures to the maximum extent of their available resources and, where needed, within the framework of international co-operation.

Article 5

States Parties shall respect the responsibilities, rights and duties of parents or, where applicable, the members of the extended family or community as provided for by local custom, legal guardians or other persons legally responsible for the child, to provide, in a manner consistent with the evolving capacities of the child, appropriate direction and guidance in the exercise by the child of the rights recognized in the present Convention.

Article 6

1. States Parties recognize that every child has the inherent right to life.

2. States Parties shall ensure to the maximum extent possible the survival and development of the child.

Article 7

1. The child shall be registered immediately after birth and shall have the right from birth to a name, the right to acquire a nationality and. as far as possible, the right to know and be cared for by his or her parents.

2. States Parties shall ensure the implementation of these rights in accordance with their national law and their obligations under the relevant international instruments in this field, in particular where the child would otherwise be stateless.

Article 8

1. States Parties undertake to respect the right of the child to preserve his or her identity, including nationality, name and family relations as recognized by law without unlawful interference.

2. Where a child is illegally deprived of some or all of the elements

of his or her identity, States Parties shall provide appropriate assistance and protection, with a view to re-establishing speedily his or her identity.

Article 9

1. States Parties shall ensure that a child shall not be separated from his or her parents against their will, except when competent authorities subject to judicial review determine, in accordance with applicable law and procedures, that such separation is necessary for the best interests of the child. Such determination may be necessary in a particular case such as one involving abuse or neglect of the child by the parents, or one where the parents are living separately and a decision must be made as to the child's place of residence.

2. In any proceedings pursuant to paragraph 1 of the present article, all interested parties shall be given an opportunity to participate in the proceedings and make their views known.

3. States Parties shall respect the right of the child who is separated from one or both parents to maintain personal relations and direct contact with both parents on a regular basis, except if it is contrary to the child's best interests.

4. Where such separation results from any action initiated by a State Party, such as the detention, imprisonment, exile, deportation or death (including death arising from any cause while the person is in the custody of the State) of one or both parents or of the child, that State Party shall, upon request, provide the parents, the child or, if appropriate, another member of the family with the essential information concerning the whereabouts of the absent member(s) of the family unless the provision of the information would be detrimental to the well-being of the child. States Parties shall further ensure that the submission of such a request shall of itself entail no adverse consequences for the person(s) concerned.

Article 10

1. In accordance with the obligation of States Parties under article 9, paragraph 1, applications by a child or his or her parents to enter or leave a State Party for the purpose of family reunification shall be dealt with by States Parties in a positive, humane and expeditious manner. States Parties

shall further ensure that the submission of such a request shall entail no adverse consequences for the applicants and for the members of their family.

2. A child whose parents reside in different States shall have the right to maintain on a regular basis, save in exceptional circumstances personal relations and direct contacts with both parents. Towards that end and in accordance with the obligation of States Parties under article 9, paragraph 1, States Parties shall respect the right of the child and his or her parents to leave any country, including their own, and to enter their own country. The right to leave any country shall be subject only to such restrictions as are prescribed by law and which are necessary to protect the national security, public order (ordre public), public health or morals or the rights and freedoms of others and are consistent with the other rights recognized in the present Convention.

Article 11

1. States Parties shall take measures to combat the illicit transfer and non-return of children abroad.

2. To this end, States Parties shall promote the conclusion of bilateral or multilateral agreements or accession to existing agreements.

Article 12

1. States Parties shall assure to the child who is capable of forming his or her own views the right to express those views freely in all matters affecting the child, the views of the child being given due weight in accordance with the age and maturity of the child.

2. For this purpose, the child shall in particular be provided the opportunity to be heard in any judicial and administrative proceedings affecting the child, either directly, or through a representative or an appropriate body, in a manner consistent with the procedural rules of national law.

Article 13

1. The child shall have the right to freedom of expression; this right shall include freedom to seek, receive and impart information and ideas of all kinds, regardless of frontiers, either orally, in writing or in print, in the

form of art, or through any other media of the child's choice.

2. The exercise of this right may be subject to certain restrictions, but these shall only be such as are provided by law and are necessary:

(a) For respect of the rights or reputations of others; or

(b) For the protection of national security or of public order (ordre public), or of public health or morals.

Article 14

1. States Parties shall respect the right of the child to freedom of thought, conscience and religion.

2. States Parties shall respect the rights and duties of the parents and, when applicable, legal guardians, to provide direction to the child in the exercise of his or her right in a manner consistent with the evolving capacities of the child.

3. Freedom to manifest one's religion or beliefs may be subject only to such limitations as are prescribed by law and are necessary to protect public safety, order, health or morals, or the fundamental rights and freedoms of others.

Article 15

1. States Parties recognize the rights of the child to freedom of association and to freedom of peaceful assembly.

2. No restrictions may be placed on the exercise of these rights other than those imposed in conformity with the law and which are necessary in a democratic society in the interests of national security or public safety, public order (ordre public), the protection of public health or morals or the protection of the rights and freedoms of others.

Article 16

1. No child shall be subjected to arbitrary or unlawful interference with his or her privacy, family, home or correspondence, nor to unlawful attacks on his or her honour and reputation.

2. The child has the right to the protection of the law against such interference or attacks.

Article 17

States Parties recognize the important function performed by the mass media and shall ensure that the child has access to information and material from a diversity of national and international sources, especially those aimed at the promotion of his or her social, spiritual and moral well-being and physical and mental health.

To this end, States Parties shall:

(a) Encourage the mass media to disseminate information and material of social and cultural benefit to the child and in accordance with the spirit of article 29;

(b) Encourage international co-operation in the production, exchange and dissemination of such information and material from a diversity of cultural, national and international sources;

(c) Encourage the production and dissemination of children's books;

(d) Encourage the mass media to have particular regard to the linguistic needs of the child who belongs to a minority group or who is indigenous;

(e) Encourage the development of appropriate guidelines for the protection of the child from information and material injurious to his or her well-being, bearing in mind the provisions of articles 13 and 18.

Article 18

1. States Parties shall use their best efforts to ensure recognition of the principle that both parents have common responsibilities for the upbringing and development of the child. Parents or, as the case may be, legal guardians, have the primary responsibility for the upbringing and development of the child. The best interests of the child will be their basic concern.

2. For the purpose of guaranteeing and promoting the rights set forth in the present Convention, States Parties shall render appropriate assistance to parents and legal guardians in the performance of their child-rearing responsibilities and shall ensure the development of institutions, facilities and services for the care of children.

3. States Parties shall take all appropriate measures to ensure that children of working parents have the right to benefit from child-care services and facilities for which they are eligible.

Article 19

1. States Parties shall take all appropriate legislative, administrative, social and educational measures to protect the child from all forms of physical or mental violence, injury or abuse, neglect or negligent treatment, maltreatment or exploitation, including sexual abuse, while in the care of parent(s), legal guardian(s) or any other person who has the care of the child.

2. Such protective measures should, as appropriate, include effective procedures for the establishment of social programmes to provide necessary support for the child and for those who have the care of the child, as well as for other forms of prevention and for identification, reporting, referral, investigation, treatment and follow-up of instances of child maltreatment described heretofore, and, as appropriate, for judicial involvement.

Article 20

1. A child temporarily or permanently deprived of his or her family environment, or in whose own best interests cannot be allowed to remain in that environment, shall be entitled to special protection and assistance provided by the State.

2. States Parties shall in accordance with their national laws ensure alternative care for such a child.

3. Such care could include, inter alia, foster placement, kafalah of Islamic law, adoption or if necessary placement in suitable institutions for the care of children. When considering solutions, due regard shall be paid to the desirability of continuity in a child's upbringing and to the child's ethnic, religious, cultural and linguistic background.

Article 21

States Parties that recognize and/or permit the system of adoption shall ensure that the best interests of the child shall be the paramount consideration and they shall:

(a) Ensure that the adoption of a child is authorized only by competent authorities who determine, in accordance with applicable law and procedures and on the basis of all pertinent and reliable information, that the adoption is permissible in view of the child's status concerning parents, relatives and legal guardians and that, if required, the persons concerned have given their informed consent to the adoption on the basis of such counselling as may be necessary;

(b) Recognize that inter-country adoption may be considered as an alternative means of child's care, if the child cannot be placed in a foster or an adoptive family or cannot in any suitable manner be cared for in the child's country of origin;

(c) Ensure that the child concerned by inter-country adoption enjoys safeguards and standards equivalent to those existing in the case of national adoption;

(d) Take all appropriate measures to ensure that, in inter-country adoption, the placement does not result in improper financial gain for those involved in it;

(e) Promote, where appropriate, the objectives of the present article by concluding bilateral or multilateral arrangements or agreements, and endeavour, within this framework, to ensure that the placement of the child in another country is carried out by competent authorities or organs.

Article 22

1. States Parties shall take appropriate measures to ensure that a child who is seeking refugee status or who is considered a refugee in accordance with applicable international or domestic law and procedures shall, whether unaccompanied or accompanied by his or her parents or by any other person, receive appropriate protection and humanitarian assistance in the enjoyment of applicable rights set forth in the present Convention and in other international human rights or humanitarian instruments to which the said States are Parties.

2. For this purpose, States Parties shall provide, as they consider appropriate, co-operation in any efforts by the United Nations and other competent intergovernmental organizations or nongovernmental organizations co-operating with the United Nations to protect and assist such a child and to trace the parents or other members of the family of any refugee child in order to obtain information necessary for reunification with his or her family. In cases where no parents or other members of the family can be found, the child shall be accorded the same protection as any other child permanently or temporarily deprived of his or her family environment for

any reason, as set forth in the present Convention.

Article 23

1. States Parties recognize that a mentally or physically disabled child should enjoy a full and decent life, in conditions which ensure dignity, promote self-reliance and facilitate the child's active participation in the community.

2. States Parties recognize the right of the disabled child to special care and shall encourage and ensure the extension, subject to available resources, to the eligible child and those responsible for his or her care, of assistance for which application is made and which is appropriate to the child's condition and to the circumstances of the parents or others caring for the child.

3. Recognizing the special needs of a disabled child, assistance extended in accordance with paragraph 2 of the present article shall be provided free of charge, whenever possible, taking into account the financial resources of the parents or others caring for the child, and shall be designed to ensure that the disabled child has effective access to and receives education, training, health care services, rehabilitation services, preparation for employment and recreation opportunities in a manner conducive to the child's achieving the fullest possible social integration and individual development, including his or her cultural and spiritual development.

4. States Parties shall promote, in the spirit of international cooperation, the exchange of appropriate information in the field of preventive health care and of medical, psychological and functional treatment of disabled children, including dissemination of and access to information concerning methods of rehabilitation, education and vocational services, with the aim of enabling States Parties to improve their capabilities and skills and to widen their experience in these areas. In this regard, particular account shall be taken of the needs of developing countries.

Article 24

1. States Parties recognize the right of the child to the enjoyment of the highest attainable standard of health and to facilities for the treatment of illness and rehabilitation of health. States Parties shall strive to ensure that

no child is deprived of his or her right of access to such health care services.

2. States Parties shall pursue full implementation of this right and, in particular, shall take appropriate measures:

(a) To diminish infant and child mortality;

(b) To ensure the provision of necessary medical assistance and health care to all children with emphasis on the development of primary health care;

(c) To combat disease and malnutrition, including within the framework of primary health care, through, inter alia, the application of readily available technology and through the provision of adequate nutritious foods and clean drinking-water, taking into consideration the dangers and risks of environmental pollution;

(d) To ensure appropriate pre-natal and post-natal health care for mothers;

(e) To ensure that all segments of society, in particular parents and children, are informed, have access to education and are supported in the use of basic knowledge of child health and nutrition, the advantages of breastfeeding, hygiene and environmental sanitation and the prevention of accidents;

(f) To develop preventive health care, guidance for parents and family planning education and services.

3. States Parties shall take all effective and appropriate measures with a view to abolishing traditional practices prejudicial to the health of children.

4. States Parties undertake to promote and encourage international co-operation with a view to achieving progressively the full realization of the right recognized in the present article. In this regard, particular account shall be taken of the needs of developing countries.

Article 25

States Parties recognize the right of a child who has been placed by the competent authorities for the purposes of care, protection or treatment of his or her physical or mental health, to a periodic review of the treatment provided to the child and all other circumstances relevant to his or her placement.

Article 26

1. States Parties shall recognize for every child the right to benefit from social security, including social insurance, and shall take the necessary measures to achieve the full realization of this right in accordance with their national law.

2. The benefits should, where appropriate, be granted, taking into account the resources and the circumstances of the child and persons having responsibility for the maintenance of the child, as well as any other consideration relevant to an application for benefits made by or on behalf of the child.

Article 27

1. States Parties recognize the right of every child to a standard of living adequate for the child's physical, mental, spiritual, moral and social development.

2. The parent(s) or others responsible for the child have the primary responsibility to secure, within their abilities and financial capacities, the conditions of living necessary for the child's development.

3. States Parties, in accordance with national conditions and within their means, shall take appropriate measures to assist parents and others responsible for the child to implement this right and shall in case of need provide material assistance and support programmes, particularly with regard to nutrition, clothing and housing.

4. States Parties shall take all appropriate measures to secure the recovery of maintenance for the child from the parents or other persons having financial responsibility for the child, both within the State Party and from abroad. In particular, where the person having financial responsibility for the child lives in a State different from that of the child, States Parties shall promote the accession to international agreements or the conclusion of such agreements, as well as the making of other appropriate arrangements.

Article 28

1. States Parties recognize the right of the child to education, and with a view to achieving this right progressively and on the basis of equal opportunity, they shall, in particular:

(a) Make primary education compulsory and available free to all;

(b) Encourage the development of different forms of secondary education, including general and vocational education, make them available and accessible to every child, and take appropriate measures such as the introduction of free education and offering financial assistance in case of need;

(c) Make higher education accessible to all on the basis of capacity by every appropriate means;

(d) Make educational and vocational information and guidance available and accessible to all children;

(e) Take measures to encourage regular attendance at schools and the reduction of drop-out rates.

2. States Parties shall take all appropriate measures to ensure that school discipline is administered in a manner consistent with the child's human dignity and in conformity with the present Convention.

3. States Parties shall promote and encourage international cooperation in matters relating to education, in particular with a view to contributing to the elimination of ignorance and illiteracy throughout the world and facilitating access to scientific and technical knowledge and modern teaching methods. In this regard, particular account shall be taken of the needs of developing countries.

Article 29

1. States Parties agree that the education of the child shall be directed to:

(a) The development of the child's personality, talents and mental and physical abilities to their fullest potential;

(b) The development of respect for human rights and fundamental freedoms, and for the principles enshrined in the Charter of the United Nations;

(c) The development of respect for the child's parents, his or her own cultural identity, language and values, for the national values of the country in which the child is living, the country from which he or she may originate, and for civilizations different from his or her own;

(d) The preparation of the child for responsible life in a free society, in the spirit of understanding, peace, tolerance, equality of sexes, and friendship among all peoples, ethnic, national and religious groups and persons of indigenous origin;

(e) The development of respect for the natural environment.

2. No part of the present article or article 28 shall be construed so as to interfere with the liberty of individuals and bodies to establish and direct educational institutions, subject always to the observance of the principle set forth in paragraph 1 of the present article and to the requirements that the education given in such institutions shall conform to such minimum standards as may be laid down by the State.

Article 30

In those States in which ethnic, religious or linguistic minorities or persons of indigenous origin exist, a child belonging to such a minority or who is indigenous shall not be denied the right, in community with other members of his or her group, to enjoy his or her own culture, to profess and practise his or her own religion, or to use his or her own language.

Article 31

1. States Parties recognize the right of the child to rest and leisure, to engage in play and recreational activities appropriate to the age of the child and to participate freely in cultural life and the arts.

2. States Parties shall respect and promote the right of the child to participate fully in cultural and artistic life and shall encourage the provision of appropriate and equal opportunities for cultural, artistic, recreational and leisure activity.

Article 32

1. States Parties recognize the right of the child to be protected from economic exploitation and from performing any work that is likely to be hazardous or to interfere with the child's education, or to be harmful to the child's health or physical, mental, spiritual, moral or social development.

2. States Parties shall take legislative, administrative, social and educational measures to ensure the implementation of the present article. To this end, and having regard to the relevant provisions of other international instruments, States Parties shall in particular:

(a) Provide for a minimum age or minimum ages for admission to employment;

(b) Provide for appropriate regulation of the hours and conditions of employment;

(c) Provide for appropriate penalties or other sanctions to ensure the effective enforcement of the present article.

Article 33

States Parties shall take all appropriate measures, including legislative, administrative, social and educational measures, to protect children from the illicit use of narcotic drugs and psychologic substances as defined in the relevant international treaties, and to prevent the use of children in the illicit production and trafficking of such substances.

Article 34

States Parties undertake to protect the child from all forms of sexual exploitation and sexual abuse. For these purposes, States Parties shall in particular take all appropriate national, bilateral and multilateral measures to prevent:

(a) The inducement or coercion of a child to engage in any unlawful sexual activity;

(b) The exploitative use of children in prostitution or other unlawful sexual practices;

(c) The exploitative use of children in pornographic performances and materials.

Article 35

States Parties shall take all appropriate national, bilateral and multilateral measures to prevent the abduction of, the sale of or traffic in children for any purpose or in any form.

Article 36

States Parties shall protect the child against all other forms of ex-ploitation prejudicial to any aspects of the child's welfare.

국제기구와 보건·인구·여성·아동

Article 37

States Parties shall ensure that:

(a) No child shall be subjected to torture or other cruel, inhuman or degrading treatment or punishment. Neither capital punishment nor life imprisonment without possibility of release shall be imposed for offences committed by persons below eighteen years of age;

(b) No child shall be deprived of his or her liberty unlawfully or arbitrarily. The arrest, detention or imprisonment of a child shall be in conformity with the law and shall be used only as a measure of last resort and for the shortest appropriate period of time;

(c) Every child deprived of liberty shall be treated with humanity and respect for the inherent dignity of the human person, and in a manner which takes into account the needs of persons of his or her age. In particular, every child deprived of liberty shall be separated from adults unless it is considered in the child's best interest not to do so and shall have the right to maintain contact with his or her family through correspondence and visits, save in exceptional circumstances;

(d) Every child deprived of his or her liberty shall have the right to prompt access to legal and other appropriate assistance, as well as the right to challenge the legality of the deprivation of his or her liberty before a court or other competent, independent and impartial authority, and to a prompt decision on any such action.

Article 38

1. States Parties undertake to respect and to ensure respect for rules of international humanitarian law applicable to them in armed conflicts which are relevant to the child.

2. States Parties shall take all feasible measures to ensure that persons who have not attained the age of fifteen years do not take a direct part in hostilities.

3. States Parties shall refrain from recruiting any person who has not attained the age of fifteen years into their armed forces. In recruiting among those persons who have attained the age of fifteen years but who have not attained the age of eighteen years, States Parties shall endeavour to give priority to those who are oldest.

4. In accordance with their obligations under international humanitarian law to protect the civilian population in armed conflicts, States Parties shall take all feasible measures to ensure protection and care of children who are affected by an armed conflict.

Article 39

States Parties shall take all appropriate measures to promote physical and psychological recovery and social reintegration of a child victim of: any form of neglect, exploitation, or abuse; torture or any other form of cruel, inhuman or degrading treatment or punishment; or armed conflicts. Such recovery and reintegration shall take place in an environment which fosters the health, self-respect and dignity of the child.

Article 40

1. States Parties recognize the right of every child alleged as, accused of, or recognized as having infringed the penal law to be treated in a manner consistent with the promotion of the child's sense of dignity and worth, which reinforces the child's respect for the human rights and fundamental freedoms of others and which takes into account the child's age and the desirability of promoting the child's reintegration and the child's assuming a constructive role in society.

2. To this end, and having regard to the relevant provisions of international instruments, States Parties shall, in particular, ensure that:

(a) No child shall be alleged as, be accused of, or recognized as having infringed the penal law by reason of acts or omissions that were not prohibited by national or international law at the time they were committed;

(b) Every child alleged as or accused of having infringed the penal law has at least the following guarantees:

(i) To be presumed innocent until proven guilty according to law;

(ii) To be informed promptly and directly of the charges against him or her, and, if appropriate, through his or her parents or legal guardians, and to have legal or other appropriate assistance in the preparation and presentation of his or her defence;

(iii) To have the matter determined without delay by a competent, independent and impartial authority or judicial body in a fair hearing according to law, in the presence of legal or other appropriate assistance and, unless it is considered not to be in the best interest of the child, in particular, taking into account his or her age or situation, his or her parents or legal guardians;

(iv) Not to be compelled to give testimony or to confess guilt; to examine or have examined adverse witnesses and to obtain the participation and examination of witnesses on his or her behalf under conditions of equality;

(v) If considered to have infringed the penal law, to have this decision and any measures imposed in consequence thereof reviewed by a higher competent, independent and impartial authority or judicial body according to law;

(vi) To have the free assistance of an interpreter if the child cannot understand or speak the language used;

(vii) To have his or her privacy fully respected at all stages of the proceedings.

3. States Parties shall seek to promote the establishment of laws, procedures, authorities and institutions specifically applicable to children alleged as, accused of, or recognized as having infringed the penal law, and, in particular:

(a) The establishment of a minimum age below which children shall be presumed not to have the capacity to infringe the penal law;

(b) Whenever appropriate and desirable, measures for dealing with such children without resorting to judicial proceedings, providing that human rights and legal safeguards are fully respected. 4. A variety of dispositions, such as care, guidance and supervision orders; counselling; probation; foster care; education and vocational training programmes and other alternatives to institutional care shall be available to ensure that children are dealt with in a manner appropriate to their well-being and proportionate both to their circumstances and the offence.

Article 41

Nothing in the present Convention shall affect any provisions which are more conducive to the realization of the rights of the child and which may be contained in:

(a) The law of a State party; or

(b) International law in force for that State.

PART II

Article 42

States Parties undertake to make the principles and provisions of the Convention widely known, by appropriate and active means, to adults and children alike.

Article 43

1. For the purpose of examining the progress made by States Parties in achieving the realization of the obligations undertaken in the present Convention, there shall be established a Committee on the Rights of the Child, which shall carry out the functions hereinafter provided.

2. The Committee shall consist of ten experts of high moral standing and recognized competence in the field covered by this Convention. The members of the Committee shall be elected by States Parties from among their nationals and shall serve in their personal capacity, consideration being given to equitable geographical distribution, as well as to the principal legal systems.

3. The members of the Committee shall be elected by secret ballot from a list of persons nominated by States Parties. Each State Party may nominate one person from among its own nationals.

4. The initial election to the Committee shall be held no later than six months after the date of the entry into force of the present Convention and thereafter every second year. At least four months before the date of each election, the Secretary-General of the United Nations shall address a letter to States Parties inviting them to submit their nominations within two months. The Secretary-General shall subsequently prepare a list in alphabetical order of all persons thus nominated, indicating States Parties which have nominated them, and shall submit it to the States Parties to the present Convention.

5. The elections shall be held at meetings of States Parties convened by the Secretary-General at United Nations Headquarters. At those meetings,

for which two thirds of States Parties shall constitute a quorum, the persons elected to the Committee shall be those who obtain the largest number of votes and an absolute majority of the votes of the representatives of States Parties present and voting.

6. The members of the Committee shall be elected for a term of four years. They shall be eligible for re-election if renominated. The term of five of the members elected at the first election shall expire at the end of two years; immediately after the first election, the names of these five members shall be chosen by lot by the Chairman of the meeting.

7. If a member of the Committee dies or resigns or declares that for any other cause he or she can no longer perform the duties of the Committee, the State Party which nominated the member shall appoint another expert from among its nationals to serve for the remainder of the term, subject to the approval of the Committee.

8. The Committee shall establish its own rules of procedure.

9. The Committee shall elect its officers for a period of two years.

10. The meetings of the Committee shall normally be held at United Nations Headquarters or at any other convenient place as determined by the Committee. The Committee shall normally meet annually. The duration of the meetings of the Committee shall be determined, and reviewed, if necessary, by a meeting of the States Parties to the present Convention, subject to the approval of the General Assembly.

11. The Secretary-General of the United Nations shall provide the necessary staff and facilities for the effective performance of the functions of the Committee under the present Convention.

12. With the approval of the General Assembly, the members of the Committee established under the present Convention shall receive emoluments from United Nations resources on such terms and conditions as the Assembly may decide.

Article 44

1. States Parties undertake to submit to the Committee, through the Secretary-General of the United Nations, reports on the measures they have adopted which give effect to the rights recognized herein and on the progress made on the enjoyment of those rights

(a) Within two years of the entry into force of the Convention for the State Party concerned;

(b) Thereafter every five years.

2. Reports made under the present article shall indicate factors and difficulties, if any, affecting the degree of fulfilment of the obligations under the present Convention. Reports shall also contain sufficient information to provide the Committee with a comprehensive understanding of the implementation of the Convention in the country concerned.

3. A State Party which has submitted a comprehensive initial report to the Committee need not, in its subsequent reports submitted in accordance with paragraph 1 (b) of the present article, repeat basic information previously provided.

4. The Committee may request from States Parties further information relevant to the implementation of the Convention.

5. The Committee shall submit to the General Assembly, through the Economic and Social Council, every two years, reports on its activities.

6. States Parties shall make their reports widely available to the public in their own countries.

Article 45

In order to foster the effective implementation of the Convention and to encourage international cooperation in the field covered by the Convention:

(a) The specialized agencies, the United Nations Children's Fund, and other United Nations organs shall be entitled to be represented at the consideration of the implementation of such provisions of the present Convention as fall within the scope of their mandate. The Committee may invite the specialized agencies, the United Nations Children's Fund and other competent bodies as it may consider appropriate to provide expert advice on the implementation of the Convention in areas falling within the scope of their respective mandates. The Committee may invite the specialized agencies, the United Nations Children's Fund, and other United Nations organs to submit reports on the implementation of the Convention in areas falling within the scope of their activities;

(b) The Committee shall transmit, as it may consider appropriate, to the specialized agencies, the United Nations Children's Fund and other competent bodies, any reports from States Parties that contain a request, or indicate a need, for technical advice or assistance, along with the Committee's observations and suggestions, if any, on these requests or indications;

(c) The Committee may recommend to the General Assembly to request the Secretary-General to undertake on its behalf studies on specific issues relating to the rights of the child;

(d) The Committee may make suggestions and general recommendations based on information received pursuant to articles 44 and 45 of the present Convention. Such suggestions and general recommendations shall be transmitted to any State Party concerned and reported to the General Assembly, together with comments, if any, from States Parties.

PART III

Article 46
The present Convention shall be open for signature by all States.

Article 47
The present Convention is subject to ratification. Instruments of ratification shall be deposited with the Secretary-General of the United Nations.

Article 48
The present Convention shall remain open for accession by any State. The instruments of accession shall be deposited with the Secretary-General of the United Nations.

Article 49
1. The present Convention shall enter into force on the thirtieth day following the date of deposit with the Secretary-General of the United Nations of the twentieth instrument of ratification or accession.

2. For each State ratifying or acceding to the Convention after the deposit of the twentieth instrument of ratification or accession, the Convention shall enter into force on the thirtieth day after the deposit by such State of its instrument of ratification or accession.

Article 50

1. Any State Party may propose an amendment and file it with the Secretary-General of the United Nations. The Secretary-General shall thereupon communicate the proposed amendment to States Parties, with a request that they indicate whether they favour a conference of States Parties for the purpose of considering and voting upon the proposals. In the event that, within four months from the date of such communication, at least one third of the States Parties favour such a conference, the Secretary-General shall convene the conference under the auspices of the United Nations. Any amendment adopted by a majority of States Parties present and voting at the conference shall be submitted to the General Assembly for approval.

2. An amendment adopted in accordance with paragraph 1 of the present article shall enter into force when it has been approved by the General Assembly of the United Nations and accepted by a two thirds majority of States Parties.

3. When an amendment enters into force, it shall be binding on those States Parties which have accepted it, other States Parties still being bound by the provisions of the present Convention and any earlier amendments which they have accepted.

Article 51

1. The Secretary-General of the United Nations shall receive and circulate to all States the text of reservations made by States at the time of ratification or accession.

2. A reservation incompatible with the object and purpose of the present Convention shall not be permitted.

3. Reservations may be withdrawn at any time by notification to that effect addressed to the Secretary-General of the United Nations, who shall then inform all States. Such notification shall take effect on the date on which it is received by the Secretary-General.

Article 52

A State Party may denounce the present Convention by written notification to the Secretary-General of the United Nations. Denunciation becomes effective one year after the date of receipt of the notification by the Secretary-

General.

Article 53

The Secretary-General of the United Nations is designated as the depositary of the present Convention.

Article 54

The original of the present Convention, of which the Arabic, Chinese, English, French, Russian and Spanish texts are equally authentic, shall be deposited with the Secretary-General of the United Nations. IN WITNESS THEREOF the undersigned plenipotentiaries, being duly authorized thereto by their respective governments, have signed the present Convention.

전 문

이 협약의 당사국은, 국제연합헌장에 선언된 원칙에 따라, 인류사회의 모든 구성원의 고유의 존엄성 및 평등하고 양도할 수 없는 권리를 인정하는 것이 세계의 자유·정의 및 평화의 기초가 됨을 고려하고, 국제연합체제하의 모든 국민들은 기본적인 인권과 인간의 존엄성 및 가치에 대한 신념을 헌장에서 재확인하였고, 확대된 자유속에서 사회진보와 생활수준의 향상을 촉진하기로 결의하였음에 유념하며, 국제연합이 세계인권선언과 국제인권규약에서 모든 사람은 인종, 피부색, 성별, 언어, 종교, 정치적 또는 기타의 의견, 민족적 또는 사회적 출신, 재산, 출생 또는 기타의 신분 등 어떠한 종류 구분에 의한 차별없이 동 선언 및 규약에 규정된 모든 권리와 자유를 누릴 자격이 있음을 선언하고 동의하였음을 인정하고, 국제연합이 세계인권선언에서 아동기에는 특별한 보호와 원조를 받을 권리가 있다고 선언하였음을 상기하며, 사회의 기초집단이며 모든 구성원 특히 아동의 성장과 복지를 위한 자연적 환경으로서 가족에게는 공동체 안에서 그 책임을 충분히 감당할 수 있도록 필요한 보호와 원조가 부여되어야 함을 확신하며, 아동은 완전하고 조화로운 인격 발달을 위하여 가족적 환경과 행복, 사랑 및 이해의 분위기 속에서 성장하여야 함을 인정하고, 아동은 사회에서 한 개인으로서의 삶을 영위할 수 있도록 충분히 준비되어져야 하며, 국제연합헌장에 선언된 이상의 정신과 특히 평화·존엄·관용·자유·평등·연대의 정신 속에서 양육되어야 함을 고려하고, 아동에게 특별한 보호를 제공하여야 할 필요성은 1924년 아동권리에 관한 제네바선언과 1959년 11월 20일 총회에 의하여 채택된 아동권리선언에 명시되어 있으며, 세계인권선언, 시민적 및 정치적 권리에 관한 국제규약(특히 제23조 및 제24조), 경제적·사회적 및 문화적 권리에 관한 국제 규약(특히 제10조) 및 아동의 복지와 관련된 전문기구와 국제기구의 규정 및 관련문서에서 인정되었음을 유념하고, 아동권리선언에 나타나 있는 바와 같이, "아동은 신체적·정신적 미성숙으로 인하여 출생전후를 막론하고 적절한 법적 보호를 포함한 특별한 보호와 배려를 필요로 한다"는 점에 유념하고, "국내적 또는 국제적 양육위탁과 입양을 별도로 규정하는 아동의 보호와 복지에 관한 사회적 및 법적 원칙에 관한 선언"의 제규정, "소년법 운영을 위한 국제연합 최소 표준규칙"(베이징규칙) 및 "비상시 및 무력 충돌시 부녀자와 아동의 보호에 관한 선언"을 상기하고, 세계 모든 국가에 예외적으로 어려운 여건 하에 생활하고 있는 아동들이 있으며, 이 아동들은 특별한 배려를 필요로함을 인정하고, 아동의 보호와 조화로운 발전을 위하여 각 민족의 전통과 문화적 가치의 중요성을 충분히 고려하고, 모든 국가, 특히 개발도상국가 아동의 생활여건을 향상시키기 위한 국제 협력의 중요성을 인정하면서, 다음과 같이 합의하였다.

제1부

제1조

이 협약의 목적상, "아동"이라 함은 아동에게 적용되는 법에 의하여 보다 조기에 성인 연령에 달하지 아니하는 한 18세 미만의 모든 사람을 말한다.

제2조

1. 당사국은 자국의 관할권 안에서 아동 또는 그의 부모나 후견인의 인종, 피부색, 성별, 언어, 종교, 정치적 또는 기타의 의견, 민족적, 인종적 또는 사회적 출신, 재산, 무능력, 출생 또는 기타의 신분에 관계없이 그리고 어떠한 종류의 차별을 함이 없이 이 협약에 규정된 권리를 존중하고, 각 아동에게 보장하여야 한다.
2. 당사국은 아동이 그의 부모나 후견인 또는 가족 구성원의 신분, 활동, 표명된 의견 또는 신념을 이유로 하는 모든 형태의 차별이나 처벌로부터 보호되도록 보장하는 모든 적절한 조치를 취하여야 한다.

제3조

1. 공공 또는 민간 사회복지기관, 법원, 행정당국, 또는 입법기관 등에 의하여 실시되는 아동에 관한 모든 활동에 있어서 아동의 최선의 이익이 최우

선적으로 고려되어야 한다.

2. 당사국은 아동의 부모, 후견인, 기타 아동에 대하여 법적 책임이 있는 자의 권리와 의무를 고려하여, 아동복지에 필요한 보호와 배려를 아동에게 보장하고, 이를 위하여 모든 적절한 입법적·행정적 조치를 취하여야 한다.

3. 당사국은 아동에 대한 배려와 보호에 책임있는 기관, 편의 및 시설이 관계 당국이 설정한 기준, 특히 안전과 위생분야 그리고 직원의 수 및 적격성은 물론 충분한 감독면에서 기준에 따를 것을 보장하여야 한다.

제4조

당사국은 이 협약에서 인정된 권리를 실현하기 위하여 모든 적절한 입법적·행정적 및 여타의 조치를 취하여야 한다. 경제적·사회적 및 문화적 권리에 관하여 당사국은 가용자원의 최대한도까지 그리고 필요한 경우에는 국제협력의 테두리안에서 이러한 조치를 취하여야 한다.

제5조

아동이 이 협약에서 인정된 권리를 행사함에 있어서 당사국은 부모 또는 적용가능한 경우 현지 관습에 의하여 인정되는 확대가족이나 공동체의 구성원, 후견인 기타 아동에 대한 법적 책임자들이 아동의 능력발달에 상응하는 방법으로 적절한 감독과 지도를 행할 책임과 권리 및 의무를 가지고 있음을 존중하여야 한다.

제6조

1. 당사국은 모든 아동이 생명에 관한 고유의 권리를 가지고 있음을 인정한다.
2. 당사국은 가능한 한 최대한도로 아동의 생존과 발전을 보장하여야 한다.

제7조

1. 아동은 출생 후 즉시 등록되어야 하며, 출생시부터 성명권과 국적취득권을 가지며, 가능한 한 자신의 부모를 알고 부모에 의하여 양육받을 권리를 가진다.

2. 당사국은 이 분야의 국내법 및 관련국제문서상의 의무에 따라 이러한 권리가 실행되도록 보장하여야 하며, 권리가 실행되지 아니하여 아동이 무국적으로 되는 경우에는 특히 그러하다.

제8조
1. 당사국은 위법한 간섭을 받지 아니하고, 국적, 성명 및 가족관계를 포함하여 법률에 의하여 인정된 신분을 보존할 수 있는 아동의 권리를 존중한다.
2. 아동이 그의 신분요소 중 일부 또는 전부를 불법적으로 박탈당한 경우, 당사국은 그의 신분을 신속하게 회복하기 위하여 적절한 원조와 보호를 제공하여야 한다.

제9조
1. 당사국은 사법적 심사의 구속을 받는 관계당국이 적용가능한 법률 및 절차에 따라서 분리가 아동의 최상의 이익을 위하여 필요하다고 결정 하는 경우 외에는, 아동이 그의 의사에 반하여 부모로부터 분리되지 아니 하도록 보장하여야 한다. 위의 결정은 부모에 의한 아동 학대 또는 유기의 경우나 부모의 별거로 인하여 아동의 거소에 관한 결정이 내려져야 하는 등 특별한 경우에 필요할 수 있다.
2. 제1항의 규정에 의한 어떠한 절차에서도 모든 이해당사자는 그 절차에 참가하여 자신의 견해를 표시할 기회가 부여되어야 한다.
3. 당사국은 아동의 최선의 이익에 반하는 경우외에는, 부모의 일방 또는 쌍방으로부터 분리된 아동이 정기적으로 부모와 개인적 관계 및 직접적인 면접교섭을 유지할 권리를 가짐을 존중하여야 한다.
4. 그러한 분리가 부모의 일방이나 쌍방 또는 아동의 감금, 투옥, 망명, 강제 퇴거 또는 사망(국가가 억류하고 있는 동안 어떠한 원인에 기인한 사망을 포함한다) 등과 같이 당사국에 의하여 취하여진 어떠한 조치의 결과인 경우에는, 당사국은 그 정보의 제공이 아동의 복지에 해롭지 아니하는 한, 요청이 있는 경우, 부모, 아동 또는 적절한 경우 다른 가족구성원에게 부재중인 가족구성원의 소재에 관한 필수적인 정보를 제공하여야 한다. 또

한 당사국은 그러한 요청의 제출이 그 자체로 관계인에게 불리한 결과를 초래하지 아니하도록 보장하여야 한다.

제10조

1. 제9조 제1항에 규정된 당사국의 의무에 따라서, 가족의 재결합을 위하여 아동 또는 그 부모가 당사국에 입국하거나 출국하기 위한 신청은 당사국에 의하여 긍정적이며 인도적인 방법으로 그리고 신속하게 취급 되어야 한다. 또한 당사국은 이러한 요청의 제출이 신청자와 그의 가족 구성원들에게 불리한 결과를 수반하지 아니하도록 보장하여야 한다.

2. 부모가 타국에 거주하는 아동은 예외적 상황외에는 정기적으로 부모와 개인적 관계 및 직접적인 면접교섭을 유지할 권리를 가진다. 이러한 목적에 비추어 그리고 제9조 제2항에 규정된 당사국의 의무에 따라서, 당사국은 아동과 그의 부모가 본국을 포함하여 어떠한 국가로부터 출국할 수 있고 또한 본국으로 입국할 수 있는 권리를 존중하여야 한다. 어떠한 국가로부터 출국할 수 있는 권리는 법률에 의하여 규정되고, 국가안보, 공공질서, 공중보건이나 도덕 또는 타인의 권리와 자유를 보호하기 위하여 필요하며 이 협약에서 인정된 그밖의 권리에 부합되는 제한에 의하여만 구속된다.

제11조

1. 당사국은 아동의 불법 해외이송 및 미귀환을 퇴치하기 위한 조치를 취하여야 한다.

2. 이 목적을 위하여 당사국은 양자 또는 다자협정의 체결이나 기존 협정에의 가입을 촉진하여야 한다.

제12조

1. 당사국은 자신의 견해를 형성할 능력이 있는 아동에 대하여 본인에게 영향을 미치는 모든 문제에 있어서 자신의 견해를 자유스럽게 표시할 권리를 보장하며, 아동의 견해에 대하여는 아동의 연령과 성숙도에 따라 정당

한 비중이 부여되어야 한다.

2. 이러한 목적을 위하여, 아동에게는 특히 아동에게 영향을 미치는 어떠한 사법적·행정적 절차에 있어서도 직접 또는 대표자나 적절한 기관을 통하여 진술할 기회가 국내법적 절차에 합치되는 방법으로 주어져야 한다.

제13조

1. 아동은 표현에 대한 자유권을 가진다. 이 권리는 구두, 필기 또는 인쇄, 예술의 형태 또는 아동이 선택하는 기타의 매체를 통하여 모든 종류의 정보와 사상을 국경에 관계없이 추구하고 접수하며 전달하는 자유를 포함한다.

2. 이 권리의 행사는 일정한 제한을 받을 수 있다. 다만 이 제한은 오직 법률에 의하여 규정되고 또한 다음 사항을 위하여 필요한 것이어야 한다.
   가. 타인의 권리 또는 신망의 존중
   나. 국가안보, 공공질서, 공중보건 또는 도덕의 보호

제14조

1. 당사국은 아동의 사상·양심 및 종교의 자유에 대한 권리를 존중하여야 한다.

2. 당사국은 아동이 권리를 행사함에 있어 부모 및 경우에 따라서는, 후견인이 아동의 능력발달에 부합하는 방식으로 그를 감독할 수 있는 권리와 의무를 존중하여야 한다.

3. 종교와 신념을 표현하는 자유는 오직 법률에 의하여 규정되고 공공의 안전, 질서, 보건이나 도덕 또는 타인의 기본권적 권리와 자유를 보호하기 위하여 필요한 경우에만 제한될 수 있다.

제15조

1. 당사국은 아동의 결사의 자유와 평화적 집회의 자유에 대한 권리를 인정한다.

2. 이 권리의 행사에 대하여는 법률에 따라 부과되고 국가안보 또는 공공의

안전, 공공질서, 공중보건이나 도덕의 보호 또는 타인의 권리와 자유의 보호를 위하여 민주사회에서 필요한 것 외의 어떠한 제한도 과하여져서는 아니된다.

제16조

1. 어떠한 아동도 사생활, 가족, 가정 또는 통신에 대하여 자의적 이거나 위법적인 간섭을 받지 아니하며 또한 명예나 신망에 대한 위법적인 공격을 받지 아니한다.
2. 아동은 이러한 간섭 또는 비난으로부터 법의 보호를 받을 권리를 가진다.

제17조

당사국은 대중매체가 수행하는 중요한 기능을 인정하며, 아동이 다양한 국내적 및 국제적 정보원으로부터의 정보와 자료, 특히 아동의 사회적·정신적·도덕적 복지와 신체적·정신적 건강의 향상을 목적으로 하는 정보와 자료에 대한 접근권을 가짐을 보장하여야 한다.

이 목적을 위하여 당사국은,

가. 대중매체가 아동에게 사회적·문화적으로 유익하고 제29조의 정신에 부합되는 정보와 자료를 보급하도록 장려하여야 한다.

나. 다양한 문화적·국내적 및 국제적 정보원으로부터의 정보와 자료를 제작·교환 및 보급하는 데 있어서의 국제협력을 장려하여야 한다.

다. 아동도서의 제작과 보급을 장려하여야 한다.

라. 대중매체로 하여금 소수집단에 속하거나 원주민인 아동의 언어상의 곤란에 특별한 관심을 기울이도록 장려하여야 한다.

마. 제13조와 제18조의 규정을 유념하며 아동 복지에 해로운 정보와 자료로부터 아동을 보호하기 위한 적절한 지침의 개발을 장려 하여야 한다.

제18조

1. 당사국은 부모 쌍방이 아동의 양육과 발전에 공동책임을 진다는 원칙이 인정받을 수 있도록 최선의 노력을 기울여야 한다. 부모 또는 경우에 따

라서 후견인은 아동의 양육과 발달에 일차적 책임을 진다. 아동의 최선의 이익이 그들의 기본적 관심이 된다.

2. 이 협약에 규정된 권리를 보장하고 촉진시키기 위하여, 당사국은 아동의 양육책임 이행에 있어서 부모와 후견인에게 적절한 지원을 제공하여야 하며, 아동 보호를 위한 기관·시설 및 편의의 개발을 보장하여야 한다.

3. 당사국은 취업부모의 아동들이 이용할 자격이 있는 아동보호를 위한 편의 및 시설로부터 이익을 향유할 수 있는 권리가 있음을 보장하기 위하여 모든 적절한 조치를 취하여야 한다.

제19조

1. 당사국은 아동이 부모·후견인 기타 아동양육자의 양육을 받고 있는 동안 모든 형태의 신체적·정신적 폭력, 상해나 학대, 유기나 유기적 대우, 성적 학대를 포함한 혹사나 착취로부터 아동을 보호하기 위하여 모든 적절한 입법적·행정적·사회적 및 교육적 조치를 취하여야 한다.

2. 이러한 보호조치는 아동 및 아동양육자에게 필요한 지원을 제공하기 위한 사회계획의 수립은 물론, 제1항에 규정된 바와 같은 아동학대 사례를 다른 형태로 방지하거나 확인·보고·조회·조사·처리 및 추적 하고 또한 적절한 경우에는 사법적 개입을 가능하게 하는 효과적 절차를 적절히 포함하여야 한다.

제20조

1. 일시적 또는 항구적으로 가정환경을 박탈당하거나 가정환경에 있는 것이 스스로의 최선의 이익을 위하여 허용될 수 없는 아동은 국가로부터 특별한 보호와 원조를 부여받을 권리가 있다.

2. 당사국은 자국의 국내법에 따라 이러한 아동을 위한 보호의 대안을 확보하여야 한다.

3. 이러한 보호는 특히 양육위탁, 회교법의 카팔라, 입양, 또는 필요한 경우 적절한 아동 양육기관에 두는 것을 포함한다. 해결책을 모색하는 경우에는 아동 양육에 있어 계속성의 보장이 바람직하다는 점과 아동의 인종적·종

교적·문화적 및 언어적 배경에 대하여 정당한 고려가 베풀어져야 한다.

제21조

입양제도를 인정하거나 허용하는 당사국은 아동의 최선의 이익이 최우선적으로 고려되도록 보장하여야 하며, 또한 당사국은

가. 아동의 입양은, 적용가능한 법률과 절차에 따라서 그리고 적절 하고 신빙성 있는 모든 정보에 기초하여, 입양이 부모·친척 및 후견인에 대한 아동의 신분에 비추어 허용될 수 있음을, 그리고 요구되는 경우 관계자들이 필요한 협의에 의하여 입양에 대한 분별있는 승낙을 하였음을 결정하는 관계당국에 의하여만 허가되도록 보장하여야 한다.

나. 국제입양은, 아동이 위탁양육자나 입양가족에 두어질 수 없거나 또는 어떠한 적절한 방법으로도 출신국에서 양육되어질 수 없는 경우, 아동 양육의 대체수단으로서 고려될 수 있음을 인정하여야 한다.

다. 국제입양에 관계되는 아동이 국내입양의 경우와 대등한 보호와 기준을 향유하도록 보장하여야 한다.

라. 국제입양에 있어서 양육지정이 관계자들에게 부당한 재정적 이익을 주는 결과가 되지 아니하도록 모든 적절한 조치를 취하여야 한다.

마. 적절한 경우에는 양자 또는 다자약정이나 협정을 체결함으로써 이 조의 목적을 촉진시키며, 이러한 테두리안에서 아동의 타국내 양육지정이 관계당국이나 기관에 의하여 실시되는 것을 확보하기 위하여 노력하여야 한다.

제22조

1. 당사국은 난민으로서의 지위를 구하거나 또는 적용가능한 국제법 및 국내법과 절차에 따라 난민으로 취급되는 아동이, 부모나 기타 다른 사람과의 동반 여부에 관계없이, 이 협약 및 당해 국가가 당사국인 다른 국제 인권 또는 인도주의 관련 문서에 규정된 적용가능한 권리를 향유함에 있어서 적절한 보호와 인도적 지원을 받을 수 있도록 하기 위하여 적절한 조치를 취하여야 한다.

2. 이 목적을 위하여, 당사국은 국제연합 및 국제연합과 협력하는 그밖의 권한 있는 정부간 또는 비정부간 기구들이 그러한 아동을 보호, 원조하고 가족재결합에 필요한 정보를 얻기 위하여 난민 아동의 부모나 다른 가족구성원을 추적하는데 기울이는 모든 노력에 대하여도 적절하다고 판단되는 협조를 제공하여야 한다. 부모나 다른 가족구성원을 발견할 수 없는 경우, 그 아동은 어떠한 이유로 인하여 영구적 또는 일시적으로 가정 환경을 박탈당한 다른 아동과 마찬가지로 이 협약에 규정된 바와 같은 보호를 부여받아야 한다.

제23조

1. 당사국은 정신적 또는 신체적 장애아동이 존엄성이 보장되고 자립이 촉진되며 적극적 사회참여가 조장되는 여건 속에서 충분히 품위있는 생활을 누려야 함을 인정한다.
2. 당사국은 장애아동의 특별한 보호를 받을 권리를 인정하며, 신청에 의하여 그리고 아동의 여건과 부모나 다른 아동양육자의 사정에 적합한 지원이, 활용가능한 재원의 범위안에서, 이를 받을만한 아동과 그의 양육 책임자에게 제공될 것을 장려하고 보장하여야 한다.
3. 장애아동의 특별한 어려움을 인식하며, 제2항에 따라 제공된 지원은 부모나 다른 아동양육자의 재산을 고려하여 가능한 한 무상으로 제공되어야 하며, 장애아동의 가능한 한 전면적인 사회참여와 문화적·정신적 발전을 포함한 개인적 발전의 달성에 이바지하는 방법으로 그 아동이 교육, 훈련, 건강관리지원, 재활지원, 취업준비 및 오락기회를 효과적으로 이용하고 제공받을 수 있도록 계획되어야 한다.
4. 당사국은 국제협력의 정신에 입각하여, 그리고 당해 분야에서의 능력과 기술을 향상시키고 경험을 확대하기 위하여 재활, 교육 및 직업보도 방법에 관한 정보의 보급 및 이용을 포함하여, 예방의학분야 및 장애아동에 대한 의학적·심리적·기능적 처치분야에 있어서의 적절한 정보의 교환을 촉진하여야 한다. 이 문제에 있어서 개발도상국의 필요에 대하여 특별한 고려가 베풀어져야 한다.

제24조

1. 당사국은 도달가능한 최상의 건강수준을 향유하고, 질병의 치료와 건강의 회복을 위한 시설을 사용할 수 있는 아동의 권리를 인정한다. 당사국은 건강관리지원의 이용에 관한 아동의 권리가 박탈되지 아니하도록 노력하여야 한다.

2. 당사국은 이 권리의 완전한 이행을 추구하여야 하며, 특히 다음과 같은 적절한 조치를 취하여야 한다.

   가. 유아와 아동의 사망율을 감소시키기 위한 조치

   나. 기초건강관리의 발전에 중점을 두면서 모든 아동에게 필요한 의료지원과 건강관리의 제공을 보장하는 조치

   다. 환경오염의 위험과 손해를 감안하면서, 기초건강관리 체계 안에서 무엇보다도 쉽게 이용가능한 기술의 적용과 충분한 영양식 및 깨끗한 음료수의 제공 등을 통하여 질병과 영양실조를 퇴치하기 위한 조치

   라. 산모를 위하여 출산 전후의 적절한 건강관리를 보장하는 조치

   마. 모든 사회구성원 특히 부모와 아동은 아동의 건강과 영양, 모유·수유의 이익, 위생 및 환경정화 그리고 사고예방에 관한 기초 지식의 활용에 있어서 정보를 제공받고 교육을 받으며 지원을 받을 것을 확보하는 조치 바. 예방적 건강관리, 부모를 위한 지도 및 가족계획에 관한 교육과 편의를 발전시키는 조치

3. 당사국은 아동의 건강을 해치는 전통관습을 폐지하기 위하여 모든 효과적이고 적절한 조치를 취하여야 한다.

4. 당사국은 이 조에서 인정된 권리의 완전한 실현을 점진적으로 달성하기 위하여 국제협력을 촉진하고 장려하여야 한다. 이 문제에 있어서 개발도상국의 필요에 대하여 특별한 고려가 베풀어져야 한다.

제25조

당사국은 신체적·정신적 건강의 관리, 보호 또는 치료의 목적으로 관계당국에 의하여 양육지정 조치된 아동이, 제공되는 치료 및 양육지정과 관련된 그밖의 모든 사정을 정기적으로 심사받을 권리를 가짐을 인정한다.

제26조

1. 당사국은 모든 아동이 사회보험을 포함한 사회보장제도의 혜택을 받을 권리를 가짐을 인정하며, 자국의 국내법에 따라 이 권리의 완전한 실현을 달성하기 위하여 필요한 조치를 취하여야 한다.

2. 이러한 혜택은 아동 및 아동에 대한 부양책임자의 자력과 주변 사정은 물론 아동에 의하여 직접 행하여지거나 또는 아동을 대신하여 행하여지는 혜택의 신청과 관련된 그밖의 사정을 참작하여 적절한 경우에 부여되어야 한다.

제27조

1. 당사국은 모든 아동이 신체적·지적·정신적·도덕적 및 사회적 발달에 적합한 생활수준을 누릴 권리를 가짐을 인정한다.

2. 부모 또는 기타 아동에 대하여 책임이 있는 자는 능력과 재산의 범위안에서 아동 발달에 필요한 생활여건을 확보할 일차적 책임을 진다.

3. 당사국은 국내 여건과 재정의 범위안에서 부모 또는 기타 아동에 대하여 책임있는 자가 이 권리를 실현하는 것을 지원하기 위한 적절한 조치를 취하여야 하며, 필요한 경우에는 특히 영양, 의복 및 주거에 대하여 물질적 보조 및 지원계획을 제공하여야 한다.

4. 당사국은 국내외에 거주하는 부모 또는 기타 아동에 대하여 재정적으로 책임있는 자로부터 아동양육비의 회부를 확보하기 위한 모든 적절한 조치를 취하여야 한다. 특히 아동에 대하여 재정적으로 책임있는 자가 아동이 거주하는 국가와 다른 국가에 거주하는 경우, 당사국은 국제협약의 가입이나 그러한 협약의 체결은 물론 다른 적절한 조치의 강구를 촉진하여야 한다.

제28조

1. 당사국은 아동의 교육에 대한 권리를 인정하며, 점진적으로 그리고 기회 균등의 기초 위에서 이 권리를 달성하기 위하여 특히 다음의 조치를 취하여야 한다.

가. 초등교육은 의무적이며, 모든 사람에게 무료로 제공되어야 한다.

나. 일반교육 및 직업교육을 포함한 여러 형태의 중등교육의 발전을 장려하고, 이에 대한 모든 아동의 이용 및 접근이 가능하도록 하며, 무료교육의 도입 및 필요한 경우 재정적 지원을 제공하는 등의 적절한 조치를 취하여야 한다.

다. 고등교육의 기회가 모든 사람에게 능력에 입각하여 개방될 수 있도록 모든 적절한 조치를 취하여야 한다.

라. 교육 및 직업에 관한 정보와 지도를 모든 아동이 이용하고 접근할 수 있도록 조치하여야 한다.

마. 학교에의 정기적 출석과 탈락율 감소를 장려하기 위한 조치를 취하여야 한다.

2. 당사국은 학교 규율이 아동의 인간적 존엄성과 합치하고 이 협약에 부합하도록 운영되는 것을 보장하기 위한 모든 적절한 조치를 취하여야 한다.

3. 당사국은, 특히 전세계의 무지와 문맹의 퇴치에 이바지하고, 과학적·기술적 지식과 현대적 교육방법에의 접근을 쉽게 하기 위하여, 교육에 관련되는 사항에 있어서 국제협력을 촉진하고 장려하여야 한다. 이 문제에 있어서 개발도상국의 필요에 대하여 특별한 고려가 베풀어져야 한다.

제29조

당사국은 아동교육이 다음의 목표를 지향하여야 한다는데 동의한다.

가. 아동의 인격, 재능 및 정신적·신체적 능력의 최대한의 계발

나. 인권과 기본적 자유 및 국제연합헌장에 규정된 원칙에 대한 존중의 진전

다. 자신의 부모, 문화적 주체성, 언어 및 가치 그리고 현거주국과 출신국의 국가적 가치 및 이질문명에 대한 존중의 진전

라. 아동이 인종적·민족적·종교적 집단 및 원주민 등 모든 사람과의 관계에 있어서 이해, 평화, 관용, 성(性)의 평등 및 우정의 정신에 입각하여 자유사회에서 책임있는 삶을 영위하도록 하는 준비

마. 자연환경에 대한 존중의 진전

2. 이 조 또는 제28조의 어떠한 부분노 개인 및 단체가, 언제나 제1항에 규정된 원칙들을 준수하고 당해교육기관에서 실시되는 교육이 국가에 의하여 설정된 최소한의 기준에 부합하여야 한다는 조건하에, 교육기관을 설립하여 운영할 수 있는 자유를 침해하는 것으로 해석되어서는 아니된다.

제30조

인종적·종교적 또는 언어적 소수자나 원주민이 존재하는 국가에서 이러한 소수자에 속하거나 원주민인 아동은 자기 집단의 다른 구성원과 함께 고유 문화를 향유하고, 고유의 종교를 신앙하고 실천하며, 고유의 언어를 사용할 권리를 부인당하지 아니한다.

제31조

1. 당사국은 휴식과 여가를 즐기고, 자신의 연령에 적합한 놀이와 오락활동에 참여하며, 문화생활과 예술에 자유롭게 참여할 수 있는 아동의 권리를 인정한다.
2. 당사국은 문화적·예술적 생활에 완전하게 참여할 수 있는 아동의 권리를 존중하고 촉진하며, 문화, 예술, 오락 및 여가활동을 위한 적절하고 균등한 기회의 제공을 장려하여야 한다.

제32조

1. 당사국은 경제적 착취 및 위험하거나, 아동의 교육에 방해되거나, 아동의 건강이나 신체적·지적·정신적·도덕적 또는 사회적 발전에 유해한 여하한 노동의 수행으로부터 보호받을 아동의 권리를 인정한다.
2. 당사국은 이 조의 이행을 보장하기 위한 입법적·행정적·사회적 및 교육적 조치를 강구하여야 한다. 이 목적을 위하여 그리고 그밖의 국제 문서의 관련 규정을 고려하여 당사국은 특히 다음의 조치를 취하여야 한다.
   가. 단일 또는 복수의 최저 고용연령의 규정
   나. 고용시간 및 조건에 관한 적절한 규정의 마련
   다. 이 조의 효과적인 실시를 확보하기 위한 적절한 처벌 또는 기타 제재

수단의 규정

제33조

당사국은 관련 국제조약에서 규정하고 있는 마약과 향정신성 물질의 불법적 사용으로부터 아동을 보호하고 이러한 물질의 불법적 생산과 거래에 아동이 이용되는 것을 방지하기 위하여 입법적·행정적·사회적·교육적 조치를 포함한 모든 적절한 조치를 취하여야 한다.

제34조

당사국은 모든 형태의 성적 착취와 성적 학대로부터 아동을 보호할 의무를 진다. 이 목적을 달성하기 위하여 당사국은 특히 다음의 사항을 방지하기 위한 모든 적절한 국내적·양국간·다국간 조치를 취하여야 한다.
  가. 아동을 모든 위법한 성적 활동에 종사하도록 유인하거나 강제하는 행위
  나. 아동을 매음이나 기타 위법한 성적 활동에 착취적으로 이용하는 행위
  다. 아동을 외설스러운 공연 및 자료에 착취적으로 이용하는 행위 제35조
     당사국은 모든 목적과 형태의 아동의 약취유인이나 매매 또는 거래를 방지하기 위한 모든 적절한 국내적, 양국간, 다국간 조치를 취하여야 한다.

제36조

당사국은 아동복지의 어떠한 측면에 대하여라도 해로운 기타 모든 형태의 착취로부터 아동을 보호하여야 한다.

제37조

당사국은 다음의 사항을 보장하여야 한다.
  가. 어떠한 아동도 고문 또는 기타 잔혹하거나 비인간적이거나 굴욕적인 대우나 처벌을 받지 아니한다. 사형 또는 석방의 가능성이 없는 종신형은 18세 미만의 사람이 범한 범죄에 대하여 과하여져서는 아니된다.
  나. 어떠한 아동도 위법적 또는 자의적으로 자유를 박탈당하지 아니 한

국제기구와 보건·인구·여성·아동

다. 아동의 체포, 억류 또는 구금은 법률에 따라 행하여져야 하며, 오직 최후의 수단으로서 또한 적절한 최단기간 동안만 사용되어야 한다.

다. 자유를 박탈당한 모든 아동은 인도주의와 인간 고유의 존엄성에 대한 존중에 입각하여 그리고 그들의 연령상의 필요를 고려하여 처우되어야 한다. 특히 자유를 박탈당한 모든 아동은, 성인으로 부터 격리되지 아니하는 것이 아동의 최선의 이익에 합치된다고 생각되는 경우를 제외하고는 성인으로부터 격리되어야 하며, 예외적인 경우를 제외하고는 서신과 방문을 통하여 자기 가족과의 접촉을 유지할 권리를 가진다.

라. 자유를 박탈당한 모든 아동은 법률적 및 기타 적절한 구조에 신속하게 접근할 권리를 가짐은 물론 법원이나 기타 권한있고 독립적이며 공정한 당국 악에서 자신에 대한 자유박탈의 합법성 에 이의를 제기하고 이러한 소송에 대하여 신속한 결정을 받을 권리를 가진다.

제38조

1. 당사국은 아동과 관련이 있는 무력분쟁에 있어서, 당사국에 적용 가능한 국제인도법의 규칙을 존중하고 동 존중을 보장할 의무를 진다.
2. 당사국은 15세에 달하지 아니한 자가 적대행위에 직접 참여하지 아니할 것을 보장하기 위하여 실행가능한 모든 조치를 취하여야 한다.
3. 당사국은 15세에 달하지 아니한 자의 징병을 삼가야 한다. 15세에 달하였으나 18세에 달하지 아니한 자 중에서 징병하는 경우, 당사국은 최연장자에게 우선순위를 두도록 노력하여야 한다.
4. 무력분쟁에 있어서 민간인 보호를 위한 국제인도법상의 의무에 따라서, 당사국은 무력분쟁의 영향을 받는 아동의 보호 및 배려를 확보하기 위하여 실행가능한 모든 조치를 취하여야 한다.

제39조

당사국은 모든 형태의 유기, 착취, 학대, 또는 고문이나 기타 모든 형태의 잔혹하거나 비인간적이거나 굴욕적인 대우나 처벌, 또는 무력분쟁으로 인하여 희생이 된 아동의 신체적·심리적 회복 및 사회복귀를 촉진시키기 위한 모든 적절한 조치를 취하여야 한다.

제40조

1. 당사국은 형사피의자나 형사피고인 또는 유죄로 인정받은 모든 아동에 대하여, 아동의 연령 그리고 아동의 사회복귀 및 사회에서의 건설적 역할 담당을 촉진하는 것이 바람직스럽다는 점을 고려하고, 인권과 타인의 기본적 자유에 대한 아동의 존중심을 강화시키며, 존엄과 가치에 대한 아동의 지각을 촉진시키는데 부합하도록 처우받을 권리를 가짐을 인정한다.2. 이 목적을 위하여 그리고 국제문서의 관련규정을 고려하며, 당사국은 특히 다음 사항을 보장하여야 한다.

가. 모든 아동은 행위시의 국내법 또는 국제법에 의하여 금지되지 아니한 작위 또는 부작위를 이유로 하여 형사피의자가 되거나 형사기소되거나 유죄로 인정받지 아니한다.

나. 형사피의자 또는 형사피고인인 모든 아동은 최소한 다음 사항을 보장받는다.

(1) 법률에 따라 유죄가 입증될 때까지는 무죄로 추정받는다.

(2) 피의사실을 신속하게 그리고 직접 또는, 적절한 경우, 부모나 후견인을 통하여 통지받으며, 변론의 준비 및 제출시 법률적 또는 기타 적절한 지원을 받는다.

(3) 권한있고 독립적이며 공평한 기관 또는 사법기관에 의하여 법률적 또는 기타 적당한 지원하에 법률에 따른 공정한 심리를 받아 지체없이 사건이 판결되어야 하며, 아동의 최선의 이익에 반한다고 판단되지 아니하는 경우, 특히 그의 연령이나 주변환경, 부모 또는 후견인 등을 고려하여야 한다.

(4) 증언이나 유죄의 자백을 강요당하지 아니하며, 자신에게 불리한 증인을 신문하거나 또는 신문받도록 하며, 대등한 조건하에 자신을 위한 증인의 출석과 신문을 확보한다.

(5) 형법위반으로 간주되는 경우, 그 판결 및 그에 따라 부과된 여하한 조치는 법률에 따라 권한있고 독립적이며 공정한 상급당국이

나 사법기관에 의하여 심사되어야 한다.

(6) 아동이 사용되는 언어를 이해하지 못하거나 말하지 못하는 경우, 무료로 통역원의 지원을 받는다.

(7) 사법절차의 모든 단계에서 아동의 사생활은 충분히 존중되어야 한다.

3. 당사국은 형사피의자, 형사피고인 또는 유죄로 인정받은 아동에게 특별히 적용될 수 있는 법률, 절차, 기관 및 기구의 설립을 촉진하도록 노력하며, 특히 다음 사항에 노력하여야 한다.

가. 형법위반능력이 없다고 추정되는 최저 연령의 설정

나. 적절하고 바람직스러운 경우, 인권과 법적 보장이 완전히 존중 된다는 조건하에 이러한 아동을 사법절차에 의하지 아니하고 다루기 위한 조치

4. 아동이 그들의 복지에 적절하고 그들의 여건 및 범행에 비례하여 취급될 것을 보장하기 위하여 보호, 지도 및 감독명령, 상담, 보호관찰, 보호양육, 교육과 직업훈련계획 및 제도적 보호에 대한 그밖의 대체방안 등 여러 가지 처분이 이용가능하여야 한다.

제41조

이 협약의 규정은 다음 사항에 포함되어 있는 아동권리의 실현에 보다 공헌할 수 있는 어떠한 규정에도 영향을 미치지 아니한다.

가. 당사국의 법

나. 당사국에 대하여 효력을 가지는 국제법

제2부

제42조

당사국은 이 협약의 원칙과 규정을 적절하고 적극적인 수단을 통하여 성인과 아동 모두에게 널리 알릴 의무를 진다.

제43조

1. 이 협약상의 의무이행을 달성함에 있어서 당사국이 이룩한 진전 상황을 심사하기 위하여 이하에 규정된 기능을 수행하는 아동권리위원회를 설립한다.

2. 위원회는 고매한 인격을 가지고 이 협약이 대상으로 하는 분야에서 능력이 인정된 10명의 전문가로 구성된다. 위원회의 위원은 형평한 지리적 배분과 주요 법체계를 고려하여 당사국의 국민 중에서 선출되며, 개인적 자격으로 임무를 수행한다.

3. 위원회의 위원은 당사국에 의하여 지명된 자의 명단 중에서 비밀투표에 의하여 선출된다. 각 당사국은 자국민 중에서 1인을 지명할 수 있다.

4. 위원회의 최초의 선거는 이 협약의 발효일부터 6월 이내에 실시되며, 그 이후는 매 2년마다 실시된다. 각 선거일의 최소 4월 이전에 국제 연합 사무총장은 당사국에 대하여 2월 이내에 후보자 지명을 제출하라는 서한을 발송하여야 한다. 사무총장은 지명한 당사국의 표시와 함께 알파벳 순으로 지명된 후보들의 명단을 작성하여, 이를 이 협약의 당사국에게 제시하여야 한다.

5. 선거는 국제연합 본부에서 사무총장에 의하여 소집된 당사국 회의에서 실시된다. 이 회의는 당사국의 3분의 2를 의사정족수로 하고, 출석하고 투표한 당사국 대표의 최대다수표 및 절대다수표를 얻는 자가 위원으로 선출된다.

6. 위원회의 위원은 4년 임기로 선출된다. 위원은 재지명된 경우에는 재선될 수 있다. 최초의 선거에서 선출된 위원 중 5인의 임기는 2년 후에 종료된다. 이들 5인 위원의 명단은 최초선거 후 즉시 동 회의의 의장에 의하여 추첨으로 선정된다.

7. 위원회 위원이 사망, 사퇴 또는 본인이 어떠한 이유로 인하여 위원회의 임무를 더 이상 수행할 수 없다고 선언하는 경우, 그 위원을 지명한 당사국은 위원회의 승인을 조건으로 자국민 중에서 잔여 임기를 수행할 다른 전문가를 임명한다.

8. 위원회는 자체의 절차규정을 제정한다.

9. 위원회는 2년 임기의 임원을 선출한다.

10. 위원회의 회의는 통상 국제연합 본부나 위원회가 결정하는 그밖의 편리한 장소에서 개최된다. 위원회는 통상 매년 회의를 한다. 위원회의 회의기간은 필요한 경우 총회의 승인을 조건으로 이 협약 당사국 회의에 의하여 결정되고 재검토된다.

11. 국제연합 사무총장은 이 협약에 의하여 설립된 위원회의 효과적인 기능수행을 위하여 필요한 직원과 편의를 제공한다.

12. 이 협약에 의하여 설립된 위원회의 위원은 총회의 승인을 얻고 총회가 결정하는 기간과 조건에 따라 국제연합의 재원으로부터 보수를 받는다.

제44조

1. 당사국은 이 협약에서 인정된 권리를 실행하기 위하여 그들이 채택한 조치와 동 권리의 향유와 관련하여 이룩한 진전상황에 관한 보고서를 다음과 같이 국제연합 사무총장을 통하여 위원회에 제출한다.
   가. 관계 당사국에 대하여 이 협약이 발효한 후 2년 이내
   나. 그 후 5년마다

2. 이 조에 따라 제출되는 보고서는 이 협약상 의무의 이행정도에 영향을 미치는 요소와 장애가 있을 경우 이를 적시하여야 한다. 보고서는 또한 관계국에서의 협약이행에 관한 포괄적인 이해를 위원회에 제공하기 위한 충분한 정보를 포함하여야 한다.

3. 위원회에 포괄적인 최초의 보고서를 제출한 당사국은, 제1항 나호에 의하여 제출하는 후속보고서에 이미 제출된 기초적 정보를 반복할 필요는 없다.

4. 위원회는 당사국으로부터 이 협약의 이행과 관련이 있는 추가정보를 요청할 수 있다.

5. 위원회는 위원회의 활동에 관한 보고서를 2년마다 경제사회이사회를 통하여 총회에 제출한다.

6. 당사국은 자국의 활동에 관한 보고서를 자국내 일반에게 널리 활용가능하도록 하여야 한다.

이 협약의 효과적인 이행을 촉진하고 이 협약이 대상으로 하는 분야에서의 국제협력을 장려하기 위하여

　　가. 전문기구, 국제연합아동기금 및 국제연합의 그밖의 기관은 이 협약 중 그들의 권한 범위안에 속하는 규정의 이행에 관한 논의에 대표를 파견할 권리를 가진다. 위원회는 전문기구, 국제연합 아동기금 및 위원회가 적절하다고 판단하는 그밖의 권한있는 기구에 대하여 각 기구의 권한 범위에 속하는 분야에 있어서 이 협약의 이행에 관한 전문적인 자문을 제공하여 줄 것을 요청할 수 있다. 위원회는 전문기구, 국제연합아동기금 및 국제연합의 그밖의 기관에게 그들의 활동범위에 속하는 분야에서의 이 협약의 이행에 관한 보고서를 제출할 것을 요청할 수 있다.

　　나. 위원회는 적절하다고 판단되는 경우 기술적 자문이나 지원을 요청하거나 그 필요성을 지적하고 있는 당사국의 모든 보고서를 그러한 요청이나 지적에 대한 위원회의 의견이나 제안이 있으면 동 의견이나 제안과 함께 전문기구, 국제연합아동기금 및 그밖의 권한있는 기구에 전달하여야 한다.

　　다. 위원회는 사무총장이 위원회를 대신하여 아동권리와 관련이 있는 특정 문제를 조사하도록 요청할 것을 총회에 대하여 권고할 수 있다.

　　라. 위원회는 이 협약 제44조 및 제45조에 의하여 접수한 정보에 기초하여 제안과 일반적 권고를 할 수 있다. 이러한 제안과 일반적 권고는 당사국의 논평이 있으면 그 논평과 함께 모든 관계 당사국에 전달되고 총회에 보고되어야 한다.

제3부

제46조

이 협약은 모든 국가에 의한 서명을 위하여 개방된다.

제47조

이 협약은 비준되어야 한다. 비준서는 국제연합 사무총장에게 기탁되어야 한다.

제48조

이 협약은 모든 국가에 의한 가입을 위하여 개방된다. 가입서는 국제연합 사무총장에게 기탁되어야 한다.

제49조

1. 이 협약은 20번째의 비준서 또는 가입서가 국제연합 사무총장에게 기탁되는 날부터 30일째 되는 날 발효한다.
2. 20번째의 비준서 또는 가입서의 기탁 이후에 이 협약을 비준하거나 가입하는 각 국가에 대하여, 이 협약은 그 국가의 비준서 또는 가입서 기탁 후 30일째 되는 날 발효한다.

제50조

1. 모든 당사국은 개정안을 제안하고 이를 국제연합 사무총장에게 제출할 수 있다. 동 제출에 의하여 사무총장은 당사국에게 동 제안을 심의하고 표결에 붙이기 위한 당사국회의 개최에 대한 찬성 여부에 관한 의견을 표시하여 줄 것을 요청하는 것과 함께 개정안을 당사국에게 송부 하여야 한다. 이러한 통보일부터 4월 이내에 당사국 중 최소 3분의 1이 회의 개최에 찬성하는 경우 사무총장은 국제연합 주관하에 동 회의를 소집하여야 한다. 동 회의에 출석하고 표결한 당사국의 과반수에 의하여 채택된 개정안은 그 승인을 위하여 국제연합 총회에 제출된다.
2. 제1항에 따라서 채택된 개정안은 국제연합 총회에 의하여 승인되고, 당사국의 3분의 2 이상의 다수가 수락하는 때에 발효한다.
3. 개정안은 발효한 때에 이를 수락한 당사국을 구속하며, 그밖의 당사국은 계속하여 이 협약의 규정 및 이미 수락한 그 이전의 모든 개정에 구속된다.

제51조

1. 국제연합 사무총장은 비준 또는 가입시 각국이 행한 유보문을 접수하고 모든 국가에게 이를 배포하여야 한다.
2. 이 협약의 대상 및 목적과 양립할 수 없는 유보는 허용되지 아니한다.
3. 유보는 국제연합 사무총장에게 발송된 통고를 통하여 언제든지 철회될 수 있으며, 사무총장은 이를 모든 국가에게 통보하여야 한다. 그러한 통고는 사무총장에게 접수된 날부터 발효한다.

제52조

당사국은 국제연합 사무총장에 대한 서면통고를 통하여 이 협약을 폐기할 수 있다. 폐기는 사무총장이 통고를 접수한 날부터 1년 후에 발효한다.

제53조

국제연합 사무총장은 이 협약의 수탁자로 지명된다.

제54조

아랍어·중국어·영어·불어·러시아어 및 서반아어본이 동등하게 정본인 이 협약의 원본은 국제연합 사무총장에게 기탁된다.

이상의 증거로 아래의 서명 전권대표들은 각국 정부에 의하여 정당하게 권한을 위임받아 이 협약에 서명하였다.

【부록 2】 세계보건기구 헌장

CONSTITUTION
OF THE WORLD HEALTH ORGANIZATION

The States Parties to this Constitution declare, in conformity with the Charter of the United Nations, that the following principles are basic to the happiness, harmonious relations and security of all peoples: Health is a state of complete physical, mental and social well-being and not merely the absence of disease or infirmity. The enjoyment of the highest attainable standard of health is one of the fundamental rights of every human being without distinction of race, religion, political belief, economic or social condition. The health of all peoples is fundamental to the attainment of peace and security and is dependent upon the fullest co-operation of individuals and States. The achievement of any State in the promotion and protection of health is of value to all. Unequal development in different countries in the promotion of health and control of disease, especially communicable disease, is a common danger. Healthy development of the child is of basic importance; the ability to live harmoniously in a changing total environment is essential to such development. The extension to all peoples of the benefits of medical, psychological and related knowledge is essential to the fullest attainment of health. Informed opinion and active co-operation on the part of the public are of the utmost importance in the improvement of the health of the people. Governments have a responsibility for the health of their peoples which can be fulfilled only by the provision of adequate health and social measures.

ACCEPTING THESE PRINCIPLES, and for the purpose of co-operation among themselves and with others to promote and protect the health of all peoples, the Contracting Parties agree to the present Constitution and hereby establish the World Health Organization as a specialized agency within the terms of Article 57 of the Charter of the United Nations.

CHAPTER I — OBJECTIVE

Article 1

The objective of the World Health Organization (hereinafter called the Organization) shall be the attainment by all peoples of the highest possible level of health.

CHAPTER II — FUNCTIONS

Article 2

In order to achieve its objective, the functions of the Organization shall be:

(a) to act as the directing and co-ordinating authority on international health work;

(b) to establish and maintain effective collaboration with the United Nations, specialized agencies, governmental health administrations, professional groups and such other organizations as may be deemed appropriate;

(c) to assist Governments, upon request, in strengthening health services;

(d) to furnish appropriate technical assistance and, in emergencies, necessary aid upon the request or acceptance of Governments;

(e) to provide or assist in providing, upon the request of the United Nations, health services and facilities to special groups, such as the peoples of trust territories;

(f) to establish and maintain such administrative and technical services as may be required, including epidemiological and statistical services;

(g) to stimulate and advance work to eradicate epidemic, endemic and other diseases;

(h) to promote, in co-operation with other specialized agencies where necessary, the prevention of accidental injuries;

(i) to promote, in co-operation with other specialized agencies where necessary, the improvement of nutrition, housing, sanitation, recreation, economic or working conditions and other aspects of environmental hygiene;

(j) to promote co-operation among scientific and professional groups which contribute to the advancement of health;

(k) to propose conventions, agreements and regulations, and make recommendations with respect to international health matters and to perform such duties as may be assigned thereby to the Organization and are consistent with its objective;

(l) to promote maternal and child health and welfare and to foster the ability to live harmoniously in a changing total environment;

(m) to foster activities in the field of mental health, especially those affecting the harmony of human relations;

(n) to promote and conduct research in the field of health;

(o) to promote improved standards of teaching and training in the health, medical and related professions;

(p) to study and report on, in co-operation with other specialized agencies where necessary, administrative and social techniques affecting public health and medical care from preventive and curative points of view, including hospital services and social security;

(q) to provide information, counsel and assistance in the field of health;

(r) to assist in developing an informed public opinion among all peoples on matters of health;

(s) to establish and revise as necessary international nomenclatures of diseases, of causes of death and of public health practices;

(t) to standardize diagnostic procedures as necessary;

(u) to develop, establish and promote international standards with respect to food, biological, pharmaceutical and similar products;

(v) generally to take all necessary action to attain the objective of the Organization.

CHAPTER III — MEMBERSHIP AND ASSOCIATE MEMBERSHIP

Article 3

Membership in the Organization shall be open to all States.

Article 4

Members of the United Nations may become Members of the Organization by signing or otherwise accepting this Constitution in accordance with the provisions of Chapter XIX and in accordance with their constitutional processes.

Article 5

The States whose Governments have been invited to send observers to the International Health Conference held in New York, 1946, may become Members by signing or otherwise accepting this Constitution in accordance with the provisions of Chapter XIX and in accordance with their constitutional processes provided that such signature or acceptance shall be completed before the first session of the Health Assembly.

Article 6

Subject to the conditions of any agreement between the United Nations and the Organization, approved pursuant to Chapter XVI, States which do not become Members in accordance with Articles 4 and 5 may apply to become Members and shall be admitted as Members when their application has been approved by a simple majority vote of the Health Assembly.

Article 7

If a Member fails to meet its financial obligations to the Organization or in other exceptional circumstances, the Health Assembly may, on such conditions as it thinks proper, suspend the voting privileges and services to which a Member is entitled. The Health Assembly shall have the authority to restore such voting privileges and services.

Article 8

Territories or groups of territories which are not responsible for the conduct of their international relations may be admitted as Associate Members by the Health Assembly upon application made on behalf of such territory or group of territories by the Member or other authority having responsibility for their international relations. Representatives of Associate Members to the Health Assembly should be qualified by their technical competence in the field of health and should be chosen from the native population. The nature and extent of the rights and obligations of Associate Members shall be determined by the Health Assembly.

CHAPTER IV — ORGANS

Article 9

The work of the Organization shall be carried out by:

(a) The World Health Assembly (herein called the Health Assembly);

(b) The Executive Board (hereinafter called the Board);

(c) The Secretariat.

CHAPTER V — THE WORLD HEALTH ASSEMBLY

Article 10

The Health Assembly shall be composed of delegates representing Members.

Article 11

Each Member shall be represented by not more than three delegates, one of whom shall be designated by the Member as chief delegate. These delegates should be chosen from among persons most qualified by their technical competence in the field of health, preferably representing the national health administration of the Member.

Article 12

Alternates and advisers may accompany delegates.

Article 13

The Health Assembly shall meet in regular annual session and in such special sessions as may be necessary. Special sessions shall be convened at the request of the Board or of a majority of the Members.

Article 14

The Health Assembly, at each annual session, shall select the country or region in which the next annual session shall be held, the Board subsequently fixing the place. The Board shall determine the place where a special session shall be held.

Article 15

The Board, after consultation with the Secretary-General of the United Nations, shall determine the date of each annual and special session.

Article 16

The Health Assembly shall elect its President and other officers at the beginning of each annual session. They shall hold office until their successors are elected.

Article 17

The Health Assembly shall adopt its own rules of procedure.

Article 18

The functions of the Health Assembly shall be:

(a) to determine the policies of the Organization;

(b) to name the Members entitled to designate a person to serve on the Board;

(c) to appoint the Director-General;

(d) to review and approve reports and activities of the Board and of the Director-General and to instruct the Board in regard to matters upon which action, study, investigation or report may be considered desirable;

(e) to establish such committees as may be considered necessary for the work of the Organization;

(f) to supervise the financial policies of the Organization and to review and approve the budget;

(g) to instruct the Board and the Director-General to bring to the attention of Members and of international organizations, governmental or nongovernmental, any matter with regard to health which the Health Assembly may consider appropriate;

(h) to invite any organization, international or national, governmental or non-governmental, which has responsibilities related to those of the Organization, to appoint representatives to participate, without right of vote, in its meetings or in those of the committees and conferences convened under its authority, on conditions prescribed by the Health Assembly; but in the case of national organizations, invitations shall be issued only with the consent

국제기구와 보건·인구·여성·아동

of the Government concerned;

(i) to consider recommendations bearing on health made by the General Assembly, the Economic and Social Council, the Security Council or Trusteeship Council of the United Nations, and to report to them on the steps taken by the Organization to give effect to such recommendations;

(j) to report to the Economic and Social Council in accordance with any agreement between the Organization and the United Nations;

(k) to promote and conduct research in the field of health by the personnel of the Organization, by the establishment of its own institutions or by co-operation with official or non-official institutions of any Member with the consent of its Government;

(l) to establish such other institutions as it may consider desirable;

(m) to take any other appropriate action to further the objective of the Organization

Article 19

The Health Assembly shall have authority to adopt conventions or agreements with respect to any matter within the competence of the Organization. A two-thirds vote of the Health Assembly shall be required for the adoption of such conventions or agreements, which shall come into force for each Member when accepted by it in accordance with its constitutional processes.

Article 20

Each Member undertakes that it will, within eighteen months after the adoption by the Health Assembly of a convention or agreement, take action relative to the acceptance of such convention or agreement. Each Member shall notify the Director-General of the action taken, and if it does not accept such convention or agreement within the time limit, it will furnish a statement of the reasons for non-acceptance. In case of acceptance, each Member agrees to make an annual report to the Director-General in accordance with Chapter XIV.

Article 21

The Health Assembly shall have authority to adopt regulations concerning:

(a) sanitary and quarantine requirements and other procedures designed to prevent the international spread of disease;

(b) nomenclatures with respect to diseases, causes of death and public health practices;

(c) standards with respect to diagnostic procedures for international use;

(d) standards with respect to the safety, purity and potency of biological, pharmaceutical and similar products moving in international commerce;

(e) advertising and labelling of biological, pharmaceutical and similar products moving in international commerce.

Article 22

Regulations adopted pursuant to Article 21 shall come into force for all Members after due notice has been given of their adoption by the Health Assembly except for such Members as may notify the Director-General of rejection or reservations within the period stated in the notice.

Article 23

The Health Assembly shall have authority to make recommendations to Members with respect to any matter within the competence of the Organization.

CHAPTER VI — THE EXECUTIVE BOARD

Article 24

The Board shall consist of thirty-four persons designated by as many Members. The Health Assembly, taking into account an equitable geographical distribution, shall elect the Members entitled to designate a person to serve on the Board, provided that, of such Members, not less than three shall be elected from each of the regional organizations established pursuant to Article 44. Each of these Members should appoint to the Board a person technically qualified in the field of health, who may be accompanied by alternates and advisers.

Article 25

These Members shall be elected for three years and may be re-elected, provided that of the Members elected at the first session of the Health Assembly held after the coming into force of the amendment to this Constitution increasing the membership of the Board from thirty-two to thirty four the term of office of the additional Members elected shall, insofar as may be necessary, be of such lesser duration as shall facilitate the election of at least one Member from each regional organization in each year.

Article 26

The Board shall meet at least twice a year and shall determine the place of each meeting.

Article 27

The Board shall elect its Chairman from among its members and shall adopt its own rules of procedure.

Article 28

The functions of the Board shall be:

(a) to give effect to the decisions and policies of the Health Assembly;

(b) to act as the executive organ of the Health Assembly;

(c) to perform any other functions entrusted to it by the Health Assembly;

(d) to advise the Health Assembly on questions referred to it by that body and on matters assigned to the Organization by conventions, agreements and regulations;

(e) to submit advice or proposals to the Health Assembly on its own initiative;

(f) to prepare the agenda of meetings of the Health Assembly;

(g) to submit to the Health Assembly for consideration and approval a general programme of work covering a specific period;

(h) to study all questions within its competence;

(i) to take emergency measures within the functions and financial resources of the Organization to deal with events requiring immediate action. In particular it may authorize the Director-General to take the necessary steps to combat epidemics, to participate in the organization of health relief to victims of a calamity and to undertake studies and research the urgency of which has been drawn to the attention of the Board by any Member or by the Director-General.

Article 29
The Board shall exercise on behalf of the whole Health Assembly the powers delegated to it by that body.

CHAPTER VII — THE SECRETARIAT

Article 30
The Secretariat shall comprise the Director-General and such technical and administrative staff as the Organization may require.

Article 31
The Director-General shall be appointed by the Health Assembly on the nomination of the Board on such terms as the Health Assembly may determine. The Director-General, subject to the authority of the Board, shall be the chief technical and administrative officer of the Organization.

Article 32
The Director-General shall be ex-officio Secretary of the Health Assembly, of the Board, of all commissions and committees of the Organization and of conferences convened by it. He may delegate these functions.

Article 33
The Director-General or his representative may establish a procedure by agreement with Members, permitting him, for the purpose of discharging his duties, to have direct access to their various departments, especially to their health administrations and to national health organizations, governmental or non-governmental. He may also establish direct relations with international organizations whose activities come within the competence of the Organization. He shall keep regional offices informed on all matters in-

국제기구와 보건 · 인구 · 여성 · 아동

volving their respective areas.

Article 34

The Director-General shall prepare and submit to the Board the financial statements and budget estimates of the Organization.

Article 35

The Director-General shall appoint the staff of the Secretariat in accordance with staff regulations established by the Health Assembly. The paramount consideration in the employment of the staff shall be to assure that the efficiency, integrity and internationally representative character of the Secretariat shall be maintained at the highest level. Due regard shall be paid also to the importance of recruiting the staff on as wide a geographical basis as possible.

Article 36

The conditions of service of the staff of the Organization shall conform as far as possible with those of other United Nations organizations.

Article 37

In the performance of their duties the Director-General and the staff shall not seek or receive instructions from any government or from any authority external to the Organization. They shall refrain from any action which might reflect on their position as international officers. Each Member of the Organization on its part undertakes to respect the exclusively international character of the Director-General and the staff and not to seek to influence them.

CHAPTER VIII — COMMITTEES

Article 38

The Board shall establish such committees as the Health Assembly may direct and, on its own initiative or on the proposal of the Director-General, may establish any other committees considered desirable to serve any purpose within the competence of the Organization.

Article 39
The Board, from time to time and in any event annually, shall review the necessity for continuing each committee.

Article 40
The Board may provide for the creation of or the participation by the Organization in joint or mixed committees with other organizations and for the representation of the Organization in committees established by such other organizations.

CHAPTER IX — CONFERENCES

Article 41
The Health Assembly or the Board may convene local, general, technical or other special conferences to consider any matter within the competence of the Organization and may provide for the representation at such conferences of international organizations and, with the consent of the Government concerned, of national organizations, governmental or non-governmental. The manner of such representation shall be determined by the Health Assembly or the Board.

Article 42
The Board may provide for representation of the Organization at conferences in which the Board considers that the Organization has an interest.

CHAPTER X — HEADQUARTERS

Article 43
The location of the headquarters of the Organization shall be determined by the Health Assembly after consultation with the United Nations.

CHAPTER XI — REGIONAL ARRANGEMENTS

Article 44

(a) The Health Assembly shall from time to time define the geographical areas in which it is desirable to establish a regional organization.

(b) The Health Assembly may, with the consent of a majority of the Members situated within each area so defined, establish a regional organization to meet the special needs of such area. There shall not be more than one regional organization in each area.

Article 45

Each regional organization shall be an integral part of the Organization in accordance with this Constitution.

Article 46

Each regional organization shall consist of a regional committee and a regional office.

Article 47

Regional committees shall be composed of representatives of the Member States and Associate Members in the region concerned. Territories or groups of territories within the region, which are not responsible for the conduct of their international relations and which are not Associate Members, shall have the right to be represented and to participate in regional committees. The nature and extent of the rights and obligations of these territories or groups of territories in regional committees shall be determined by the Health Assembly in consultation with the Member or other authority having responsibility for the international relations of these territories and with the Member States in the region.

Article 48

Regional committees shall meet as often as necessary and shall determine the place of each meeting.

Article 49
Regional committees shall adopt their own rules of procedure.

Article 50
The functions of the regional committee shall be:

(a) to formulate policies governing matters of an exclusively regional character;

(b) to supervise the activities of the regional office;

(c) to suggest to the regional office the calling of technical conferences and such additional work or investigation in health matters as in the opinion

of the regional committee would promote the objective of the Organization within the region;

(d) to co-operate with the respective regional committees of the United Nations and with those of other specialized agencies and with other regional international organizations having interests in common with the Organization;

(e) to tender advice, through the Director-General, to the Organization on international health matters which have wider than regional significance;

(f) to recommend additional regional appropriations by the Governments of the respective regions if the proportion of the central budget of the Organization allotted to that region is insufficient for the carrying-out of the regional functions;

(g) such other functions as may be delegated to the regional committee by the Health Assembly, the Board or the Director-General.

Article 51
Subject to the general authority of the Director-General of the Organization, the regional office shall be the administrative organ of the regional committee. It shall, in addition, carry out within the region the decisions of the Health Assembly and of the Board.

Article 52
The head of the regional office shall be the Regional Director appointed by the Board in agreement with the regional committee.

Article 53

The staff of the regional office shall be appointed in a manner to be determined by agreement between the Director-General and the Regional Director.

Article 54

The Pan American Sanitary Organization represented by the Pan American Sanitary Bureau and the Pan American Sanitary Conferences, and all other inter-governmental regional health organizations in existence prior to the date of signature of this Constitution, shall in due course be integrated with the Organization. This integration shall be effected as soon as practicable through common action based on mutual consent of the competent authorities expressed through the organizations concerned.

CHAPTER XII — BUDGET AND EXPENSES

Article 55

The Director-General shall prepare and submit to the Board the budget estimates of the Organization. The Board shall consider and submit to the Health Assembly such budget estimates, together with any recommendations the Board may deem advisable.

Article 56

Subject to any agreement between the Organization and the United Nations, the Health Assembly shall review and approve the budget estimates and shall apportion the expenses among the Members in accordance with a scale to be fixed by the Health Assembly.

Article 57

The Health Assembly or the Board acting on behalf of the Health Assembly may accept and administer gifts and bequests made to the Organization provided that the conditions attached to such gifts or bequests are acceptable to the Health Assembly or the Board and are consistent with the objective and policies of the Organization.

Article 58

A special fund to be used at the discretion of the Board shall be established to meet emergencies and unforeseen contingencies.

CHAPTER XIII — VOTING

Article 59

Each Member shall have one vote in the Health Assembly.

Article 60

(a) Decisions of the Health Assembly on important questions shall be made by a two-thirds majority of the Members present and voting. These questions shall include: the adoption of conventions or agreements; the approval of agreements bringing the Organization into relation with the United Nations and inter-governmental organizations and agencies in accordance with Articles 69, 70 and 72; amendments to this Constitution.

(b) Decisions on other questions, including the determination of additional categories of questions to be decided by a two-thirds majority, shall be made by a majority of the Members present and voting.

(c) Voting on analogous matters in the Board and in committees of the Organization shall be made in accordance with paragraphs (a) and (b) of this Article.

CHAPTER XIV — REPORTS SUBMITTED BY STATES

Article 61

Each Member shall report annually to the Organization on the action taken and progress achieved in improving the health of its people.

Article 62

Each Member shall report annually on the action taken with respect to recommendations made to it by the Organization and with respect to conventions, agreements and regulations.

Article 63

Each Member shall communicate promptly to the Organization important laws, regulations, official reports and statistics pertaining to health which have been published in the State concerned.

Article 64

Each Member shall provide statistical and epidemiological reports in a manner to be determined by the Health Assembly.

Article 65

Each Member shall transmit upon the request of the Board such additional information pertaining to health as may be practicable.

CHAPTER XV — LEGAL CAPACITY, PRIVILEGES AND IMMUNITIES

Article 66

The Organization shall enjoy in the territory of each Member such legal capacity as may be necessary for the fulfillment of its objective and for the exercise of its functions.

Article 67

(a) The Organization shall enjoy in the territory of each Member such privileges and immunities as may be necessary for the fulfillment of its objective and for the exercise of its functions.

(b) Representatives of Members, persons designated to serve on the Board and technical and administrative personnel of the Organization shall similarly enjoy such privileges and immunities as are necessary for the independent exercise of their functions in connexion with the Organization.

Article 68

Such legal capacity, privileges and immunities shall be defined in a separate agreement to be prepared by the Organization in consultation with the Secretary-General of the United Nations and concluded between the

Members.

CHAPTER XVI — RELATIONS WITH OTHER ORGANIZATIONS

Article 69

The Organization shall be brought into relation with the United Nations as one of the specialized agencies referred to in Article 57 of the Charter of the United Nations. The agreement or agreements bringing the Organization into relation with the United Nations shall be subject to approval by a two-thirds vote of the Health Assembly.

Article 70

The Organization shall establish effective relations and co-operate closely with such other inter-governmental organizations as may be desirable. Any formal agreement entered into with such organizations shall be subject to approval by a two-thirds vote of the Health Assembly.

Article 71

The Organization may, on matters within its competence, make suitable arrangements for consultation and co-operation with non-governmental international organizations and, with the consent of the Government concerned, with national organizations, governmental or non-governmental.

Article 72

Subject to the approval by a two-thirds vote of the Health Assembly, the Organization may take over from any other international organization or agency whose purpose and activities lie within the field of competence of the Organization such functions, resources and obligations as may be conferred upon the Organization by international agreement or by mutually acceptable arrangements entered into between the competent authorities of the respective organizations.

CHAPTER XVII — AMENDMENTS

Article 73

Texts of proposed amendments to this Constitution shall be communicated by the Director-General to Members at least six months in advance of their consideration by the Health Assembly. Amendments shall come into force for all Members when adopted by a two-thirds vote of the Health Assembly and accepted by two-thirds of the Members in accordance with their respective constitutional processes.

CHAPTER XVIII — INTERPRETATION

Article 74

The Chinese, English, French, Russian and Spanish texts of this Constitution shall be regarded as equally authentic.

Article 75

Any question or dispute concerning the interpretation or application of this Constitution which is not settled by negotiation or by the Health Assembly shall be referred to the International Court of Justice in conformity with the Statute of the Court, unless the parties concerned agree on another mode of settlement.

Article 76

Upon authorization by the General Assembly of the United Nations or upon authorization in accordance with any agreement between the Organization and the United Nations, the Organization may request the International Court of Justice for an advisory opinion on any legal question arising within the competence of the Organization.

Article 77

The Director-General may appear before the Court on behalf of the Organization in connection with any proceedings arising out of any such request for an advisory opinion. He shall make arrangements for the presentation of the case before the Court, including arrangements for the argument of different views on the question.

CHAPTER XIX — ENTRY-INTO-FORCE

Article 78

Subject to the provisions of Chapter III, this Constitution shall remain open to all States for signature or acceptance.

Article 79

(a) States may become parties to this Constitution by:

(i) signature without reservation as to approval;

(ii) signature subject to approval followed by acceptance; or

(iii) acceptance.

(b) Acceptance shall be effected by the deposit of a formal instrument with the Secretary-General of the United Nations.

Article 80

This Constitution shall come into force when twenty-six Members of the United Nations have become parties to it in accordance with the provisions of Article 79.

Article 81

In accordance with Article 102 of the Charter of the United Nations, the Secretary-General of the United Nations will register this Constitution when it has been signed without reservation as to approval on behalf of one State or upon deposit of the first instrument of acceptance.

Article 82

The Secretary-General of the United Nations will inform States parties to this Constitution of the date when it has come into force. He will also inform them of the dates when other States have become parties to this Constitution.

IN FAITH WHEREOF the undersigned representatives, having been duly authorized for that purpose, sign this Constitution. DONE in the City of New York this twenty-second day of July 1946, in a single copy in the Chinese, English, French, Russian and Spanish languages, each text being equally authentic. The original texts shall be deposited in the archives of the United Nations. The Secretary-General of the United Nations will send certified copies to each of the Governments represented at the Conference.

[출처] http://www.who.int/governance/eb/who_constitution_en.pdf

【부록 3】 알마아타 선언

(영문)

Declaration of Alma-Ata

International Conference on Primary Health Care, Alma-Ata, USSR, 6-12 September 1978

The International Conference on Primary Health Care, meeting in Alma-Ata this twelfth day of September in the year Nineteen hundred and seventy-eight, expressing the need for urgent action by all governments, all health and development workers, and the world community to protect and promote the health of all the people of the world, hereby makes the following

Declaration:

I

The Conference strongly reaffirms that health, which is a state of complete physical, mental and social wellbeing, and not merely the absence of disease or infirmity, is a fundamental human right and that the attainment of the highest possible level of health is a most important world-wide social goal whose realization requires the action of many other social and economic sectors in addition to the health sector.

II

The existing gross inequality in the health status of the people particularly between developed and developing countries as well as within countries is politically, socially and economically unacceptable and is, therefore, of common concern to all countries.

국제기구와 보건·인구·여성·아동

III

Economic and social development, based on a New International Economic Order, is of basic importance to the fullest attainment of health for all and to the reduction of the gap between the health status of the developing and developed countries. The promotion and protection of the health of the people is essential to sustained economic and social development and contributes to a better quality of life and to world peace.

IV

The people have the right and duty to participate individually and collectively in the planning and implementation of their health care.

V

Governments have a responsibility for the health of their people which can be fulfilled only by the provision of adequate health and social measures. A main social target of governments, international organizations and the whole world community in the coming decades should be the attainment by all peoples of the world by the year 2000 of a level of health that will permit them to lead a socially and economically productive life. Primary health care is the key to attaining this target as part of development in the spirit of social justice.

VI

Primary health care is essential health care based on practical, scientifically sound and socially acceptable methods and technology made universally accessible to individuals and families in the community through their full participation and at a cost that the community and country can afford to maintain at every stage of their development in the spirit of selfreliance and self-determination. It forms an integral part both of the country's health system, of which it is the central function and main focus, and of the overall social and economic development of the community. It is the first level of contact of individuals, the family and community with the national health system bringing health care as close as possible to where people live and work, and constitutes the first element of a continuing health care process.

VII

Primary health care:

1. reflects and evolves from the economic conditions and sociocultural and political characteristics of the country and its communities and is based on the application of the relevant results of social, biomedical and health services research and public health experience;

2. addresses the main health problems in the community, providing promotive, preventive, curative and rehabilitative services accordingly;

3. includes at least: education concerning prevailing health problems and the methods of preventing and controlling them; promotion of food supply and proper nutrition; an adequate supply of safe water and basic sanitation; maternal and child health care, including family planning; immunization against the major infectious diseases; prevention and control of locally endemic diseases; appropriate treatment of common diseases and injuries; and provision of essential drugs;

4. involves, in addition to the health sector, all related sectors and aspects of national and community development, in particular agriculture, animal husbandry, food, industry, education, housing, public works, communications and other sectors; and demands the coordinated efforts of all those sectors;

5. requires and promotes maximum community and individual self-reliance and participation in the planning, organization, operation and control of primary health care, making fullest use of local, national and other available resources; and to this end develops through appropriate education the ability of communities to participate;

6. should be sustained by integrated, functional and mutually supportive referral systems, leading to the progressive improvement of comprehensive health care for all, and giving priority to those most in need;

7. relies, at local and referral levels, on health workers, including physicians, nurses, midwives, auxiliaries and community workers as applicable, as well as traditional practitioners as needed, suitably trained socially and technically to work as a health team and to respond to the expressed health needs of the community.

VIII

All governments should formulate national policies, strategies and plans of action to launch and sustain primary health care as part of a comprehensive national health system and in coordination with other sectors. To this end, it will be necessary to exercise political will, to mobilize the country's resources and to use available external resources rationally.

IX

All countries should cooperate in a spirit of partnership and service to ensure primary health care for all people since the attainment of health by people in any one country directly concerns and benefits every other country. In this context the joint WHO/UNICEF report on primary health care constitutes a solid basis for the further development and operation of primary health care throughout the world.

X

An acceptable level of health for all the people of the world by the year 2000 can be attained through a fuller and better use of the world's resources, a considerable part of which is now spent on armaments and military conflicts. A genuine policy of independence, peace, détente and disarmament could and should release additional resources that could well be devoted to peaceful aims and in particular to the acceleration of social and economic development of which primary health care, as an essential part, should be allotted its proper share. The International Conference on Primary Health Care calls for urgent and effective national and international action to develop and implement primary health care throughout the world and particularly in developing countries in a spirit of technical cooperation and in keeping with a New International Economic Order. It urges governments, WHO and UNICEF, and other international organizations, as well as multilateral and bilateral agencies, nongovernmental organizations, funding agencies, all health workers and the whole world community to support national and international commitment to primary health care and to channel increased technical and financial support to it, particularly in developing countries. The Conference calls on all the aforementioned to collaborate in introducing, developing and maintaining primary health care in accordance with the spirit and content of this Declaration.

기초보건의료에 대한 국제회의, 소비에트사회주의공화국연방, 알마아타 1978년 9월 6~12일

1978년 9월 12일 알마아타에서 열린 기초보건의료에 대한 국제회의는 전 세계 인류의 건강을 보호하고 증진하기 위해, 모든 정부, 보건의료 및 국제 개발 종사자들, 세계 지역사회의 긴급한 행동이 필요함을 언급하면서 아래와 같이 선언한다.

I.

이 회의에서는, 단순히 질병이나 허약 상태가 없는 것이 아니라, 완전한 신체적, 정신적, 사회적 안녕 상태인 건강은 기본적인 인권이며, 가능한 최고 수준의 건강에 도달하는 것은 가장 중요한 전세계 차원의 사회적 목표이고, 이를 실현하기 위해서는 보건의료 부문과 더불어 다른 많은 사회 경제 부문의 행동이 필요하다는 것을 강력히 재확인한다.

II.

한 국가 내에서뿐 아니라, 특히 선진국과 저개발국 인민 사이에 건강 수준의 불평등이 존재한다는 사실은 정치적, 사회적, 경제적으로 받아들여질 수 없다. 그러므로 이는 모든 국가의 공통 관심사이다.

III.

신국제경제질서(New International Economic Order)에 기초한 경제, 사회 발전은 모든 사람이 충분한 수준의 건강에 도달하는 것과 선진국과 저개발국간의 건강 수준 격차 감소에 기본적인 중요성을 부여하고 있다. 인류의 건강 보호와 건강 증진은 지속가능한 경제, 사회발전에 필수적인 것이며, 보다 나은 삶의 질과 세계평화를 보장한다.

IV.

인민은 보건의료에 대한 계획과 실행에 개인적으로나 집단적으로 참여할 권리와 의무가 있다.

V.

정부는 자국민의 건강에 대해 책임이 있다. 그런데 이는 오직 적절한 보건의료 서비스와 사회적 수단을 제공함으로써 성취될 수 있다. 향후 수십 년간 정부, 국제기구, 전 세계 지역사회의 주요한 사회적 목표는 2000년까지 전 세계의 모든 사람들이 사회 경제적으로 생산적인 삶을 영위할 수 있는 건강 수준에 도달하는 것이다. 사회정의 정신에 입각한 발전의 한 부분으로서 기초보건의료는 이러한 목표를 달성하기 위한 핵심 요소이다.

VI.

기초보건의료는 필수적인 보건의료 서비스이다. 이는 실제적이고 과학적으로 유효하며 사회적으로 받아들여질 수 있는 방법과 기술에 기초하고 있다. 이러한 방법과 기술은 자기신뢰와 자기결정의 정신에 의거해 발전의 매단계마다 지속적으로 지불할 수 있는 비용으로, 개인과 지역사회 가정이 충분히 참여함으로써 보편적인 접근이 가능한 것이다. 기초보건의료는 국가 보건의료체계(국가 보건의료체계에서 기초보건의료는 중심적인 기능을 수행하는 핵심 요소이다)와 지역사회의 전반적 사회경제적 발전에 필수적인 구성 요소이다. 기초보건의료는 개인, 가족, 지역사회가, 사람들이 생활하고 일하는 곳에서 가능한 한 가까운 곳에서 보건의료 서비스를 제공하는 국가 보건의료체계를 접하는 첫 접촉점이다. 그리고 기초보건의료는 그 이후로 지속되는 보건의료 서비스 과정의 첫 단계이다.

VII.

기초보건의료는:

1. 한 국가와 지역사회의 경제적 상태와 사회문화적, 정치적 특징을 반영하고, 이로부터 서서히 발전한다. 그리고 사회학, 생의학, 보건의료 서비스에 대한 타당한 연구 결과와 공중보건의 경험을 적용하는 것에 기초한다.

2. 기초보건의료는 지역사회의 주요 건강문제를 다루며, 건강증진, 예방, 치료, 재활 서비스를 제공한다.

3. 최소한 다음을 포함한다.
   - 주요한 건강문제와 이러한 문제를 예방, 관리하는 방법에 대한 교육
   - 음식 공급과 적절한 영양의 증진
   - 안전한 물과 기본적인 위생 시설의 충분한 공급
   - 가족계획을 포함한 모성보호와 아동건강관리
   - 주요 감염성질환에 대한 예방접종
   - 지역 유행 질병에 대한 예방과 관리
   - 흔한 질병과 외상에 대한 적절한 치료
   - 필수 의약품 제공

4. 보건의료 부문에 더하여, 특히 농업, 축산업, 식품, 산업, 교육, 주택, 공공사업, 통신 등과 같은, 국가와 지역사회 발전의 모든 관련된 부문과 양상을 포함하고, 이 모든 부문의 조화로운 노력이 요구된다.

5. 지역사회, 국가, 혹은 다른 사용 가능한 자원을 최대한 활용하기 위해, 기초보건의료의 계획, 조직, 운영, 관리에 대해 지역사회와 개인의 자기신뢰와 참여가 극대화될 것이 요구된다. 그리고 이러한 목표를 위해, 적절한 교육을 통해 지역사회의 참여 능력을 발전시킨다.

6. 통합적이고 기능적이며 상호 보완적인 전달체계에 의해 유지되어야 한다. 이는 모든 이들을 위한 포괄적인 보건의료 서비스를 점진적으로 향상시켜야 하고, 가장 필요한 사람에게 우선순위가 두어져야 한다.

7. 지역과 의뢰 수준에서는 필요하다면 전통의료 시술자를 포함하여 의사, 간호사, 조산사, 의료보조원 등의 보건의료 종사자와 사회 사업가에 의존한다. 이들은 보건의료 조직으로 일하고 지역사회의 보건의료 요구에 반

응하도록 사회적으로나 기술적으로 충분히 훈련되어야한다.

VIII.

모든 정부는 포괄적인 국가 보건의료체계의 한 부분으로서, 다른 부문과 조화를 이루면서, 기초보건의료를 적용하고 유지시키기 위한 국가 정책, 전략, 행동 계획을 작성해야 한다. 이것을 위해 정치적인 의지의 행사, 국가 자원의 동원, 사용가능한 외부자원의 합리적 사용 등이 필요할 수도 있다.

IX.

한 국가 국민의 건강 달성은 직접적으로 다른 모든 나라와 관련되고 이득이 되므로, 모든 나라는 모든 이들을 위한 일차의료를 보장하기 위해 협력과 서비스 정신에 입각하여 협동하여야 한다. 이러한 맥락에서 기초보건의료에 대한 세계보건기구(WHO)/유엔아동기금(UNICEF) 협력 보고서는 전 세계적 차원에서 기초보건의료의 심화 발전과 실행을 위한 확고한 기초를 구축한다.

X.

2000년까지 전 세계 모든 이들이 수용 가능한 건강 수준에 도달하는 것은, 현재는 군비 확장과 군사적 갈등에 대부분이 낭비되고 있는 전 세계의 자원을 보다 충분히, 보다 잘 사용함으로써 가능하다. 독립, 평화, 긴장완화, 군비 축소에 대한 진정성 있는 정책은 추가적인자원을 제공할 수 있고 제공하여야 한다. 이는 평화적인 목적으로 쓰일 수 있고, 특히 기초보건의료가 핵심적인 부분으로서 적절한 몫을 담당할 수 있는 사회 경제적 발전의 가속화 등에 쓰일 수 있다. 이러한 자원은 적절히 배분되어야 한다.

기초보건의료를 위한 국제회의는 기술 협력 정신과 신국제경제질서(New International Economic Order)에 의거해, 전 세계적으로, 특히 저개발국에 기초보건의료를 개발하고 적용하기 위해, 긴급하고 효과적인 국가적, 국제적 행동을 요청한다. 기초보건의료를 위한 국제회의는 각국 정부, 세계보건기구(WHO)와 유엔아동기금(UNICEF), 국제기구, 다자간 혹은 양자간 기구, 비정부조직, 기금조직, 모든 보건의료 종사자와 전 세계의 지역사회가 기초보건의료에 대한 국가적, 국제적 실행을 지원하고, 특히 저개발국에서 기초보건의료에 대한 기술적, 재정적인 지원을 증가시킬 길을 열 것을 재촉한다. 이 회의는 위에서 언급한 모든 주체들이 이 선언의 정신과 내용에 부합하는 기초보건의료를 도입, 개발, 유지하는 것에 협력하길 요청한다.

[출처] http://www.who.int/publications/almaata_declaration_en.pdf

【부록 4】 세계보건기구 지역사무소

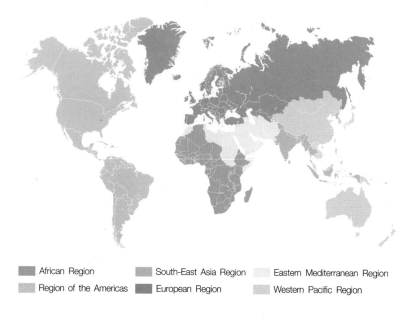

■ African Region	■ South-East Asia Region	Eastern Mediterranean Region
Region of the Americas	■ European Region	Western Pacific Region

1) Regional office for Africa (아프리카 지역사무소)

Algeria, Angola, Benin, Botswana, Burkina Faso, Burundi, Cameroon, Cape Verde, Central African Republic, Chad, Comoros, Congo, Côte d'Ivoire, Democratic Republic of the Congo, Equatorial Guinea, Eritrea, Ethiopia, Gabon, Gambia, Ghana, Guinea, Guinea-Bissau, Kenya, Lesotho, Liberia, Madagascar, Malawi, Mali, Mauritania, Mauritius, Mozambique, Namibia, Niger, Nigeria, Rwanda, Sao Tome and Principe, Senegal, Seychelles, Sierra Leone, South Africa, South Sudan, Swaziland, Togo, Uganda, United Republic of Tanzania, Zambia, Zimbabwe

2) Regional office for America (미주 지역사무소)

Antigua and Barbuda, Argentina, Bahamas, Barbados, Belize, Bolivia(Plurinational State of), Brazil, Canada, Chile, Colombia, Costa Rica, Cuba, Dominica, Dominican Republic, Ecuador, El Salvador, Grenada, Guatemala, Guyana, Haiti, Honduras, Jamaica, Mexico, Nicaragua, Panama, Paraguay, Peru, Saint Kitts and Nevis, Saint Lucia, Saint Vincent and the Grenadines, Suriname, Trinidad and Tobago, United States of America, Uruguay, Venezuela(Bolivarian Republic of)

3) Regional office for South-East Asia (동남아시아 지역사무소)

Bangladesh, Bhutan, Democratic People's Republic of Korea, India, Indonesia, Maldives, Myanmar, Nepal, Sri Lanka, Thailand, Timor-Leste

국제기구와 보건 · 인구 · 여성 · 아동

4) Regional office for Europe(유럽 지역사무소)

Albania, Andorra, Armenia, Austria, Azerbaijan, Belarus, Belgium, Bosnia and Herzegovina, Bulgaria, Croatia, Cyprus, Czech Republic, Denmark, Estonia, Finland, France, Georgia, Germany, Greece, Hungary, Iceland, Ireland, Israel, Italy, Kazakhstan, Kyrgyzstan, Latvia, Lithuania, Luxembourg, Malta, Monaco, Montenegro, Netherlands, Norway, Poland, Portugal, Republic of Moldova, Romania, Russian Federation, San Marino, Serbia, Slovakia, Slovenia, Spain, Sweden, Switzerland, Tajikista, The ormer Yugoslav Republic of Macedonia, Turkey, Turkmenistan, Ukraine, United Kingdom, Uzbekistan

5) Regional office for Eastern Mediterranean(동지중해 지역사무소)

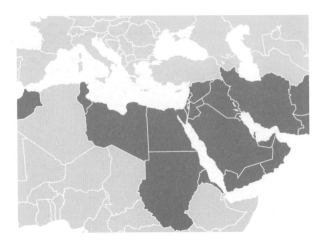

Afghanistan, Bahrain, Djibouti, Egypt, Iran(Islamic Republic of), Iraq, Jordan, Kuwait, Lebanon, Libya, Morocco, Oman, Pakistan, Qatar, Saudi, Arabia, Somalia, Sudan, Syrian Arab Republic, Tunisia, United Arab, Emirates, Yemen

6) Regional office for the Western Pacific (서태평양 지역사무소)

Australia, Brunei Darussalam, Cambodia, China, Cook Islands, Fiji, Japan, Kiribati, Lao People's Democratic Republic, Malaysia, Marshall Islands, Micronesia (Federated States of), Mongolia, Nauru, New Zealand, Niue, Palau, Papua New Guinea, Philippines, Republic of Korea, Samoa, Singapore, Solomon Islands, Tonga, Tuvalu, Vanuatu, Viet Nam

[출처] http://www.who.int/en/

DECLARATION ON THE ELIMINATION OF DISCRIMINATION AGAINST WOMEN

The General Assembly,

Considering that the peoples of the United Nations have, in the Charter, reaffirmed their faith in fundamental human rights, in the dignity and worth of the human person and in the equal rights of men and women,

Considering that the Universal Declaration of Human Rights asserts the principle of non-discrimination and proclaims that all human beings are born free and equal in dignity and rights and that everyone is entitled to all the rights and freedoms set forth therein without distinction of any kind, including any distinction as to sex,

Taking into account the resolutions, declarations, conventions and recommendations of the United Nations and the specialized agencies designed to eliminate all forms of discrimination and to promote equal rights for men and women,

Concerned that, despite the Charter of the United Nations, the Universal Declaration of Human Rights, the International Covenants on Human Rights and other instruments of the United Nations and the specialized agencies and despite the progress made in the matter of equality of rights, there continues to exist considerable discrimination against women,

Considering that discrimination against women is incompatible with human dignity and with the welfare of the family and of society, prevents their participation, on equal terms with men, in the political, social, economic and cultural life of their countries and is an obstacle to the full development of the potentialities of women in the service of their countries and of humanity,

Bearing in mind the great contribution made by women to social, political, economic and cultural life and the part they play in the family and particularly in the rearing of children,

Convinced that the full and complete development of a country, the welfare of the world and the cause of peace require the maximum participation of women as well as men in all fields,

Considering that it is necessary to ensure the universal recognition in law and in fact of the principle of equality of men and women,

Solemnly proclaims this Declaration:

Article 1

Discrimination against women, denying or limiting as it does their equality of rights with men, is fundamentally unjust and constitutes an offence against human dignity.

Article 2

All appropriate measures shall be taken to abolish existing laws, customs, regulations and practices which are discriminatory against women, and to establish adequate legal protection for equal rights of men and women, in particular:

(a) The principle of equality of rights shall be embodied in the constitution or otherwise guaranteed by law;

(b) The international instruments of the United Nations and the specialized agencies relating to the elimination of discrimination against women shall be ratified or acceded to and fully implemented as soon as practicable.

Article 3

All appropriate measures shall be taken to educate public opinion and to direct national aspirations towards the eradication of prejudice and the abolition of customary and all other practices which are based on the idea of the inferiority of women.

Article 4

All appropriate measures shall be taken to ensure to women on equal terms with men, without any discrimination:

(a) The right to vote in all elections and be eligible for election to all publicly elected bodies;

(b) The right to vote in all public referenda;

(c) The right to hold public office and to exercise all public functions. Such rights shall be guaranteed by legislation.

Article 5

Women shall have the same rights as men to acquire, change or retain their nationality. Marriage to an alien shall not automatically affect the nationality of the wife either by rendering her stateless or by forcing upon her the nationality of her husband.

Article 6

1. Without prejudice to the safeguarding of the unity and the harmony of the family, which remains the basic unit of any society, all appropriate measures, particularly legislative measures, shall be taken to ensure to women, married or unmarried, equal rights with men in the field of civil law, and in particular:

(a) The right to acquire, administer, enjoy, dispose of and inherit property, including property acquired during marriage;

(b) The right to equality in legal capacity and the exercise thereof;

(c) The same rights as men with regard to the law on the movement of persons.

2. All appropriate measures shall be taken to ensure the principle of equality of status of the husband and wife, and in particular:

(a) Women shall have the same right as men to free choice of a spouse and to enter into marriage only with their free and full consent;

(b) Women shall have equal rights with men during marriage and at its dissolution. In all cases the interest of the children shall be paramount;

(c) Parents shall have equal rights and duties in matters relating to their children. In all cases the interest of the children shall be paramount.

3. Child marriage and the betrothal of young girls before puberty shall be prohibited, and effective action, including legislation, shall be taken to specify a minimum age for marriage and to make the registration of marriages in an official registry compulsory.

Article 7

All provisions of penal codes which constitute discrimination against women shall be repealed.

Article 8

All appropriate measures, including legislation, shall be taken to combat all forms of traffic in women and exploitation of prostitution of women.

Article 9

All appropriate measures shall be taken to ensure to girls and women, married or unmarried, equal rights with men in education at all levels, and in particular:

(a) Equal conditions of access to, and study in, educational institutions of all types, including universities and vocational, technical and professional schools;

(b) The same choice of curricula, the same examinations, teaching staff with qualifications of the same standard, and school premises and equipment of the same quality, whether the institutions are co-educational or not;

(c) Equal opportunities to benefit from scholarships and other study grants;

(d) Equal opportunities for access to programmes of continuing education, including adult literacy programmes;

(e) Access to educational information to help in ensuring the health and well-being of families.

Article 10

1. All appropriate measures shall be taken to ensure to women, married or unmarried, equal rights with men in the field of economic and social life, and in particular:

(a) The right, without discrimination on grounds of marital status or any other grounds, to receive vocational training, to work, to free choice of profession and employment, and to professional and vocational advancement;

(b) The right to equal remuneration with men and to equality of treatment in respect of work of equal value;

(c) The right to leave with pay, retirement privileges and provision for security in respect of unemployment, sickness, old age or other incapacity to work;

(d) The right to receive family allowances on equal terms with men.

2. In order to prevent discrimination against women on account of marriage or maternity and to ensure their effective right to work, measures shall be taken to prevent their dismissal in the event of marriage or maternity and to provide paid maternity leave, with the guarantee of returning to former employment, and to provide the necessary social services, including child-care facilities.

3. Measures taken to protect women in certain types of work, for reasons inherent in their physical nature, shall not be regarded as discriminatory.

Article 11

1. The principle of equality of rights of men and women demands implementation in all States in accordance with the principles of the Charter of the United Nations and of the Universal Declaration of Human Rights.

2. Governments, non-governmental organizations and individuals are urged, therefore, to do all in their power to promote the implementation of the principles contained in this Declaration.

[출처] http://www.lawphil.net/international/treaties/dec_nov_1967.html

1) 유엔아동기금(UNICEF)

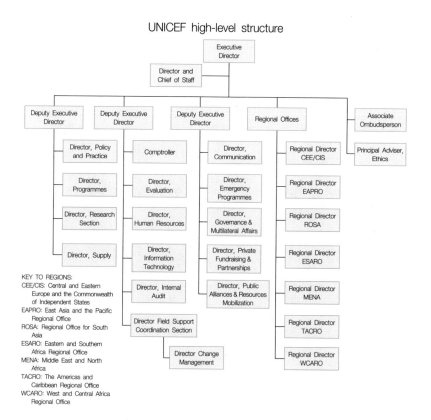

UNICEF high-level structure

KEY TO REGIONS:
CEE/CIS: Central and Eastern Europe and the Commonwealth of Independent States
EAPRO: East Asia and the Pacific Regional Office
ROSA: Regional Office for South Asia
ESARO: Eastern and Southern Africa Regional Office
MENA: Middle East and North Africa
TACRO: The Americas and Caribbean Regional Office
WCARO: West and Central Africa Regional Office

[출처] http://www.unicef.org/

2) 세계보건기구(WHO)

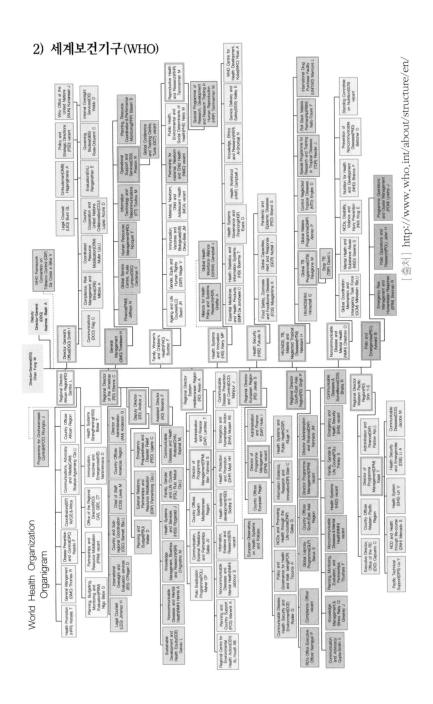

[출처] http://www.who.int/about/structure/en/

3) 유엔인구기금(UNFPA)

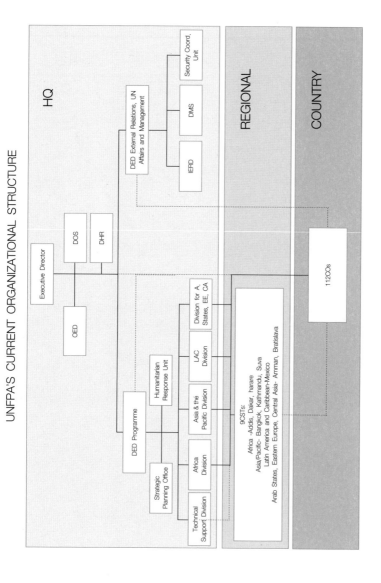

UNFPA'S CURRENT ORGANIZATIONAL STRUCTURE

[출처] http://www.unfpa.org/

색 · 인

국제기구와 보건·인구·여성·아동

색인

351

필·자·소·개

(원고 게재순)

✣ 조한승
  현 | 단국대학교 정치외교학과 교수
  미국 University of Missouri-Columbia 국제정치학 박사
  연구분야: 국제분쟁, 안보정책, 국제기구

✣ 김도희
  현 | 유네스코 아시아태평양 국제이해교육원 연구원
  미국 University of Wisconsin-Milwaukee 정치학 박사
  연구분야: 국제관계, 안보, 국제기구, 국제협력

✢ 조영태

현 | 서울대학교 보건대학원 교수
미국 University of Texas-Austin 인구학 박사
연구분야: 인구학, 보건학

✢ 김동식

현 | 한국여성정책연구원 연구위원
서울대학교 보건학 박사
연구분야: 젠더와 건강정책, 여성건강과 ODA

국제기구와 보건·인구·여성·아동